天下纵横

鬼谷子的局

5

长篇历史小说

寒川子 著

长江出版传媒
长江文艺出版社

北京长江新世纪文化传媒有限公司
www.cjxinshiji.com
出品

目 录

CONTENTS

第 041 章 | 争函谷秦公谋魏 占草花庞涓出山

新年伊始，天地回暖，秦川大地迎来又一个春天。就在这乍暖还寒、万木萌动时节，河西少梁发生一起规模颇大的乡民暴乱。

发起者是从龙贾麾下解甲归来的吴青。

河西失陷后，像张仪家一样，吴青一家横遭劫难，家财尽被霸占不说，吴青的父亲因为抗拒而被秦人处死，一家老少沦为仆役。吴青思念家，也对魏王与公子卬失望，在龙贾解甲后不久，就与河西数千武卒一道还乡。针对这些还乡的武卒，秦公特别颁旨赦免，但要求他们到终南山服役一年。其实不是服役，而是接受换位改造，每天除训练之外，更多的是学习秦法，学做秦人。

一年之后，吴青返回家中，却得知他年仅十一岁的妹妹死了。从一个女仆口中得知其妹是被霸占他家的秦国官大夫在大白天里强暴后出血不止而死的，吴青血气上涌，召集几个好友将官大夫一家悉数杀死，然后乘夜色逃出少梁，窜进西梁山为盗寇。此事在少梁引起轰动，他的旧部大多面临与他相同的命运，听闻他反出少梁，无不视其为英豪，纷纷追随，不出半月，吴青啃聚千余人，踞守山林险要，专门打劫、惩治那些霸占魏武卒家财的秦人。吴青他们熟悉地势，忽聚忽散，又有人缘，秦人奈何不得，闻之色变。秦国新设置的河西郡府几番派捕卒清剿，均被吴青击溃。若要动用军队，就必须秦公虎符。河西郡守只好报奏国尉府。

少梁是司马错的老家，早有人把事情起因通报过来。司马错新官上任，又是家乡的事，包庇不得，就具表陈奏，请旨清剿，使河西早日安定。

听完他的陈奏，惠文公眉头略皱，将他搁在一边，转脸望向别人："诸位爱卿还有何奏？"

其他朝臣见状，也就纷纷奏事。惠文公逐一处置完毕，宣布退朝。

秦法连私斗也容不得，更不用说造反打劫了。然而，这么大的事，惠文公竟然不置一辞，率先退朝，当朝搁了司马错的面子，着实让司马错猜测不透。

见朝臣纷纷退去，司马错紧追几步，扯住公孙衍的衣襟，小声问道："大良造，这辰光得空不？"

公孙衍止步，笑道："国尉有话，但说无妨。"

"请大良造到下官府上一叙。"

公孙衍随司马错来到国尉府，分宾主坐下。

司马错将河西危势扼要讲说一遍，不无急切地望着公孙衍："大良造，如此紧要之事，君上竟然不管不问，在下……"打住话头，眼神迷茫。

公孙鞅偷袭河西后，公孙衍镇守少梁多日，吴青是其麾下得力干将。可以说，没有吴青的忠勇，他不可能守住少梁。然而，时过境迁，公孙衍贵为秦国大良造，吴家却受秦人欺凌，或死或走，吴青更是落草为寇，着实让人叹喟。此时被问，公孙衍不便多说，只替吴青辩解一句："吴少爷养尊处优惯了，平素也爱争强好胜，此番想必是被逼上绝境，不然不会走到这一步。"

司马错恨道："这些魏国遗少，当初就该斩尽杀绝！"

公孙衍见他言语决绝，不好再说什么，正欲托故离开，司马错求道："大良造，此事急切，下官特请你来，是想求你拿个主意。这事儿半时也拖不得，此端一开，河西就无宁日了。"

公孙衍略一思索："司马将军，君上没有当场下旨，说明君上未想清楚。此事牵涉的恐怕不是一个吴青，而是河西的整个治理方略，在下以为，将军还是等一等再说。"

司马错拱手道："下官遵命！"

二人又扯一些军务，公孙衍方才脱身回府。

刚至府门，公孙衍就感到有些异样，因为门口比平日多出两个卫士。公孙衍扫他们一眼，大步进门，见院中钉子似的竖着两排卫士。公孙衍已知因由，急急走进正堂，果见惠文公和公子疾已在守候。

公孙衍趋前几步，叩首道："臣叩见君上。臣不知君上驾临，回来迟了，请君上恕罪。"

"呵呵呵，"惠文公摆手笑道，"大良造免礼。寡人不告而至，若要论罪，当是寡人请罪才是。"

公孙衍起身，正襟坐下。内臣反客为主，沏好茶水，端至公孙衍几前，退至门外。

惠文公笑道："时光过得真快，眨眼之间，爱卿来秦已是半年。秦地民风粗犷，鲜知礼义，爱卿过得惯吗？"

"谢君上关爱。前些时日，臣前往各处郡县巡访，对秦地民风甚是惊叹。"

"有何惊叹？"

"臣所到之处，路不拾遗，夜不闭户，邻人之间鲜有争执，州府衙门也少诉讼，据说民间争执，多在进公府之前就已化解，这在魏国简直是不可思议！"

惠文公又是一笑："这都得益于先君的新法。秦人缺少教化，记不住礼义，只能记住法文。按照先君之法，他人之财，左手得之，斩左手，右手得之，斩右手。"

公孙衍应道："这也正是臣所担忧的。"

"哦？"惠文公一怔，"爱卿有何担忧？"

"法令过于严苛，初行时尚可，行久不变，势必伤民。民若伤及皮毛，尚无大碍，若是伤及根本，就不可行远。"

"依爱卿之意，难道商君之法有不切实际之处？"

"正是。"公孙衍脱口应道，"就譬如这一条，他人之财，左手得之，斩左手，右手得之，斩右手，就有模糊之处。他人之财若是得之于义，不妨得之。再说，即使得之不义，得多少斩手，得多少不斩手，理当有个区分。再譬如连坐法，一人犯罪，累及全家不说，还要祸殃九族，罪及诸邻，这就有些过了。还有盗寇，也应分清层级，而后判其该受何刑。重农轻商，也似不妥。奖励耕植固然重要，假若没有商贾，货物就无法流通，民间就不能互通有无，国家也收不到相应赋捐。"

惠文公眉头微皱，沉思有顷，缓缓说道："爱卿所言甚是，但在先君薨天之前，寡人曾对先君起誓保持新法。今先君尸骨未寒，寡人擅动新法，似不稳妥。"

公孙衍略略一怔，离席跪地，叩道："臣冒犯先君，罪在不赦！"

惠文公摆手道："不知者不罪，爱卿请起！"

公孙衍再拜道："臣谢君上不罪之恩！"

看到公孙衍重回席位，惠文公微微笑道："听闻爱卿写过《兴魏十策》，后又将其烧了，可有此事？"

"都是过去的事了，不值一提。"

惠文公轻叹一声："唉，如此好书，竟这样毁了，寡人甚感惋惜！"

"君上不必惋惜，臣书中所述，净是魏国之事，不合秦国之情。"

"爱卿错了，"惠文公笑道，"秦魏比邻而居，寡人若不知魏，岂不成了瞎子？"

公孙衍也是一笑："听君上说话，真是一件快事！"

"寡人闻知魏国前相白圭治国有方，爱卿随从白圭多年，定然熟悉这些方术。先君新法虽说不可变更，爱卿倘有治国良策，只要是利国利民，寡人倒还可以做主。"

"若是此说，臣倒有一些想法。"

"爱卿请讲。"

"秦得河西和商於，新增方地千余里。新法虽说奖励耕织，然而，仅凭秦国原有属民，势必力不从心。臣以为，君上可以诏告天下，凡是愿意赴秦垦荒种地的，可免其一定年限的赋役。三晋之民多有不堪重负者，一旦闻知，必携家带口，赶赴秦地垦荒……"

公孙衍未及说完，惠文公已是兴奋地一拳砸在几案上，脱口赞道："善哉此言！地是死的，民是活的。天下在民而不在地，有地无民，等于无地，有民无地，却可以夺地。"

"君上圣明。"公孙衍接道，"这样一来，秦国荒地得拓，三晋良田荒芜，只此一进一出，胜负判矣。"

"是是是，"惠文公连连点头，"爱卿这叫釜底抽薪，甚妙！这样吧，"转向公子疾，"疾弟这就拟道诏书，寡人加玺，明发天下。爱卿可以这样拟文，凡列国赴秦垦荒之民，寡人不问地位贵贱，一律以秦民看待，凡在秦地恳田二十亩者，免赋役十年，超出二十亩，每增加十亩，增免一年，超出一百亩，按斩敌三首记功一次，赐爵一级，超出两百亩，按斩敌五首记功一次，赐爵两级。嗯，还有，对于那些一无所有的贫民，只要申请，寡人借以粮食、工具，三年之后待其丰收，照所借之数偿还，寡人不取任何利息。"

公子疾应道："臣领旨。"

公孙衍震惊了。他不过是提出一个设想，至于如何去做，真还没有细想。惠文公竟在片刻之间做出决断，且考虑得如此细微，似是早有预谋一般，着实让他叹服。

公孙衍还没有回神，惠文公的声音又传过来："这是大事，更是国策，就由二位爱卿共同承办。"

公孙衍、公子疾拱手，齐声应道："臣遵旨。"

惠文公话锋一转："公孙爱卿，寡人今日到你府上，却不是为这事来的。"

"可为河西之事？"公孙衍顺口说道。

"不完全是。"惠文公语气中不无忧虑，"不过，河西之事的确严重。寡人粗略算过，单是魏国权贵就有数百家，哪一家都有十数口，若再算上仆从，只怕不下十万众。河西被魏人治理六十年，民众已习魏制，陡然让他们改行秦法，的确是难。爱卿熟知河西，可有妙策？"

"臣听说先君变法是分两步走的，第一步行过数年，再行第二步。"

惠文公眼睛一亮："爱卿是说，河西改制也分两步走？"

"臣以为，对待河西之民，不可强制，可先怀柔，让他们有条活路，尝到做秦民的好处，然后再行秦制。对于那些魏国权贵，更要怀柔。这些人大多知书达理，多才多艺，是民中精英，若将他们一概铲除，于国于民都是伤损。而且，今后若是再征魏地，魏民因无退路，必上下一心，誓死抵抗。"

惠文公沉思有顷，缓缓点头："就依爱卿所言。寡人这就颁旨，凡是魏国权贵，只要服从秦法，愿做寡人的顺民，寡人归还其原有财产的一半。至于这个带头起事的吴青，听说爱卿与他相熟，烦请爱卿修书一封，招抚此人。吴青若是愿意接受招抚，寡人不仅既往不咎，且也归还他家一半财产。如果此人愿为寡人做事，寡人就视才量能，给他一件事做，爱卿意下如何？"

公孙衍跪地叩道："臣代吴青及河西臣民，叩谢君上隆恩！"

惠文公扶起他道："爱卿请起，要谢，也该寡人谢你才是。无论是魏人、秦人，只要住在河西，都是寡人的子民，寡人总不能让自己人去打自己人吧！"

公孙衍由衷叹道："秦国有君上，真是秦人之幸！"

惠文公笑道："寡人有爱卿，也是寡人之幸！还有，公孙爱卿，寡人此来，是另有一件大事请教爱卿。"

"臣恭听。"

"你见过惠施吗？"

公孙衍摇头道："臣听说过此人，只是未得机缘相见。"

"爱卿都听说他什么了？"

"此人能言善辩，在稷下时向公孙龙叫板，二人激辩两日，听众盈门。后来听说他在安邑当街摊出《观物十事》，臣正欲求教，他却被太子殿下请入贵门了。"

"今日看来，此人还不只是能言善辩，而是一个大才哟！"

“什么大才？”公子疾扑哧笑道，“他的《观物十事》，臣也听说了，净是胡扯。这是一个怪人，魏王用他治国，只怕越治越乱了。”

惠文公眉头微皱，白他一眼，缓缓说道：“看事不能只看表面。惠施为相，做的第一件大事就是迁都，此举大不寻常！”

公子疾辩道：“魏王迁都，分明是害怕我们打过河去。”

惠文公走到地图前，指图说道：“你们看，魏国国土分为两块，一块在中原，以大梁为核心，另一块在河东，以安邑为核心，中间被韩国拦腰切断。中原千里沃野，人口密布，农商发达，而河东多为山地，并无回旋余地。魏都东迁，一可壮大国力，二可避我锋芒，三可与山东列国角逐中原。古人有言，得中原者得天下，魏避实就虚，中原逐鹿，从长远来看，不失为一步好棋。”

公孙衍不无叹服道：“君上看得深远，臣拜服。”

“不过，”惠文公话锋一转，“魏都如果东移，河西这边就鞭长莫及了，在寡人则是机遇。二位爱卿，你们说说，寡人又当如何把握这一机遇呢？”

公子疾接道：“臣认为，我可趁机收复阴晋。”

“收复阴晋？”惠文公点头道，“嗯，阴晋是要收回，只是……怎么收回，你们二位可有高见？”

“臣认为，”公孙衍应道，“阴晋并不紧要，紧要的是东出之路。”手指地图，“君上请看，秦偏居关中，东出之路只有两条，一是出临晋关，二是出函谷关。出临晋关要强渡河水，虽可在此架桥，桥梁却是易毁之物。再说，大军渡大河，历来为兵家所忌，一则容易半渡受击，二则是过河之后，不得不背水而战。函谷之路却无须渡河，我若直接控制函谷关、崤关，就可直达洛阳，制约周室，同时卡断韩国的武遂之道，进可直逼中原，退可卫护关中。”

“不瞒爱卿，”惠文公接道，“寡人所思也是函谷。若得函谷，南有武关，东有函谷关和河水两道天险，秦即成为四塞之国，寡人可以高枕无忧矣。只是，”略顿一下，“函谷关、阴晋均由魏将张猛镇守。从河西之战看出，此人是个将才，不好对付。阴晋、函谷均是险地，易守难攻不说，又能互相策应，若要取之，的确棘手。公孙爱卿可有良策？”

“臣有一计，函谷、阴晋唾手可得。”

“爱卿请讲。”

公孙衍侃侃说道：“继续利用魏侯称王之事。魏侯称王，最不舒服的是韩、赵两国。两国原来害怕魏国，但河西一战，大魏武卒威风不再，名分之争就显示出来了。臣以为，君上可派使臣奏请周天子，以周天子的名义诏令魏王放弃王号。魏王必定不肯，此时，君上就以讨逆为名，结约赵、韩二国，征伐魏国。若是三国同时起兵，魏王就将应接不暇，无力照顾函谷。至于这个张猛，臣自有办法应对。”

“爱卿所言甚是。”惠文公点头，“这件事儿可以定下，由公孙爱卿筹划方案，疾弟安排朝见周室，出使赵、韩等一应事宜，共约伐魏。可对韩、赵承诺，伐魏之时，韩人所占土地，归韩，赵人所占土地，归赵！”

数日之后，惠文公连颁数诏，一是奖励流民赴秦垦荒，二是安抚河西的原有贵族，归还其原家产的一半。公孙衍特别捎书给吴青，向他指明出路。吴青看到活路，也就放下武器，接受招抚。为示诚意，吴青使属下将自己绑了，亲至咸阳向惠文公请罪。

惠文公大喜，迎出殿外，亲手为他解下绳索，携其手上殿，当殿赦免他无罪，诏令将其部众选出精干的改编为秦卒，晋封他为官大夫兼千夫长，摄少梁守尉。

与此同时，三路使臣浩浩荡荡，分别奔向洛阳、邯郸和新郑。

就在秦国万象更新，紧锣密鼓地准备伐魏，谋取函谷关、阴晋之时，魏惠王却在为一件大事发愁。

这件大事就是钱。近年来，魏国大事连连，先是孟津之会，后是大兴土木扩建王宫，再后是伐卫，再后就是河西之战，既动干戈，又兴土木，哪一样都要花钱。尤其是河西大战，不仅使老相白圭捐助的七千金打了水漂，更将魏惠王积蓄多年的家底耗了个八九不离十。这要举国迁都，魏惠王明显感到捉襟见肘。

魏惠王将建造新王宫的重任交给了司徒朱威，因他既管役使，也管钱粮，是建宫造园的不二人选。大梁本为魏侯别宫，已建有宫室、宗庙等，只是规格较小而已。经过筹备，朱威提出一个省钱方案，就是将原来的别宫修缮和扩建，改造成王宫。

然而，当朱威呈交改造方案后，魏惠王大失所望，震几拍案地将他责备一通：“你这宫城连卫公的都不如，哪里能叫王宫？你叫列国公侯如何看待寡人？你朱威安的什么心？是成心要寡人难堪吗……”

“回禀我王，”待惠王责毕，朱威拱手应道，“不是臣不往奢华处建，是库中没有多少钱了。”

“没有多少钱？”惠王眉头微皱，“没有多少是多少？”

“河西库存皆被秦人掠走，其余库存所剩无几，又多用于抚伤恤死，全耗尽了。就臣所盘，眼下只余足金一百来镒，是近两年的税赋所得，臣得留作不时之需。”

百镒仅为两千两，这在惠王来说简直是不可思议的。以前白圭在时，库中积金不下数万，银、铜不可胜数。白圭走后仅两年多，国库竟就空成这样，惠王真正意识到了问题的严重。想到战后之时，自己确曾动用宫库发放抚恤，惠王不好再说什么，眨巴一下眼睛："看来宫殿你是修不好的，还是抓金子去吧。陈爱卿！”

陈轸跨前一步："臣在！”

"修筑宫殿的事，由上卿府督办。”

陈轸应道："臣领旨！”

陈轸未能如愿当上相国，正自失落，意外得到这项肥差，也算是秃头长了副络腮胡，亏中有补了。十日之后，陈轸呈奏了新的修筑方案，就是比照洛阳周宫规制，在大梁新建一座大魏王宫，将现有离宫改建为东宫，由太子居住。

惠王看过方案，甚是满意，夸奖几句后，抬头问道："陈爱卿，按照大周规制建造宫城，约需多少花费？”

"臣初步估算，若是全部完工，约需足金三万两！”

"三万两？”惠王目瞪口呆，"这么多金子，哪里搞去？”

"回禀王上，”陈轸微微一笑，"臣已考虑过了。大周宫殿不是一朝一夕建起来的，是数代天子积劳而成。臣以为，我王可先筑一个正殿、两个偏殿及必要的后宫，在规模上不亚于安邑王宫，暂先安置下来。其他设施，待日后有了积聚，再根据需要慢慢构筑。”

"嗯，甚好。”惠王点头赞道，"依爱卿所说，先建这些又得多少金子？”

"足金五千两。”

"五千两？据朱司徒盘查，库中可用之金只有两千两！”

"不是还有散钱布币吗？折合下来，少说也抵千两！”

"还差两千两呢！”

"臣有一策，或可筹足此数。”

"爱卿请讲！”

"眼下赋税为十抽一，这是先君文侯时所定税制，早就与列国现行税制不合了。”

“哦？”惠王心中一动，“爱卿这就说说列国的现行税制。”

“赵国是十抽一点八，韩国是十抽一点六，楚国是十抽一点五，齐国是十抽一点四，秦国是十抽一点三。”

“依爱卿之见，寡人当抽多少为宜？”

“眼下为非常时期，臣以为，可按十二税制，即十抽二。王上若是改行此制，一年可增收赋税三千两。”

惠王陷入沉思。

“王上，”陈轸缓缓说道，“可暂抽三年，待缓过气来，再颁旨缩减！”

“好吧，”惠王抬头应道，“就依爱卿所言。”

魏惠王没有廷议，直接颁诏将十一税制提升到十二税制，朝野大哗。这且不说，为修宫室，陈轸又奉旨向各地征调各类工匠近万人，苍头逾十万众，工程尚未动工，已闹得民怨沸腾。

朱威急了，当即赶往相府求见惠施。惠施听完朱威提到税制的事，缓缓说道：“就我所知，这十一税制的确低了点儿。”

“相国有所不知，”朱威急道，“魏国行的虽是十一税制，但另有兵革税、茶税、丝麻税等近十个税种，累加起来，早已超过十抽二这个极限。这还只是王上征的明税，也叫国税，实际征收时，各地吏员均有附加，据下官所知，附加额至少也在十一上下，再加上向土地领主所缴的地租，种田的隶农原本已经所得无几，今又明码加税，叫他们哪里还有活路？再说，眼下秋收在即，我王却在此时征民，岂不是雪上加霜吗？”

惠施闻听此言，方知事态严重，长叹道：“唉，在下本想从长计议，这才提议迁都，不想……却成了害民之举！”

“相国大人，这样下去，魏国真就完了，我们得赶快想个对策才是。”

惠施闭目深思。

“相国大人，事急矣，我们这就求见王上！”

惠施左想右想，也没有更好的办法，就与朱威入宫觐见。然而，二人未及张口，惠王就将话口堵上：“两位爱卿可是为赋税一事来的？”

朱威叩道：“王上——”

“朱爱卿，”惠王摆手止住他，“你要说什么，寡人早已忖知。不过，你们来得正好。”指着一旁的两捆竹简，“这两捆竹简二位可以看看！”

毗人走过去，将两捆竹简拿到朱威前面。

朱威打眼一瞄，正是公孙衍《兴魏十策》中的前四策。

"唉，"惠王轻叹一声，"公孙衍虽说为人所不齿，先是因色杀人，后又叛离寡人，但一事归一事，所写之书倒是可读。不瞒爱卿，寡人昨夜又读一遍，里面许多东西涉及农、商，实乃兴国根本。你俩拿回去好好琢磨，将书中可用之处选挑出来，拟定一个条陈。宫室要修，兴国根本也不能丢，惠爱卿，你说是吗？"

惠施叩道："王上圣明。"

"惠爱卿，若是没有别的事，与寡人弈一局如何？"

惠施听出话音，拱手道："回王上的话，臣奉旨读书，不敢懈怠，待有空闲，再来讨教。"

"好好好，"惠王笑道，"惠爱卿雷厉风行，寡人就不留二位了。"

惠施、朱威拜辞惠王，各提一捆竹简退出。

走出宫门，朱威不解地看向惠施："相国大人，方才为何一言不发？"

"唉，"惠施叹道，"木既已成舟，能说什么呢？这两捆竹简，你都拿回去吧，就按王上之意理出个条陈，请旨推行。眼下你我只能亡羊补牢，能补多少，就补多少吧！"

"下官遵命。"

在陈轸的督促下，经过大半年的紧张施工，王宫正殿、偏殿的土木工程基本完成，下一步是装饰和环境美化、后花园、后宫工程等。魏惠王放心不下，于这年夏季亲临现场视察。看到基本落成的宫殿，魏惠王甚是满意，要陈轸加快进度，力争在秋后迁都。陈轸要求追加五百两，魏惠王当即吩咐毗人从宫用里拨出。

三个月之后，在中秋节这日，陈轸回到安邑，奏报魏惠王宫殿落成。魏惠王大喜，带太子申、公子卬、惠施、朱威、陈轸等重臣前往太庙，一是祭告先祖，二是请巫祝占卜，择选吉日迁都。

祭完先祖，大巫祝启动仪式，正欲占卜，留在宫中守值的执事御史快马赶到太庙，将传檄呈送魏惠王道："启禀我王，秦公传檄！"

魏惠王多少有些惊愕："传檄？他传什么檄？"

毗人接过传檄，呈送惠王，惠王看过，脸色由惊转怒，继而涨成紫褐色，"啪"的一声将木檄摔在几案上。木檄在案上弹跳一下，落在惠施跟前。

众臣不知发生何事，面面相觑。

魏惠王震几怒道："诸位爱卿，你们也都看看！"

惠施慢慢捡起木檄，见上面写道：“嗟尔魏罃，身为周臣，欺天罔上，擅自称王，是冒天下之大不韪。周臣嬴驷奉大周天子诏命，奉劝魏侯迷途知返，自弃王号，负荆至周室请罪。倘若执迷不悟，一意孤行，嬴驷将顺承天命，率天下之民讨逆平乱，以正天道！秦公嬴驷。”

惠施看过，传给太子申，太子申传给朱威，朱威传给公子卬，公子卬传给陈轸。

见诸臣逐一看过，魏惠王冷笑一声：“哼，一个乳毛小子，屁股尚未坐稳，就敢这么对寡人说话！”

公子卬忽地起身，热血沸腾，吼道：“父王，儿臣请命征伐秦国，誓获此贼，以报河西之仇！”

魏惠王沉着脸白他一眼，转过头去。

公子卬拉不下脸，正不知如何是好，陈轸接道：“王上，臣有奏。”

魏惠王转过头来，看向陈轸：“爱卿请讲。”

“以臣观之，此檄文不是秦公所拟。”

“爱卿可详言之。”

“惠文公即位不足两年，在秦地位尚未稳固，更没有公孙鞅、车希贤、甘龙、嬴虔一帮老臣辅佐，断然不会向我王挑战。前时秦公差信臣公子疾前来求和，可为佐证。至于这个檄文，听其语气，倒像是逆贼公孙衍所拟。”

“嗯，说下去。”

“臣以为，公孙衍犯下灭门重罪之后，畏罪叛逃至秦，被秦公任命为大良造，接替公孙鞅之职。公孙衍无尺寸之功却任高位，难以服众。公孙衍心中明白，因而急于建功立业，一是报效秦公的知遇之恩，二是借此压服众臣。公孙衍跟从白圭多年，熟知我国，方献此策。秦公年轻气盛，虽无孝公之才，却也想树孝公之功，就与公孙衍一拍即合。”

“爱卿可有应对之策？”

“臣以为，我西有河水天险，东有函谷雄关，以秦人眼下之力，奈何我不得。我王尽可置若罔闻，听凭秦人咆哮。待我王东迁大梁，腾出手来，再与秦公理论不迟。”

魏惠王将头转向惠施：“适才陈爱卿所言，惠爱卿意下如何？”

惠施接道：“回禀陛下，上卿所言失之偏颇。”

这是惠施首次在公开场合否决陈轸。

陈轸拉长脸，盯住惠施。

"何处失之偏颇？"

"此番秦公谋我，不可等闲视之。据臣所知，秦公已经派出使臣，结好赵、韩两国，共谋伐我。我虽有河水之险，峭、函之固，然而，假使秦、赵、韩三国同时兴兵，以眼下我之国力，难以应对。"

惠王震惊道："秦人结好赵、韩？"

"是的，"惠施点头道，"赵、韩两国已与秦人签过盟约。"

"惠爱卿，"惠王半是责怪道，"你既已知晓此事，早该禀报寡人才是。"

"臣知罪。臣也是刚刚得知，本欲在上朝时奏报，不想却提前被王上召到太庙了。"

惠王吧咂几下嘴唇，不好再说什么，遂环视众臣："诸位爱卿，你们说说，秦人谋我，意欲何为？"

朱威拿起檄文，缓缓说道："回禀我王，从檄文上看，秦公这是逼迫我王放弃尊号，重新对周俯首称臣。"

惠施亦道："三国谋我，皆曰讨逆。所谓讨逆，其实就是对我王南面一事心怀不满。"

魏惠王从鼻子里哼出一声："哼，满也好，不满也好，寡人既已称王，就无回头之理。诸位爱卿，你们可有应对之策？"

"启禀父王，"公子印禀道，"儿臣以为，公孙衍若要谋我，必图阴晋。西河主将张猛与公孙衍私交甚厚，不宜在那儿镇守。儿臣奏请父王调回张猛，另委他人。"

"嗯，"魏惠王点头，"安国君所言在理，可调张猛前往大梁，应对韩、赵，只是这西河一线，谁人可守？"

"儿臣愿往！"

"你还是待在寡人身边吧！"魏惠王摇头，"惠爱卿，西河一线，你看何人镇守比较合适？"

惠施不假思索："龙将军！"

"父王不可，"公子印急道，"若论与公孙衍私交，龙贾远胜张猛。"

魏惠王凝眉有顷："西河防务一事，容寡人斟酌之后，再行定夺。"又转向惠施，"眼下三国谋我，爱卿可有对策？"

"臣有一策，或可平息这场兵事。"

"爱卿快说！"

惠施侃侃说道："虽是三国谋我，但真正起意的只有秦国。我王请看，"

拿过笔墨和一块麻布，在几案上摊开，“唰唰”几下画出一幅形势图，边画边说，“秦国囚居关中，西为戎狄，北为义渠，皆是秦国属国。西南是巴、蜀两国，皆有重山为障，东南是楚国，秦人已经抢得武关，夺得商於谷地，南顾无忧。秦公所忧者，唯有我国。秦公若想高枕无忧，或图大谋，就必须东出有路。秦人东出之路无非两条，一是经函谷关、崤关至洛阳，二是经临晋关渡河水。就眼下而言，两条出路无一不卡在我王手中。因而，臣以为，秦人的最大敌人不是别人，正是王上！反观赵、韩两国，与魏非但没有利害冲突，反倒是利益相关，唇亡齿寒。赵、韩之所以跟从秦国起哄，理由只有一个，就是名分。三家分晋之时，魏、赵、韩同为诸侯，如今王上贵为天子，而赵、韩两家仍是诸侯，其心如何能平？赵、韩此前之所以惧我，是因为魏武卒强大。河西失利，赵、韩惧我之心全无，更认为应与我王平起平坐了。”

惠施从大处着眼，小处入手，讲得头头是道，有条有理，众人无不叹服。即使陈轸和公子卬，也不得不服。

魏惠王点头道：“依爱卿之见，寡人当以何策应对？”

“臣认为，王上可有三种方略：其一是，增拨重兵镇守函谷关、阴晋、西河一线，防备秦人；其二是，发展生产，扩军备战，招募贤才，增强国力；其三是结盟齐、楚。有齐在侧，赵不敢动。有楚在侧，韩不敢动。两家不动，秦人图我之心必懈。”

魏惠王震几叫道：“好方略！”

陈轸驳道：“惠相国所言，句句在理。三大应对方略，前两个皆非难事，最后一个，却是不通之路。”

“是啊，”魏惠王看向惠施，“陈爱卿所言甚是，楚国不说，单是田因齐，就是个难缠的角儿，寡人与他已经多年不来往了。”

“其实，”惠施却似没有听见，“真要结盟的话，单有一个齐国也就够了。”觉得不妥，补充一句，“至于齐公难缠，臣倒有一计，可让他主动与我结盟。”

“爱卿何计？”

“亦尊田因齐为王。”

魏惠王惊道：“你是说，让寡人与田因齐平起平坐？”

“王上，”惠施点头应道，“方今战国，重在实力，不在名分。所谓称王，不过是个名分。周室为王，可天下哪一家真正将其视为共主？既然列国所争不过是个空名，我王又何必独占此名呢？如果齐公也来称王，赵、韩就会出师无名，结果只有两个，要么自己宣布称王，要么与魏、齐两个大国为敌。

如果天下大国皆来称王，我王就不会成为众矢之的。届时，天下相争，就会只拼实力，不论道义了。”

魏惠王沉思许久，目光转向毗人：“召太庙令！”

毗人出去，不一会儿，太庙令进门叩道：“臣叩见王上。”

“大巫祝定下吉日了吗？”

“回禀我王，吉日已经定下，是九月九日。”

“好日子！”魏惠王点头赞道，“九九重阳，寡人要的就是这股阳刚劲儿！”转向众臣，“诸位爱卿，重阳节迁都，分头筹备去吧。惠爱卿——”

“臣在。”

“与寡人对弈去。”

君臣二人来到后花园的凉亭下面，毗人摆开棋具，惠施端坐，正欲摸子，惠王却道：“秋景不错，惠爱卿，我们就沿池边走走！”

惠施起身，跟在惠王后面，二人沿池漫步。

魏惠王停住步子，望着池中的云影道：“方才爱卿一席话，一扫寡人心头阴霾！不瞒爱卿，当初寡人听信公孙鞅诡言，不顾白圭反对，一意称王，追悔莫及！可你知道，覆水难收，寡人一旦坐上这个王位，想下来竟也寻不出个台阶，只得将错就错了。爱卿此计，甚妙！甚妙啊！”

“我王有此胸襟，实为魏国之福。”

“爱卿方才所提的第二条，寡人也听进去了。今得惠子，出谋划策的人算是有了，寡人所缺的，是治军大才。常言说，千军易得，一将难求。河西之战，教训惨痛啊！”

魏惠王透出心底之语，惠施深受触动：“王上……”

“唉，”魏惠王长叹一声，“不瞒爱卿，寡人眼下哪里有心与你对弈？这约你来，为的就是商议此事。卬儿的确读过一点兵书，可他狂妄自大，目中无人，既不容他人，又不能治军，此为将兵大忌。身处战国，朝中却无治兵大才，实让寡人夜不安寝、食不甘味啊！”

“王上若是真心求贤、用贤，何愁得不到良将？”

“唉，”魏惠王又叹一声，“说起来易，做起来却是难啊！惠爱卿，到何处去觅良将，你可要替寡人多睁一只眼哪！”

“王上，魏国所缺的也不只是一个将才。方今天下，弱者灭，强者存，强弱因势而异，势因人而异，人因才而异。因而，臣以为，得人才者，得天下。”

“得人才者，得天下。”魏惠王重复一句，连连点头，“妙啊！爱卿说得实在妙啊！得人才者，得天下！”略顿一时，抬头转向惠施，“请问爱卿，寡人如何才能得到天下英才？”

“天下虽大，英才却是屈指可数，不仅王上想得，列国君主也都想得。齐公在临淄设稷下学宫，秦公在咸阳辟东来街，皆为争夺人才。”

“学宫也好，东来街也罢，皆未体现尊贤重才。这样如何？寡人在大梁设立招贤馆，列国士子凡有愿意赴魏的，无论在此长住短停，一切吃用全免。若是愿意留下，寡人就量才录用。若是不愿，寡人就发给盘缠，礼送出境。”

“王上，”惠施长揖至地，“诚能如此，天下士子必纷至沓来，王上何愁将兵乏才？”

魏惠王诚聘将才的诏书迅速被制成榜文，张贴在魏国各个城邑。

这日再次轮到庞涓与孙宾下山购粮。二人刚至宿胥口，就见多人围在告示墙前观看。庞涓晓得不是通缉他的，便加快步子挤至墙前，细读榜文，怔了。

墙上并列两张榜文，一张是九月初九魏国迁都大梁，另一张是新都大梁开设招贤馆，诚聘天下贤才。

孙宾赶到，见他一副痴痴的样子，笑道：“贤弟，看到什么了，这么着迷？”

庞涓回过神，一把扯开孙宾：“走吧，不过是些无聊的事儿，跟咱沾不上边。”

二人又逛一时，见天色昏黑，便寻了客栈安歇。

翌日晨起，二人办过货物，庞涓也不似从前那样自己扛挑，而是请来两个脚力，将购到的粟米等物分作两担，让他们分别挑了，他和孙宾则袖起两手，不远不近地跟在后面。

庞涓本是多话之人，一路上竟是无话，低了头默默走路。眼看就要走到鬼谷，连孙宾这样沉稳的人也有点憋不住了，扑哧笑道：“贤弟，你好像有啥事儿？”

庞涓应道：“没啥事儿。”

“打昨晚到现在，贤弟像是变了个人，怎能说是没啥事儿？”

庞涓放慢脚步，对走在前面的两个脚夫道：“二位兄弟，留步。”

两个脚夫停下来，放下担子，回望庞涓。

庞涓从袖中摸出四枚刀币，打发二人回去。

望着两人走远，庞涓这才坐到石头上，对孙宾道：“孙兄，你算算看，你我进山，满三年了吧？”

“是满三年了。”孙宾点头道，“记得我们是中秋节前进山的，眼下已是九月。”

庞涓似乎并未用心去听孙宾的答话，顾自说道：“你说，我们整日在这谷里，一天到晚要么读书，要么静坐，难得见上先生一面。纵使见面，先生也似没有话说。看来，要学兵法，在这谷里……”打住话头。

孙宾怔了一下，想到告示墙的事，扑哧笑道：“贤弟何说此话？莫不是昨日在宿胥口看到伤感之事了？”

“与那个无关。”庞涓站起身子，“辰光不早了，走吧。”说着走到货担前，选一副重的挑在肩上，径自走去。

孙宾也就挑起另一副，跟在后面。

接后数日，庞涓心事重重，做什么都打不起精神。

九月既望，月上东山。

鬼谷四子吃过晚饭，躺在草舍外的草坪上，正自欣赏圆月，张仪眼尖，小声叫道：“快，先生来了！”

众人起身，果见鬼谷子与玉蝉儿、童子一道，打小路徐徐走来。

四人跪叩于地，齐道：“弟子叩见先生！”

鬼谷子在他们跟前盘腿坐下：“坐坐坐，蝉儿、童子，你们也都坐下。”

众人围定鬼谷子坐下，眼巴巴地望着他。

“你们看着我干什么？”鬼谷子笑道，“今晚为季秋之望，月明星稀，云淡气清，大家理应共赏明月才是！”

众人齐笑起来，各自纷纷抬头，观赏明月。

赏有一会儿，鬼谷子转对童子：“小子，去，拿老朽的琴来。”

童子起身奔向草堂，不一会儿，抱着一把老琴走来。谷中三年，四子从未见过鬼谷子弹琴，也没人见过他的这架老琴，无不惊奇，尤其是擅长琴艺的张仪和玉蝉儿，更将脖子伸得老长，两眼眨也不眨地盯住鬼谷子。

鬼谷子望着明月，徐徐调弦，说道：“今夜月光澄明，更胜昨日。老朽特别为这明月弹奏一曲。”话音落处，琴弦已动，琴声荡起。

童子闭起两眼，竖起耳朵。玉蝉儿也将两眼闭合，用心感受。

鬼谷子弹得很慢，只是偶尔抬一下指头，轻轻落下。在四子看来，鬼谷子似乎不是在弹琴，甚至他已将琴忘了。

渐渐地，他们也把琴忘了，甚至把眼前的鬼谷子忘了，各自闭目，陷入琴声带来的冥想。

玉蝉儿在不知不觉中，眼前豁然一亮，但见一轮明月挂在天上，几朵白云朝明月徐徐飘来，又渐渐飘去。在白云的衬托下，月亮走得很快。一群大雁飞到身边，徐徐落下，近得她几乎可以伸手触摸。山风吹来，一阵又一阵。一棵桂树正在盛开，桂花的清香一阵阵传来，沁人肺腑。溪水流过山涧，涧水边，一只山獾两耳竖起，探头探脑，突然猛地蹿往一片树丛。是一片松林，松鼠窜上窜下，一刻不停地收拾松子，准备过冬。枫叶红如鲜血，在风中沙沙作响，一片红叶在秋风中飘然落下，旋飞着飘到她的前面。眼看就要旋到她的脸上了，她本能地伸手，欲将红叶接到手中，却什么也没有接到。

玉蝉儿乍然一惊，睁眼观看，眼前根本没有红叶，只有鬼谷子微闭两眼，仍在缓缓弹琴。玉蝉儿正自惊异，忽听庞涓嗖的一声蹿起，口中大喝："哪里走？"

鬼谷子陡然一震，琴声戛然而止。众人皆吃一惊，各从恍惚中醒来，纷纷将目光盯向庞涓。庞涓这才明白过来，看到自己的怪样，脸上一阵尴尬，苦笑一下，回到原地坐下。

鬼谷子将琴推到一边，望着庞涓淡淡一笑："庞涓，你看到什么了？"

庞涓嗫嚅道："弟……弟子没……没有看到什么。"

鬼谷子缓缓说道："你看到了。你看到一条大虫。"

"先生，"庞涓大惊，"你……你怎么知道？"

鬼谷子笑道："老朽说得对否？"

庞涓大是叹服，连连拱手："弟子果是看到一条大虫，正欲将其缚住，大虫却转身逃了。弟子一急，冲上前去就要擒它，不想却……惊扰了先生。"

鬼谷子盯住他又问："除去大虫，你还看到什么？"

庞涓料也瞒不过先生，只好说道："弟子看到了众兽逐鹿。"

鬼谷子笑道："所以你要擒获这只大虫，骑上它逐鹿中原。"

庞涓起身叩道："先生真乃神人，弟子所见所想，丝毫瞒不过先生。"

"起来吧。"鬼谷子摆手，"老朽不是君王，在这谷里，不要动不动就行大礼。"又转向孙宾，"孙宾，你看到什么了？"

孙宾应道："弟子看到秋风瑟瑟，一个老妇站在村口，正向远处眺望。"

"她在眺望什么？"

"眺望她的两个儿子。他们去为君上戍边去了。"

“望到了吗？”

孙宾低下头去，悲伤地摇头：“他们已经战死了。”

鬼谷子许久无话，有顷，转头望向张仪：“张仪，你呢？”

张仪应道：“弟子看到的只是一轮明月。”

“明月上都有什么？”

张仪脸色一红，垂下头去，嗫嚅道：“月上有……有棵树，树下有一女……女子，她……正在翩翩起舞。”

张仪的眼角瞄向玉蝉儿。

庞涓看得真切，讥讽道：“怪道张兄说话拖泥带水，原来是从先生的琴声里听出美女起舞来了，在下佩服。”

张仪正欲怼他，鬼谷子转向苏秦：“苏秦，说说你看到什么了？”

苏秦略怔一下，拱手应道：“弟子看到许多东西，先是这山林，接后是许多宫殿，一个接一个，弟子想进去，可有人不让。弟子无奈，徘徊在殿外的台阶前面……”

“就这些了吗？”鬼谷子问道。

“风很冷，嗯，还有乌鸦，一群又一群，在殿前飞旋。”

鬼谷子点头，望向玉蝉儿。

不待鬼谷子发问，玉蝉儿笑着先发问道：“先生所弹何曲，堪称天籁？”

鬼谷子亦笑一声：“老朽兴之所至，随手弹来，哪里会有曲名？若是你定要起个名字，就叫它‘月光’吧。”

“此名甚好，蝉儿可否习之？”

“呵呵呵，”鬼谷子笑道，“你已知音，自可习之。”又转对四人，“你们进谷已经三年，老朽未曾听闻你们的平生大愿。今宵明月当空，何不各述己志，也让老朽分享一二。”

四人面面相觑。

鬼谷子转向孙宾：“孙宾，你先言之。”

“回先生的话，”孙宾两手拱起，“弟子所愿是：天下太平，政治昌明，耳不闻战鼓之声，目不睹烽火之警，众生和睦相处，百姓安居乐业，各享天伦之乐。”

鬼谷子笑道：“此志可处圣道之境，不足以处当今乱世。”又转向庞涓，“庞涓，你有何志，可否言之？”

“回禀先生，”庞涓拱手应道，“弟子只有一志，就是留在谷中，随侍先生。”

鬼谷子摇头道："此志是你特意说给老朽听的，不是你的真心。"

"先生责得是，"庞涓脸色涨红，咳嗽一声，缓缓说道，"弟子此生唯有一愿：辅佐天下明主，统领百万雄兵，战必胜，攻必克，威服列国，称霸天下，建不世之功业，留英名于青史。"

鬼谷子微微笑道："嗯，此志可处战乱之世，你得逢其时了。不过，方今天下，列国纷乱，各国君主无不施展拳脚，或图霸，或求存，依你之见，何国之君可称明主？"

庞涓不假思索："秦公。"

"这么说，你若出山，是要辅佐秦公了？"

庞涓摇头。

"你欲辅佐何国君上？"

"弟子欲去辅佐魏王。"

"良禽择木而栖，名士择主而仕。魏侯先弃公孙鞅，后弃公孙衍，可知其不会用人；秦谋河西，魏侯不知是计，却妄自称王，四邻皆战，结果丧师丢土，可知其不会审时度势。既不会用人，又不会审时度势，可知其不为明主。"

"先生所言甚是。"

"既然知其不为明主，为何还要辅之？"

"弟子生为魏人，当为魏室尽忠。"

"此亦非你真意。"

"先生圣明。弟子愿佐魏王，原因有三。魏王不会用人，魏必无人，弟子必有驰骋之地，此其一也；魏国雄踞中原，四邻皆战，与庞涓秉性相合，此其二也；魏王先失公孙鞅，后失公孙衍，必生追悔之心，此时若得弟子，必全心全意，不生疑心，此其三也。"

庞涓一口气说出三个响当当的理由，可见谋算之精。众人听了，无不吃惊，纵使鬼谷子，也似未曾料到，沉思有顷，方才点头道："嗯，此三因也算在理。"抬头望向空中，看到月入中天，起身道，"时辰不早了，你们歇息吧。"说罢，径自走去。

玉蝉儿、童子起身，跟在鬼谷子后面，走向草堂。

张仪怔了，用肘顶了一下苏秦："苏兄，你我尚未述志呢，先生这就走了？"

苏秦长舒一口气："走了倒好。说实在的，真叫在下述志，在下都不知该说什么。"

“太可惜了！”张仪瞥一眼庞涓，“在下倒是想好了，就等先生来问，谁知先生屁股一拍，竟是走人了。”

“呵呵呵，”庞涓笑问道，“张兄既已想好，何不说来大家听听？”

“说给庞兄想也无妨。”张仪亦笑一声，“在下之志是：统领明主一人，指挥无敌将军，战必胜，攻必克，服列国，王天下。”

听到张仪要指挥无敌将军，庞涓愣怔半晌，方才长笑几声：“哈哈哈哈，张兄之志，果然是气势如虹。只是这君主一人与张兄，究竟是谁统领谁呀？”

“嘿嘿，”张仪冷冷一笑，沉声应道，“庞兄是明白人，何须在下说二遍？你们赏月吧，在下睡觉去了。”站起身子，拍拍屁股上的草叶子，转身径去。

庞涓又是一怔，望着张仪的背影叫道：“喂，姓张的，纵使你能统领君主，无敌将军也不会听你的！”

张仪已到草舍门口，回头，再次嘿嘿冷笑两声，跨进屋中，将门“嘭”一声关上。

庞涓略略一想，冲着张仪的草舍又是哈哈几声长笑：“在下明白了，想那君主必是个女流。那无敌将军，便是张兄了。”

庞涓这话显然带有挑衅性质，好在这日张仪的肚量出奇之大，并未冲出房门与他较真。苏秦、孙宾相视一眼，各自起身。

快要走到门口时，孙宾扭头，关切地对庞涓道：“小半夜了，贤弟还不睡觉？”

庞涓起身回舍，在榻上辗转反侧，折腾约有小半个时辰，仍难入眠，索性起身下榻，推开房门，走到户外。

时已子夜，月过中天多时了。庞涓在草坪上盘腿坐下，闭目养神，本欲将近日的纷乱思绪整理一番，不想却是越理越乱。坐有一时，庞涓忽地爬起，沿门前小道缓缓走去。

不知不觉中，庞涓竟然走到草堂前面。也是机缘所至，庞涓蓦然抬头，看到远处草地上竟也盘腿坐着一人。月光下面，那人一动不动，宛如一尊雕塑。

庞涓紧走几步，见端坐的不是别人，竟然是鬼谷子。庞涓大奇，因为先生打坐，从来都是在洞中，似今日这般在月光下打坐，不仅他未见过，也未听童子提起过。

离鬼谷子约十步远时，庞涓担心影响先生入定，便止步不前，迟疑一时，正欲转身离去，先生开口道：“是庞涓吗？”

庞涓近前，缓缓跪下，叩道：“弟子庞涓叩见先生。”

“坐吧。”

庞涓盘腿坐下，盯住鬼谷子。

鬼谷子两眼微闭，根本没有看他。

坐有良久，鬼谷子一直不说话。

庞涓试探道：“夜静更深，湿露下沉，敢问先生为何在这露天里打坐？”

“老朽是在等你。”

庞涓惊得呆了：“等我？”

“你不是来了吗？”

“我……我……弟子……”庞涓说不下去，哽咽起来。

“庞涓，老朽晓得你有心事，说吧。”

“先生，”庞涓泣道，“弟子是……是想……”

“你想下山，是吗？”

庞涓改坐为跪，叩道：“弟子不孝，不该生出这般念想。”

“是聚是散，皆是缘分。你想下山，下山就是了。”

庞涓再拜于地，泣道：“先生……”

“听你所言，可是想去魏国？”

“先生圣明。前几日弟子前往宿胥口，意外得知魏王徙都大梁，在大梁设立招贤馆，正向天下招贤纳士。”

“是哩，眼下三国谋魏，魏国正值用人之际。”

“三国谋魏？”庞涓惊道，“是哪三国？”

“是秦、韩、赵三国。”

“先生如何知之？”

“知之即知之。”

庞涓吸一口气，心中忖思：“此生得遇先生，真乃天赐机缘。今日看来，先生学问，依然高深莫测。一旦别去，就等于断了求学之路。万一先生还有宝物，我若错过，岂不是抱憾终生吗？”

想至此处，庞涓眼珠儿一转，拱手问道：“先生，弟子虽然有意下山，可又觉得学业未就，下山之后万一狼狈，岂不是有辱师门？弟子是以前思后想，是去是留，难有主见，还望先生点拨。”

“你已得了吴起的用兵精要，若善用之，山外当是无人可敌，怎会有辱师门呢？”

听出鬼谷子话中有话，庞涓暗吃一惊，急忙问道：“先生是说，山外无人可敌，在这谷内却有胜过弟子的？”

“是否有人胜过，你自己应该清楚。”

庞涓再忖：“弟子当然清楚。在此谷里，能够与我交手的唯有孙宾。就眼下而言，他所知的，我无所不知。我所知的，他却一丝儿不知，我们两个，谁高谁下，已是摆明了的。”

忖至此处，庞涓信心十足，再次叩道：“弟子谢先生栽培。先生教诲之恩，弟子万死不足以报。弟子父母双亡，自进鬼谷，即视先生为父。弟子忧心的是，出山之后，山外驱驰不胜繁重，弟子若想再见先生，恐怕艰难。弟子……弟子是真的舍不下先生哪！”说到后面，竟哽咽起来。

“你有此心，老朽已知足了。”

庞涓擦拭一把泪水：“弟子谨听先生之言，近日便下山去。”

“下山之后，第一子该如何落下，你可心中有数？”

“弟子欲去大梁求见魏王。”

鬼谷子摇头。

庞涓大怔，急道：“弟子恳请先生点拨。”

“先圣曰：‘将欲歙之，必故张之；将欲弱之，必故强之。’你将此言颠倒过来，或可成功。”

庞涓将老聃之言颠倒过来，喃喃有声：“将欲张之，必故歙之；将欲强之，必故弱之。”

鬼谷子缓缓问道：“其中道理，你可明白？”

庞涓念咏一时，豁然开朗，拱手道：“弟子明白了，谢先生指点！”

“你能明白就好。”鬼谷子缓缓起身，作势离开。

庞涓急道：“先生，弟子还有一请。”

鬼谷子复坐下来：“说吧。”

庞涓不无忐忑，小声问道：“弟子下山，前路渺茫，能否得意，还求先生点拨。”

“此系命数，”鬼谷子应道，“你既有求，老朽可以点拨。明日晨起，你到山中摘取山花一枝，老朽为你占一卦。”

庞涓叩道：“谢先生。”

许是过于兴奋，许是睡得太晚，翌日庞涓醒来时，太阳已经升起老高。庞涓睡眼惺忪地在榻上发会儿怔，猛地想起先生所嘱，不及洗漱，拔腿就朝山上走去。

“先生要我晨起摘花，日头已出东山，快要照进这谷里了，我该抓得紧些才是。”庞涓一边想着，一边加快脚步。

时入季秋，百花早已开过，又因山中高寒，野菊含苞，不能算花。庞涓四处寻觅，急切之间，竟是看不到一枝。

庞涓离开山路，向丛林深处走去。又觅一时，庞涓眼前一亮。

一块石壁的僻阴处，一株草花开得正艳。

庞涓急上前几步，看清是株马兜铃，花开两簇。

“倒是怪了，”庞涓自语道，“此花夏华秋实，眼下已是季秋，当是结果辰光，如何这才开花？也罢，我且折它下来，看先生如何判决。”

庞涓将它连根拔起，拿在手中观赏。

赏有一时，庞涓自语道：“此花开得虽艳，却是寻常花草，位卑身贱，不为大器，待我再寻一株名贵之花，让先生占个好卦。”遂将草花扔在地上，向前寻去。

又寻多时，再也看不到一株。庞涓原本不信命相，这又寻得气恼，遂将一脚踩在石上，自忖道：“先生什么都灵，只此故弄玄虚，却是可叹。大丈夫凭本领吃饭，小女人凭脸蛋得宠，天下之事，都是人为的，哪有什么命相？此花便不去找，又能如何？”

这样想着，庞涓干脆一屁股坐在石上。坐有一时，见太阳越升越高，庞涓直起身子，按原路折回。经过原先弃花之处，庞涓不由得停下步子，盯住地上的马兜铃花又看一阵，弯腰捡起。

经过一番折腾，又经阳光曝照，两簇草花尽皆萎了。

“也罢，”庞涓将草花又是一番端详，纳入袖中，“先生既有交代，空手回去也是不恭。我且将此花带回去，好歹是个搪塞。”

回到山下，庞涓来到溪边，洗漱一番，整好衣冠，走向草堂。

草堂里并无他人，只有鬼谷子盘腿端坐，显然是在候他。

见先生这般认真，庞涓反倒踌躇了，欲再出去寻花，又觉不妥，只好硬起头皮近前叩道：“弟子叩见先生！”

鬼谷子劈头问道：“你的山花呢？”

“回禀先生，时值季秋，百花开过，弟子寻有多时，竟是看不到一株山花。”

“看不到山花，你的袖中却是何物？”

庞涓震惊，心道：“神了，连此袖中之物，先生也能看出。”迟疑一下，从袖中摸出那株已是半萎的山花，双手呈上，顺口解释，“这株草花不为大器，弟子本来不屑摘它，后来实在寻不到其他山花，方才带它回来。鉴于此花非弟子所愿，弟子是以没有示予先生，还请先生见谅。”

鬼谷子接过山花，端详一阵，递还庞涓。

庞涓接过山花，见鬼谷子闭目端坐，显然是在运神聚功，遂将草花放在一侧，叩首于地，静候先生卦辞。

鬼谷子冥思有顷，睁眼说道：“此花共开一十二朵，昭示你荣盛一十二载。此花采于鬼谷，生于阴，见日而萎，鬼旁著委，喻你成功之地当在魏国。”

庞涓心中忖道：“昨晚我已讲明去魏应聘，成功之地自然是在魏国，此事何劳再占？”

鬼谷子话锋一转：“不过，你拔后弃之，弃后复拾，心怀二志，又在老朽面前藏而不露，昭示你日后必将欺人，亦终将受欺。”

庞涓再次忖道：“常言道，兵不厌诈。这个世道，我不欺人，人便欺我，此话又是哄人。”

鬼谷子似已猜出庞涓心中所想，略略一顿，轻声叹道：“再容老朽饶舌一句，此花名叫马兜铃，马喜食之，羊却不喜，是以老朽送你一句偈语：‘遇羊而荣，遇马而绝。’”

庞涓再拜：“先生所占，弟子谨记于心。”

鬼谷子追问一句：“你谨记什么？”

“遇羊而荣，遇马而绝。”

鬼谷子轻叹一声，起身说道：“记住就好，你可以下山了。”

庞涓对鬼谷子的背影连拜三拜，见先生入洞，方才起身，正欲出去，忽又看到地上的山花，弯腰捡起，一边端详，一边走出草堂。

走有一时，庞涓将那株半枯的山花“啪”地甩到路边：“什么荣盛一十二载？什么马喜食之，羊却不喜？如果猪也喜食，又该如何？想必是先生见我执意下山，心中不快，这才拿话唬我。抑或是先生故弄玄虚，断不可信！”

庞涓回到自己的草舍，开始收拾行装。他翻找衣物，拿出两件像样的放进包袱，又从床底取出一只布包，打开来，正是那捆他凭记忆抄写出来的《吴子》。

庞涓翻看一阵，轻声叹道：“唉，可惜只有六篇。要是一部完整的《吴子》，该有多好！”

庞涓将竹简小心翼翼地包进衣服，放进包袱，复将包袱放好，出门拐进孙宾房门。

房间里空无一人。

庞涓略略一想，顺路而去，走到一处僻静山坳，见孙宾正在闭目冥想，身边并无竹简。

“孙兄！”庞涓直走过去。

“贤弟？”孙宾见庞涓一脸沉郁，颇觉惊讶。

庞涓扑地跪下：“师兄在上，请受师弟一拜。”

“贤弟，你……”孙宾忽地站起，一把扯起他道，“你这是怎么了？”

“孙兄，”庞涓缓缓说道，“在下是来辞别孙兄，这要下山去了。”

“啊？”孙宾猝不及防，怔在那里，半晌方道，“贤弟，这……这么大的事情，你该早点告诉愚兄才是。”

“在下也是临时决定的。”

“怪道这几日贤弟心神恍惚，原来是为此事。”

“是的，”庞涓点头承认，“在下心神恍惚，是因为主意未定，这一定下，谁都没说，第一个就来告诉孙兄。”

“谢贤弟看重。先生晓得不？”

“在下已经别过先生了。”

“啊？”孙宾又是一惊，“贤弟何时动身？”

“明日鸡鸣时分。在下也想知道，孙兄打算何时下山？”

“唉，”孙宾长叹一声，“似我这般呆笨之人，虽然进山三年，却是处处懵懂，哪里能及贤弟，仅此三年，就已学有大成。至于出山之日，不知要到何年何月了。”

“孙兄不必自谦。”庞涓安慰他道，“孙兄为人为学，一丝不苟，在下愧不能及。在下急于出山，无非是山外热闹，在下浮躁之心无法按捺，蠢蠢欲动而已。不像孙兄，沉稳若定，大器晚成。”

“贤弟说外话了。就用兵而言，列国之中，贤弟无人可及，建功立业必是早晚之事。”

“谢孙兄吉言。在下临别，还有一事相求。”

“请贤弟直言。”

“先生学问，高不可测，纵学一世，也是学不完的。在下急于求成，仓促下山，心中却是忐忑。在下走后，先生若有绝学秘籍传给孙兄，万望孙兄看在你我结义的情分上，教知愚弟一二。”

“贤弟客气了。贤弟放心，愚兄若有所学，一定转述贤弟。”

庞涓复叩于地：“就孙兄此言，请受庞涓三拜。”

孙宾再次将他扶起：“贤弟……”

庞涓推开他，拜了三拜，起身握住孙宾之手，泪如雨下。

二人伤感有顷，孙宾道：“贤弟在此稍候，在下这就告诉苏兄、张兄，还有师兄与师姐，今晚为贤弟饯行。”

“不必了。”庞涓摇头，“鬼谷之中，在下割舍不下的唯有二人，一是孙兄你，二是师姐。其他人，大可不必惊动。”

“这样不好吧。我们几人好歹也是共学三年，贤弟要走，无论如何也该打声招呼才是。”

庞涓再次摇头：“自古迄今，成者王侯败者寇。庞涓此番出山，是成是败，尚未可知，有什么可以惊动的？再说，张仪那厮，不见也罢。”

“好吧，”孙宾见庞涓执意不肯，只好说道，“在下就听贤弟的。”

这日晚间，玉兔初升。玉蝉儿在草地上摆好琴架，面月而坐，凭记忆弹奏鬼谷子昨夜弹过的《月光》曲。

一曲弹完，身后响起击掌声。

玉蝉儿一惊，回首视之，是庞涓。

庞涓深揖一礼：“师姐，庞涓有扰了。”

玉蝉儿还过一礼：“玉蝉儿不知庞公子在此，丢丑了。”

庞涓叹道：“师姐仅听一遍，就能弹得出神入化，庞涓是个粗人，心中唯有敬服。”

“谢庞公子夸奖。夜已深了，庞公子有何指教？”

庞涓听出玉蝉儿是在逐客，轻叹一声：“唉，庞涓不敢。庞涓此来，只是想看师姐一眼。”

想起昔日溪中之事，玉蝉儿心中一凛，乍然变色，冷冷说道：“玉蝉儿依旧是玉蝉儿，一丝儿未变，庞公子不是早就看过了吗？”

庞涓沉声应道：“师姐依旧是师姐，庞涓却不是庞涓了。”

玉蝉儿倒是惊讶了：“庞公子何出此语？”

“庞涓来此，”庞涓再揖，“除看望师姐之外，也是诚心告诉师姐一言：此前的庞涓虽有冒犯师姐之处，却无冒犯师姐之心。今后的庞涓纵有冒犯师姐之心，却再无冒犯师姐之处了。”

“庞公子，此言何解？”

“庞涓已经拜别先生，将于明日鸡鸣下山谋生，此来是向师姐作别的。”

玉蝉儿又是一怔，缓缓起身，朝他拱手道：“玉蝉儿恭祝庞公子一路顺风，心想事成！”

“谢师姐吉言。”庞涓亦还一礼，“师姐，庞涓内藏一言，今日不吐，怕是再无机缘了。”

“庞公子有话，但说无妨。”

“今对明月起誓，庞涓此生若爱一个女人，就是师姐！”

庞涓表白得如此大胆，玉蝉儿猝不及防，一时窘在那儿，脸红半晌，方才定下心来，再揖道：“玉蝉儿谢庞公子厚爱！”

庞涓再次还礼：“庞涓本是龌龊之人，不配师姐高洁之躯，但天地日月可鉴，庞涓挚爱师姐之心，真真切切。自今而后，庞涓无论身居何处，师姐但有驱使，庞涓唯命是从。若有背逆，天地不容！师姐，请保重！”

话音落处，庞涓弯腰鞠个大躬。由于弯得过低，他的头几乎就要触到地面了。

大躬鞠完，庞涓扭转身子，大踏步远去。

望着庞涓渐去渐远的身影，玉蝉儿竟是呆了，心中扑通乱跳一阵，方才长出一口气，定下心神，喃喃说道：“庞公子，你也保重！”

翌日凌晨，远处雄鸡刚刚啼完第一轮，庞涓就背起包袱，悄悄拉开房门。

打开房门时，庞涓几乎不敢相信自己的眼睛：门外草地上，赫然站着孙宾、苏秦、张仪、玉蝉儿和童子。

远处，鬼谷子站在一块巨石上，似一尊沐浴在晨曦里的雕像。

孙宾走过来，从他手中接过包袱，挎在背上。

庞涓本是血性汉子，看到此情此景，禁不住泪水滂沱。

庞涓举袖抹把泪水，走到鬼谷子跟前，跪地叩道：“弟子不孝，不能服侍先生了。弟子下山，若有得意，必来探望先生。”

鬼谷子微微一笑，扬手道：“去吧。”

庞涓拜过三拜，起身走向苏秦，揖道：“苏兄，庞涓先行一步了。”

苏秦深揖还礼：“在下恭候庞兄佳音。”

“谢苏兄吉言。”庞涓转向张仪，也是一揖，“张仁兄，鬼谷三年，庞涓有所得罪之处，还望海涵！”

张仪跨前一步，一把抓过庞涓的大手，狠劲一捏，发出一声富有乐感的长叹："唉，庞兄这一走，张仪在这谷中，也就落寞无趣了。"

众人皆笑起来。

庞涓收住笑，转向童子，盯住他看有一时，慢慢跪下："大师兄在上，请受师弟庞涓一拜。"

庞涓正欲拜下，童子扯起他道："庞师弟，你这大礼，大师兄承受不起！"

庞涓起身，揽过童子，将他拉到胸前，摸向他的头顶，比画一下道："大师兄，只此三年，你就蹿到师弟的下巴上了。"

童子笑道："再过三年，你我孰高孰低，可就难说了。"

"好好好，"庞涓亦笑起来，"三年之后，师弟一定再来谷中，与大师兄一比高低。"

"师兄恭候！"

庞涓转过头去，目光聚在玉蝉儿身上。好一会儿，庞涓竟是一语未发，只将目光死死盯住她，看得玉蝉儿心中发毛，正自不知所措，庞涓一句话没说，毅然转身，快步离去。

孙宾背了包袱，跟在身后。

二人别过鬼谷，径投宿胥口方向。

出得山口又走一时，眼看就要走到宿胥口，庞涓停住脚步，拦住孙宾道："孙兄，你我终有一别，不必再送了。"

"贤弟，"孙宾顿住步子，迟疑一下，诚挚说道，"出山之后，万一遇到难处，可到卫国去找楚丘守丞栗平将军。只要你说是在下朋友，他一定帮忙。"

"哈哈哈哈，"庞涓爆出一声长笑，"孙兄多虑了。庞涓纵使不才，断也不会到蕞尔小邦乞食。"

孙宾脸上一阵发烫，干脸僵在那儿。

庞涓亦觉失言，赔笑揖道："孙兄盛情，在下心领。孙兄与涓义结金兰，亲如手足。此行在下若是晋升有门，有所施展，必在魏王面前举荐孙兄，你我二人共扶魏室，同立功业，敢问孙兄意下如何？"

孙宾这也得了台阶，缓过神来，还一揖道："贤弟厚情，宾感激涕零。魏是大国，在下才疏学浅，不敢有此奢望。"

"此言差矣。你我师出同门，在下若有驰骋之地，孙兄就有用武之所。"

"纵使如此，在下也怕难以从命。"

"此是为何？"

“贤弟生长于魏，魏是贤弟根本。在下若到魏国，却是无本之木，随水浮萍了。”

“听孙兄之言，难道欲回卫国？”

“先祖本是齐人，将来若有机缘，在下或会前往齐国。”

“孙兄此言差矣。”庞涓连连摇头，“凤凰当栖高枝，蛟龙当入深渊。方今天下，士子早为列国共有，何分国籍故土？齐背海而踞，欲进不能，欲退无路，形如死地。魏国地处中原，为天下中枢，正是你我腾挪之所。若有孙兄与涓并驾齐驱，天下何人能敌？”

孙宾不好再说什么，只好应道：“在下既愚且拙，只怕非但帮不上忙，反会拖累贤弟。”

“孙兄说出此话，便是外人。这事我们说定了，只要庞涓得意，必然进山相请孙兄。”

“贤弟厚情，孙宾先领了。”

庞涓朝孙宾深揖一礼：“孙兄，保重！”

孙宾将包袱取下，扣在庞涓背上，回揖一礼：“贤弟一路顺风！”

庞涓且走且远，时时扭头。孙宾且追且止，心有牵绊。

二人依依不舍，一直走到河渡头，孙宾直送庞涓踏上渡船，看着渡船驶入河心，变成一个小点，方才长叹一声，反身回谷。

第 042 章 | 驱夜鼠孙宾得书 用险策庞涓谋齐

这日晚间，四子宿舍前面的草坪上，孙宾、苏秦、张仪百无聊赖地仰躺着，遥望东山迟迟升起的月亮。

三人谁也没有说话，草地上死一般静寂。

张仪终于憋不住了，坐起叫道："我说二位，你们说句话行不？不就是少了一个庞涓吗？"

谁也没有理他。

张仪急了，将苏秦硬扳起来："你给我起来！"

苏秦被他强拉起来，望着他："说什么？"

"说什么都成，只要不这样闷着。"

苏秦扑哧一笑："没有了庞兄，看把你急的。"

"说真的，那小子在这儿，我这拳头总是痒痒的。他这一走，真还别扭。你说，就他肚里的那点货色，这就急吼吼地下山，行吗？"

"这个得问孙兄。"

张仪转向孙宾："孙兄，庞涓牛气冲冲地一路下山，不会被人家再赶回来吧？"

孙宾亦坐起来："庞师弟机敏善断，又有悟力，此番下山，定有作为。"

"孙兄，你说实话，他真比你强？"

"从他近日言谈可以看出，孙宾此生，只怕难以及上了。"

"是啊，是啊，"张仪随口应道，"庞兄得了宝贝，孙兄却两手空空，自然难以及上。"

恰在此时，玉蝉儿从鬼谷草堂走过来，听个真切，晓得张仪已经知悉先生赠送庞涓《吴起兵法》的事了，心中一凛，顺口问道："张公子，庞公子得了什么宝贝？"

张仪自知失言，掩饰道："看他那神秘兮兮的样子，就跟得了个宝贝似的。师姐请坐。"

玉蝉儿走到近前，并膝坐下，笑道："听你那么说，蝉儿真还信了呢。三位公子……"

张仪应道："师姐有何吩咐，直说就是。"

"先生让蝉儿传话，说是夜闻鼠声，甚恶之，要你们轮流守值，为先生驱鼠！"

三人面面相觑，有顷，齐声道："弟子领命！"

张仪眼睛眨巴几下，问道："师姐，谁先轮值？"

"先生吩咐过了，首夜是苏秦，次夜是张仪，再次夜是孙宾，轮值从今夜起始。时辰不早了，苏公子，请！"

玉蝉儿站起来，转身走了。

苏秦亦站起来，对孙宾、张仪揖道："孙兄，贤弟，在下守值去了。"

苏秦跟从玉蝉儿走进洞中，见鬼谷子一动不动地端坐于洞室。

玉蝉儿禀道："先生，苏公子来了。"

苏秦趋前叩道："弟子叩见先生。"

鬼谷子眼睛微睁，缓缓说道："不知何处窜来一只硕鼠，扰乱老朽心智，使老朽无法入定。你可守于此处，硕鼠若来，为老朽驱之。"

"弟子遵命。"

"几上是些竹简，若是困倦，你可读之。"

苏秦叩道："弟子叩谢先生。"

鬼谷子眼睛闭合，渐渐入定。苏秦眼角一瞄，看到一根棍棒，悄声走去，拿在手中，守在离鬼谷子几步远处，眼耳并用。

苏秦一丝儿不敢懈怠，一直守到后半夜，并无半点异音，硕鼠不见踪影。将近天亮时，苏秦觉得困倦，打声哈欠，猛然想起先生所嘱，走到几边，果见几案上摆着一捆竹简，打眼一看，竟是姜太公的《阴符本经》。

看到是部宝书，苏秦困意顿失，正欲展卷阅读，又恐惊动先生。犹豫片刻，见先生仍在定中，且先生事先又有嘱托，也就小心翼翼地展开竹简，就灯光阅读起来。

不知不觉中，雄鸡啼晓。

鬼谷子睁开眼睛，伸个懒腰。

苏秦叩道："弟子依先生嘱托，守值一夜，不曾见那硕鼠。"

鬼谷子笑道："许是有你在，硕鼠不敢来了。你守值一宵，定也困倦了吧。"

"弟子依先生所嘱，得读宝典，并不觉得困倦。"

"不困就好！回去歇息吧。有张就应有弛，觉是一定要补的。"

苏秦叩道："谢先生关心！弟子告退！"

苏秦走出草堂，正欲拐向溪边洗脸，树后传出一个声音："苏兄……"

苏秦打个愣怔，扭头一看，却是张仪，笑问道："贤弟，你躲此处何干？"

"恭候苏兄啊。"

苏秦怔了："等我？"

"在下甚想知道，苏兄是否逮到了硕鼠？"

苏秦摇头。

"嗯，"张仪点头道，"这个在下已有所料。这么说来，苏兄整整守值一夜？"

苏秦点头。

"没有迷糊过一眼？"

"是哩。"

张仪不相信地望着他："就这些了？"

"还有，在下读到一本宝书。"

张仪两眼放光："在下等的就是苏兄这句话。不瞒苏兄，昨晚听师姐一说，在下就已猜出，先生是要放货了。敢问苏兄读的是何宝书？"

"姜太公的《阴符本经》。"

"《阴符本经》？"张仪呢喃一句，点头，"是册宝书，在下早有听闻，只是无缘拜读。苏兄，你该好好歇息一阵，劳顿一夜，身体要紧哪。"

"谢贤弟关切。"苏秦扬下手，赶往小溪里洗脸。

望着苏秦的背影，张仪自语道："看来是我张仪多虑了。苏兄仍旧是苏兄，不奸不滑，断不似庞涓那厮。"

次日夜间，该张仪轮值。几案上依然摆着《阴符本经》。

张仪喜极，通读一宵，丝毫不觉困倦。

第三日夜间，该孙宾轮值时，几上却是空空荡荡。鬼谷子双目紧闭，寂然入定。孙宾守在一侧，手执棍棒，两眼圆睁，两耳竖起，一夜守候硕鼠。直到天亮，并无鼠踪。

第四夜，又是苏秦轮值，几上摆的仍是《阴符本经》，所不同的是，此《阴符》不同于彼《阴符》，上面写满了鬼谷子的详细注解。苏秦大喜，又是一个通宵奋战。

第五夜，张仪轮值，几上所摆仍是昨夜苏秦所读的带注《阴符》。张仪早已从苏秦口中探听明白，因而并不惊奇，细读一个通宵。

第六夜，再次轮到孙宾轮值，几上仍旧是空空荡荡。孙宾仍如前一次轮值一样，手执棍棒，一直守到天亮。

孙宾轮值两夜，夜夜空值一宿，玉蝉儿看不过去了。

翌日凌晨，孙宾走后，玉蝉儿、童子陪同鬼谷子走到草堂后院的草坪上，习练鬼谷子自创的吐纳功法。练有一个时辰，三人收势，玉蝉儿道："先生，蝉儿有一事不明。"

鬼谷子微微一笑："不是不明，是不平吧。"

玉蝉儿笑了："先生已经知道了。"

"先说这《吴起兵法》。"鬼谷子解释道，"此书重在技战，庞涓多存机巧之心，正可习之。孙宾为人厚实，习之无益。再说这《阴符本经》。此书重在修心养志，苏秦也好，张仪也罢，自进鬼谷，心神游移未定。心若不定，志必不坚。习口舌之学，心志不稳，当是大忌。此书二人习之，正是修本补缺。孙宾生性谨慎，心定志坚，若是再读《阴符》，非但无助于他，反倒误他大事。"

玉婵儿完全叹服了："传闻仲尼有教无类，因材施教，蝉儿今日知之。只是……先生总也不能让孙宾夜夜守鼠吧？"

"瓜熟蒂落，水到渠成。孙宾自有孙宾的造化，但待机缘而已。"

如此又值一轮，再次轮到孙宾。这日夜间，孙宾仍然手执木棒，一丝不苟地守候在鬼谷子身边。如此守值一夜，眼见天明，孙宾并无倦色。鬼谷子一如既往，端坐于地，身心完全入定。

鸡叫头遍时，孙宾听到异响，定睛细看，果见一只硕鼠在石缝里探头探脑。见无动静，老鼠嗖嗖几下爬上鬼谷子几前的一张桌子，钻进一个抽屉。不一会儿，抽屉中传出硕鼠牙齿咬木的咯咯声。孙宾轻手轻脚地移到桌边，猛地拉开抽屉。

老鼠受惊窜出，孙宾眼疾手快，一棒打去，正中鼠腰。老鼠吱地惨叫一声，扑地死去。

鬼谷子眼睛睁开，看过来。

孙宾叩拜于地："先生，此鼠果来骚扰，被弟子一棒打死了。弟子不意惊扰先生，乞请先生恕罪。”

鬼谷子扫一眼地上的死鼠，点头应道：“烦扰我者，正是此鼠。你替为师消除此鼠，何罪之有？”

孙宾叩道：“谢先生不责之恩。”

“孙宾，庞涓下山，你可有感念？”

“师弟学有所成，必能有所作为。”

“听你说来，你是认定庞涓学有所成了？”

“师弟下山之前，曾与弟子几番论兵，弟子自知不及师弟远矣。”

鬼谷子笑道：“庞涓品性浮躁，三年所学，只是雕虫小技而已。”

孙宾惊道：“孙宾迟钝，还望先生教诲。”

“先圣曰：‘大巧若拙，大智若愚。’为人之道不在聪明，用兵之道不在战胜。庞涓自作聪明，争强好胜，看似大才，终是平庸。你不存机巧之念，没有斗狠之心，当可铸成大器。”

“弟子愧不敢当。”

“还记得庞涓与你争论谁是天下第一兵家之事吗？”

“弟子一时好胜心起，与他争执。后来，弟子细想此事，甚觉荒唐。”

“能知荒唐，可见你有慧心。不过，就老朽所知，你的先祖孙武子可称天下兵圣，前无古人，后无来者。”

孙宾叩道：“孙宾代先祖谢先生褒奖。”

“可知老朽为何称孙武子为天下兵圣吗？”

“先祖善于用兵，常能以少胜多，以弱胜强。”

“非也。孙武子可称兵圣，不是因为他善战，而是因为他善于不战。”

孙宾怔道：“善于不战？”

“正是。孙武子深谙用兵之道，非一般兵家所能比肩。纵使吴起，也只能等而下之。”鬼谷子从几下取出一卷竹简，“此为孙武子的用兵精要，老朽每每读之，总是唏嘘再三，拍案惊叹哪。”

“先生，”孙宾圆睁两眼，盯向那捆竹简，“这不会是先祖的《孙武兵法》吧？”

“正是。你一意守值，心无杂念，诚挚可嘉，当读此书了。”鬼谷子拿起竹简，递给孙宾。

孙宾双手接过，叩道：“弟子谢先生厚赐。”

“据老朽所知，”鬼谷子缓缓说道，“此书当为世上独本。孙武子厌倦战事，用毕生心血著成此书，献于吴王后隐退。吴王视此书为宝，深锁于姑苏台中。越王勾践灭吴之时，火焚姑苏台，此书也就失传了。好在孙武子著述时留有副本，此本几经周转，终为老朽所得。老朽一向谨慎，未曾轻授。今见你心底忠厚，又是孙武子后人，便知此书的出头之日到了。”

孙宾再拜道：“先生恩德，弟子没齿不忘。”

“记住，”鬼谷子谆谆叮嘱，“得此书者，善用之为天下利，不善用之为天下害，故心术不正者不可习之。你拿回去，细心研读，三日后还我。”

“弟子谨遵师命。”

孙宾将《孙武兵法》拿回房中，关门，焚香，摆上先祖灵位，拜过数拜，正襟危坐，展卷阅读。

孙宾遵守鬼谷子所嘱，于第三日晚间手捧宝书，再进草堂。

刚进草堂，就见鬼谷子坐在几前，已在候他。

孙宾叩道：“弟子拜见先生。”

“起来吧。”

“谢先生。先生所赐之《孙武兵法》，弟子已读三日，特来奉还。”孙宾将《孙武兵法》双手捧起，呈给鬼谷子。

鬼谷子扫一眼竹简：“你可记牢？”

“弟子熟记于心了。”

鬼谷子翻开竹简，随口读道：“孙子曰：‘凡治众如治寡……’”

孙宾接后诵道：“孙子曰：‘凡治众如治寡，分数是也；斗众如斗寡，形名是也；三军之众，可使必受敌而无败者，奇正是也；兵之所加，如以石投卵者，虚实是也。凡战者，以正合，以奇胜。故善出奇者，无穷如天地，不竭如江海。终而复始，日月是也。死而更生，四时是也。声不过五，五声之变，不可胜听也；色不过五，五色之变，不可胜观也；味不过五，五味之变，不可胜尝也；战势不过奇正，奇正之变，不可胜穷也。奇正相生，如循环之无端，孰能穷之哉……’”

鬼谷子摆手止住，又翻几下：“军争为利，军争为危……”

孙宾接下诵道：“举军而争利则不及，委军而争利则辎重捐。是故卷甲而趋，日夜不处，倍道兼行，百里而争利，则擒三将军，劲者先，疲者后，其法十一而至。五十里而争利，则蹶上将，其法半至。三十里而争利，则三分之二至……”

鬼谷子放下竹简，点头赞道：“你用心如此，孙武子在天之灵，可以告慰了。孙宾，把书拿上，跟我来。”说罢起身头前走去。

孙宾手捧《孙武兵法》，紧跟于后。

二人来到外面的草地上，鬼谷子指着一个土坑：“将竹简放到这里。”

孙宾将手中竹简放到土坑里。

“回去拿个火把。”

孙宾走进草堂，点上火把，走过来。

鬼谷子指向竹简：“烧吧。”

孙宾怔道：“先生？”

鬼谷子淡淡说道：“《孙武兵法》已印你心，这些竹简留在世上，也是无用，烧吧。”

孙宾实在不忍烧去，依旧眼巴巴地望着鬼谷子：“先生？”

鬼谷子再次重复：“烧吧！”

见鬼谷子如此决绝，孙宾知道求也无用，只好说道：“弟子遵命。”

孙宾将火把放在一边，跪于地上，将竹简摆正，朝之连叩三个响头，含泪祷曰：“先祖在上，不肖后人孙宾遵先生之命，将圣典归还先祖，请先祖查验。”

祷毕，孙宾拿过火把，轻轻放到竹简上面。不消一刻，天下宝典《孙武兵法》就在一阵噼噼啪啪的烈焰声中化成一堆灰烬。

鬼谷子看一眼仍在风中明灭的余烬，抬头看向孙宾：“孙宾，自今而后，天下第一兵典只在你的心中。不过，仅能背诵一无用处，唯有悉心揣摩，悟其理，晓其义，得其道，方为彻悟。”

孙宾拜道：“弟子谨记于心。”

从宿胥口渡过河水，庞涓迈开大步，不消几日就已来到魏国的新都大梁。

大梁本是魏国别都，人口稠密，物产富饶，商贾云集，此时成为都城，热闹自是不必说的。庞涓几经打听，寻到白虎的府宅，上前叩门，开门的是老家宰。

为防意外，庞涓仍然戴了斗笠。

老家宰看有一时，竟然认不出来，怔道：“先生是……”

庞涓取下斗笠，笑道：“家老，你再看看。”

老家宰又看一时，仍旧摇头。

庞涓微微一笑，从袖中摸出一副络腮胡子戴上。

看到络腮胡子，老家宰惊喜地叫道：“哎呀呀，看我这双老眼，连恩公也认不出了！恩公，快快快，府里请！”

老家宰引领庞涓走进府中，边走边叫：“少夫人，快出来，你猜是谁来了？”

绮漪早已听到声音，迎接出来，见是庞涓，又惊又喜，当院跪下，叩道：“奴家见过恩公。”

庞涓还过一礼：“弟妹快起。”

绮漪起身，朝厅中礼让道：“恩公，屋里请！”又转对家宰，“家老，快叫夫君回来。”

老家宰应一声，走出厅外。

绮漪泡上茶水：“恩公，请用茶。”

一个不到三岁的孩子从外面冲过来，站在绮漪身边，一双警惕的大眼直盯庞涓。

绮漪轻抚孩子的头：“来，这是我们家的恩公，给恩公磕个响头。”

孩子打量庞涓一眼，走过来，在庞涓跟前跪下，叩头。

绮漪催道：“叫恩公。”

孩子小声叫道：“恩公。”

庞涓上前一步，抱起孩子，呵呵笑道：“不用问了，你一定是白小少爷！告诉伯父，叫什么名字？”

“白起。”

庞涓重复道：“白起？”

绮漪接道：“是他爷爷临终前为他起的。”

庞涓连连点头：“起者，自立自强也，是个好名字。”

说话间，白虎已如一阵风般旋进院里，冲进客堂，纳头拜道：“白虎叩见恩公！”

见白虎回来，绮漪遂朝庞涓深鞠一躬，拉上白起走出。

白虎、庞涓相向而坐，一边品茶，一边畅叙别后情势。正说着话，绮漪端了几个菜肴，家宰抱着一坛老酒，在几案上摆好。

绮漪笑道：“几个小菜虽说粗陋，却是奴家亲手所烧，这坛酒也是奴家亲手所酿，请恩公品尝。”

庞涓拱手道：“庞涓一来就劳动弟妹，心实不安。”

绮漪还过一礼：“恩公大恩，奴家纵使粉骨碎身，也难报答。恩公慢用，奴家告退。”便鞠躬退出。

白虎倒满一爵，递给庞涓，自己也倒一爵，举起：“恩公，请！”

二人各饮一爵，白虎接道：“恩公，朝廷情势大体上就是这些。近三年来，王上独断专行，偏信公子卬、陈轸，拒听忠言，逼迫公孙衍奔秦。魏之能臣，莫过于公孙衍。熟悉魏者，也莫过于公孙衍。今日公孙衍谋魏，秦、赵、韩结盟，我危在旦夕矣。”

庞涓话锋一转：“陈轸那斯好像不在大梁？”

“是的，”白虎点头，“半个月前使齐去了。王上从相国惠施所谋与齐结盟，陈轸请缨使齐。”

“惠子所谋，倒是高深。”

“唉，齐、魏一向不睦，你说，齐公他……能够赞成相王吗？”

“呵呵，”庞涓笑道，“无把握之事，陈轸那斯能请缨吗？”

白虎松下一口气：“如此说来，魏国有救了。”

庞涓微微一笑：“魏国非但有救，还要雄霸天下！”

“恩公说笑了。”白虎笑不出来，“就现在这个样子，能不亡国，就是魏人大福呢。”

“呵呵呵，”庞涓搬过酒坛，倒满两爵，“来，白兄弟，为大魏雄霸天下，干！”

二人干过，白虎放下酒爵，拱手道：“据在下所知，朝中最为紧缺的是用兵大才，今日王上举国招贤，为的也是此事。恩公进山修习兵学，学到一身本领，若去应征，必受重用！”

庞涓反问他道：“公孙衍不是也有一身本领吗？”

“恩公说得是。”白虎苦笑一下，“不过，今非昔比，在下可将恩公引荐给朱司徒，再由朱司徒引荐给惠相国。惠相国若肯推荐，王上必委恩公以重任。”

“若是惠相国不肯推荐呢？”

“这……”白虎一怔，“惠相国见到恩公，不会不推荐的。”

“白兄弟，”庞涓摇头道，“你的好意，在下领了。只是在下此来，却不是向王上讨要官位的。”

白虎颇是诧异：“恩公来大梁，不为应聘，却为何事？”

“只为看一眼白兄弟。”

“恩公盛情，白虎领了。敢问恩公欲至何处？”

“齐国。”

“齐国？”白虎惊道，“难道恩公不愿为魏效力？”

“将欲强之，必故弱之。”

“将欲强之，必故弱之。”白虎重复一遍，茫然不解，“恩公，此言何意？”

“哈哈哈，”庞涓大笑数声，“这是先生的临别赠言，在下思索一路，越想越妙，妙不可言哪！”

“恩公？”

“不提此事了。”庞涓摆手，“白兄弟，在下此来，还有一事相托。”

“恩公请讲。”

庞涓咬牙切齿，一字一顿：“待陈轸回来，替在下盯牢他，莫让那厮逃了。”

白虎满腹狐疑，但还是点点头：“恩公放心，这个不难。”

“不难就好。”庞涓再倒两爵，缓缓举起，“魏国大难，不可不救！杀父之仇，不可不报！来，白兄弟，为这两件大事，干！”

齐国都城临淄的主干道上，一辆轺车正朝相国府疾驰。陈轸坐于车中，微闭双目，表情悠然。戚光坐在他的对面，一脸忧郁。

“主公，”戚光总归憋不住了，忐忑问道，“邹相国肯见我们吗？”

“呵呵呵，”陈轸睁开眼睛，不无得意道，“我们送他大礼，他何能不见？”

“老奴打探过了，邹相国并不爱财。”

“他不爱财，却另有所爱。放心吧，没有十足把握，这趟差事，本公如何敢来？”

轺车驰至相府门前，戚光下车，将名帖递给门人，顺手塞给门人一块金饼。门人自不怠慢，一路小跑地进去通报。

邹忌迎出，与陈轸见过大礼，请入客厅，分别落座。

邹忌开门见山：“上卿此来，敢问有何见教？”

“不敢言教。”陈轸回道，“在下是想送给相国大人一份厚礼。”

邹忌笑道：“在下久未收礼了，敢问上卿是何厚礼？”

“一份功劳。”

“功劳？”邹忌皱起眉头，“什么功劳？”

“就轸所知，齐公梦中也在念叨宋国。宋国地处泗下，沃野千里，人口众多，是盘肥肉哟！”

“宋国怎么了？”邹忌眉头拧得更紧。

“在下此来，是将宋国拱手送给齐公，若是相国玉成此事，岂不是一件大功？”

“嘿嘿，”邹忌挤出一丝冷笑，“上卿此来，就为这个吗？”

“难道相国不喜肥腻吗？”

“如果本相没有记错，三年前上卿已在卫地将这功劳送给田忌将军了！”邹忌淡淡一笑。

“在下是送了，可我家王上没有答应呀。不瞒相国，在下回朝，被我家王上好一顿臭骂，若不是安国君美言，在下这颗脑袋早就不在项上了。”陈轸凑前，压低声，“就在不久前，楚上柱国昭阳约宋公田猎，宋公不敢去，求救于我家王上，我家王上就使在下去了，在下与昭阳会于襄陵城外，畅饮三日，结作挚友了！”

邹忌吸了一口长气，盯住陈轸：“既然魏侯不肯答应，上卿如何来送这份功劳呢？”

“我王那时不肯答应，眼下肯了。”

“哦？”邹忌倾身征询。

“唉，”陈轸长叹一声，“我王也是迫于无奈呀。秦人与韩、赵结盟，我王三面受敌，压力巨大呀！”

邹忌微微点头。

“我王拜惠施为相，惠相国提议与齐、楚睦邻，徙都大梁。如今都已迁徙，该睦邻了，我王就将这份重任交给在下。在下使齐，本想去找田将军，可三年前的事，在下有点儿后怕。思来想去，在下只好来求相国！”

邹忌显然信了，盯视陈轸：“魏侯弃宋，除睦邻之外，还有何求？”

陈轸一字一顿：“相王！”

“相王？”邹忌心里咯噔一声，盯住陈轸，良久，拱手道，“好吧，上卿的大礼，本相暂先收下。上卿还有何事？”

陈轸亦拱手道：“谢相国成全！在下告退！”

翌日，陈轸以魏王特使身份上朝，向齐威公递呈国书，禀明魏王有意尊齐公为王，如果齐公愿意，两国可以相约会盟，互尊王位。

国事礼毕，陈轸告退。

望着陈轸渐退渐远，消失在殿门之外，齐威公哈哈长笑数声，转对众臣道："诸位爱卿，魏罃坐王椅，看来是烧疼屁股了，被秦人逼得先失河西，后徙都城。可秦人仍不放他，听说近日又在结盟韩、赵，三面伐魏。魏罃急了，使这陈轸来朝，拉寡人与他一道去蹚浑水。你们议议，这池浑水，寡人是蹚呢，还是不蹚？"

田忌跨前一步，禀道："启禀君上，这池浑水蹚不得！"

"田爱卿，你且说说，为何蹚不得？"

"魏国强盛时，视我为敌，今日落势了，却来结盟，这是临渴掘井，非其真心。再说，魏侯称王是背道而驰，眼下已落得众叛亲离，遭列国唾弃。如今魏罃已成落水之狗，此番是来拖君上下水，加害君上的！"

齐威公点头，目光移向邹忌："田爱卿以为，魏罃是临渴掘井，是来加害寡人的，爱卿意下如何？"

"回禀君上，"邹忌跨前奏道，"臣以为，君上可准允陈轸所请，与魏相王。"

"请爱卿详解。"

邹忌侃侃言道："我东临大海，西接三晋，北有燕，南为泗上诸国。燕地高寒，土地贫瘠，图之无益。三晋均是大国，且西有强秦，不可急图。唯有泗上诸国，地广土肥，人口众多，且国小兵弱，是可图之地。三晋之地，魏居中。我若联魏，北可制赵，南可牵韩。有三晋在，亦无秦忧。只有西线稳固，我方可全力南图，与楚争夺泗上。"

说实在的，魏惠王南面称尊，齐威公心中最是不平，早有并王之意，只是碍于天下道义，无法出口。面对魏王搭好的梯子，邹忌的解释正合心意，齐威公连连点头："嗯，相国所言甚是。只是……寡人若是也如魏王那般南面称尊，岂不是天下并王，寡人也成众矢之的了吗？"

"君上，"邹忌早有应对，"纲常早乱，天下并王并非今日奇观。早在春秋初年，荆楚就已称王，继而是巴、蜀。时至今日，列国称王已是大势所趋，魏侯不过是先行一步而已。荆楚可以称王，巴、蜀可以称王，魏侯可以称王，君上为何不可称王？"

齐威公将目光扫向众臣："诸位爱卿，邹相国奏请寡人南面称尊，你们可有异议？"

田婴跨前奏道："臣赞同君上称王。"

齐威公转向他道："爱卿说说，你为何赞同？"

"臣以为，"田婴应道，"韩侯、赵侯本与魏侯平起平坐，现在低人一头，心中不平，这才追随秦公伐魏。魏罃刚愎自用，一旦跨上王座，断不会退缩。

因而，臣以为，若是不出意外，赵侯、韩侯为求地位平衡，不久也将称王。未来数年，列国并王将是大势所趋。君上先行一步，一可卖给魏侯一个人情，二可向天下昭示君上能够左右天下局势，三可制约韩、赵。”

齐威公将目光转向太子：“辟疆，你也说说。”

“儿臣以为，公父即使决定称王，也不可轻易答应陈轸。”

“臣赞同殿下所言。”邹忌顺口接道，“眼下是魏侯有求于君上，君上何不向他讨个好处？”

齐威公道：“讨何好处？”

“坐实宋国！”

“坐实宋国？”齐威公眯眼自语，看向邹忌，“怎么坐实？”

“君上可约魏侯会猎于宋，在徐州相王，当宋公之面，坐实宋国之事，签署齐宋盟约，出兵宋境，助宋共御楚寇！”

“好！”齐威公猛力击案，转对田婴，“田爱卿，你知会陈轸，如果魏罃答应邹相国所言，寡人就与他会于徐州，相王！”

田婴应道：“臣遵旨。”

接后几日，陈轸与田婴几经磋商，议定两国互结睦邻盟约，齐威公南面称尊，明年三月与魏惠王春猎于徐州，互尊王位。

陈轸使齐不仅使齐威公得到梦寐以求的王位，更让魏惠王实质出让宋国利益，齐威公喜之不尽，特别在后花园设国宴款待陈轸，赠他黄金百两，锦缎三十匹，另送惠王美女十名，齐盐十车，咸鱼十车，以表诚意。

陈轸不辱使命，在齐地游玩一月，又到海边看过大海，方才心满意足地带着齐女并赐物凯旋，一路上车马滚滚，旌旗招摇。

车马行至齐国关卡，关吏验过陈轸等人的关文，摆手放行。戚光催动车马，刚过边关，突然间两眼圆睁，表情愕然。

陈轸笑道：“老戚，你怎么了？”

戚光手指关卡处，惊道：“主公快看，是他，戴斗笠的！”

陈轸顺手势望去，果见一人头戴斗笠，肩挎包袱，正在过关，一时却又想不起是谁，问道：“什么人？”

“庞涓！”

说话间，庞涓已经通过关卡，摘下斗笠，扭过头来，如炬的两眼直射陈轸和戚光，目光阴寒，嘴角似笑非笑，似怒非怒，显然在向二人挑衅。

庞涓一个转身，沿着官道大踏步远去。

陈轸回过神来，擦把汗水，点头道："不错，是他。此人扬言三年之后回来寻仇，果然这就来了！不过……"眉头微微皱起，"既来寻仇，当去大梁才是，此人为何反向齐国跑？"

"主公，"戚光不假思索道，"此人是朝廷钦犯，魏国各地都在缉拿，他不敢去呀！"

"你呀，"陈轸苦笑一声，"既然是亡命之徒，又有哪儿他不敢去呢？"

"主公说得是！"戚光应道，"老奴这就加强守护，再向司徒府报案，让官府协助追查。"

"不要再提司徒府了！"陈轸吩咐道，"找几个亡命徒，寻到那厮，先斩后奏。"

"遵命！"

进入齐境，庞涓再无顾忌，扔了斗笠，大踏步径奔齐都临淄。

不消数日，庞涓来到城中，寻到一家离宫城较近的客栈住下，换过衣冠，直入齐宫，不料刚到门口，就被膀大腰圆的持戟卫士拦住。

一名军尉走出，庞涓揖过，递上拜帖："请军尉转呈君上，就说名士庞涓求见。"

军尉接过拜帖，略扫一眼，递还庞涓，将他上下打量一时，语气不屑道："庞名士，似你这般，当到稷下学宫去。"

庞涓急了："这位军尉，在下有紧急国事，须面君陈奏。"

"庞名士，"军尉愈加不屑，"君上有旨，凡是来齐士子，须到稷下学宫讨论学问。庞名士若有真才实学，自有祭酒、学宫令荐你进宫面君。"

"哈哈哈哈，"庞涓爆出一阵长笑，"稷下所养不过是一群酒囊饭袋而已，岂能与我庞涓谈论学问？"

军尉震怒，眉头一横："你这厮好不识趣，本尉诚心待你，你却目中无人，蔑视我稷下学宫。快滚，滚迟一步，本尉抓你送监！"

庞涓扫他一眼，在又一声长笑中扬长而去。

接下来几日，庞涓发现军尉所说一丝儿不差，凡是来齐士子，必过稷下一关，否则，齐公一律不见。庞涓赶赴稷下，一看竟是傻了，学宫里人如潮涌，名士济济，列国学子数以千计。更可恨的是稷下还有一个规矩，但凡士子，若想求见君上，须得学宫令举荐，若想求见学宫令，须得祭酒举荐，若想求见祭酒，须得稷下先生举荐，而若想让稷下先生举荐，就须得过先生这一关，或拜先生为师，或与先生立题论辩。一想到要与那些百无一用的学界名流进行没完没了的争辩，庞涓的头皮就一阵发麻。

就在庞涓束手无策时，店家透给他一个例外：若得相国邹忌推荐，齐公也会破例召见。

庞涓赶赴相府，向门人递交拜帖，顺手塞入三枚铲币。门人朝他笑笑，接过拜帖，鞠一躬道："庞子稍候，小人这就禀报主公。"

不一会儿，相府家宰随门人走至。

庞涓跨前一步，揖道："魏国士子庞涓见过家宰！"

家宰还礼："在下见过庞子。听闻庞子欲见主公，敢问何事？"

"这……"庞涓迟疑一下，"事关齐国安危，在下只能面禀相国。"

家宰朝庞涓又揖一礼："庞子稍候，容在下禀报主公。"

庞涓还礼："谢家宰成全。"

邹忌正在批阅各地奏报，见家宰进来，抬头问道："哦，有事了？"

"回禀主公，魏国士子庞涓求见。"

"魏国士子？"邹忌略略一怔，"不是有稷下吗，他来此处做什么？告诉他，那儿才是士子该去之处。"

"小人说了，他说，他有大事求见相爷。"

"是何大事？"

"小人问他了，他说，事关齐国安危，一定要面禀相爷。"

"事关齐国安危？"邹忌皱皱眉头，略顿一顿，看向家宰，"齐国眼下并无安危之说，寻个理由，打发他去吧。"

"小人遵命。"

家宰退出后，邹忌轻叹一声，摇头道："什么齐国安危？进我邹门，也该寻个好理由。"

庞涓再吃闭门羹，心中郁闷，在客栈又住数日，眼见相王之期越来越近，而他的第一步尚未迈出，不免着急起来。

这日后晌，约近申时，庞涓百无聊赖地走在宫前大街上。走不多时，看到前面有家酒肆，庞涓肚中也觉饥饿，遂走进去，叫小二端上几盘小菜，抱出一坛老酒，一边酌饮，一边苦思面君之计。正吃之间，街面大乱。庞涓探头观看，见是一行军卒正在清理行人。

庞涓惊异，喊道："小二，过来！"

小二跑过来："客官，你召小人？"

庞涓指向外面："鸡飞狗跳的，怎么回事？"

"客官有所不知，君上方才去太庙占卦，这阵儿想必回来了。"

"去太庙占卦？"庞涓心中咯噔一响，问道，"占什么卦？"

小二压低声音："说是君上要南面称尊，这去太庙是要择个好日子！"

"好小子！"庞涓掏出几枚铲币搁在案上，"结账吧，余下的赏你。"说着放下箸子，目光专注地盯住窗外。

果然，片刻之后，大队车马护拥齐公车辇沿街驰来。太子辟疆、相国邹忌、上将军田忌、上大夫田婴等齐国重臣各自乘车随驾。

庞涓看得真切，见齐公车辇渐驰渐近，陡然出动，以迅雷不及掩耳之势冲出客栈，当街跪下。众卫士一阵惊乱，七手八脚地将他拿住。

擅拦君上车驾即是死罪，这是谁都知道的。

一场虚惊过后，齐威公探头车外，见太子辟疆过来，问道："是何人拦驾？"

田辟疆禀道："禀公父，是个士子，看样子不像刺客。"

"带他过来！"

田辟疆传令，几名甲士扭庞涓过来。

庞涓跪地，因两手被绑，无法叩首，便象征性地点头三下，朗声："魏国士子庞涓叩见齐公！"

"庞涓？"齐威公打量他，"你知道拦阻寡人车驾是死罪吗？"

"禀君上，庞涓知道。"

"既然知道，为何还要拦阻？"

"若是能救齐国于大难，庞涓何惜一躯？"

"齐国大难，"齐威公怔了，"什么大难，寡人怎么没有听说呢？"又扭头转向邹忌，"邹爱卿，齐有何难？"

"回禀君上，"邹忌这也想起前几日的事，拱手奏道，"臣想起来了，这个狂徒几日前曾至臣府，也是这般口出狂言，让臣打发了。不想此人胆大包天，竟然冒死拦阻君上大驾！"

庞涓爆出一声冷笑："连相国大人也出此话，可见齐国当真是无人了！"

"大胆狂徒，"邹忌怒喝，"你死到临头，还敢在此饶舌？"

齐威公却来劲了，盯住庞涓："寡人问你，天下显学，皆集稷下，著书立说者数以百计，更有士子数千，可谓是人才济济，你为何说我大齐无人呢？"

随行众臣无不怒目而视庞涓。

“回禀君上，”庞涓昂然应道，“无视天下形势，与赵、韩、秦三国为敌，是为不明；与将死之魏结盟相王，而弃口边肥肉，是为不智。齐国不明不智，众臣无人劝谏，是以无人。”

齐威公长吸一口气，转对左右：“为庞子松绑，随驾回宫！”

此地离宫不远，齐威公不消一时回到宫中，在殿上坐定，吩咐内宰：“有请庞子！”

宫人带庞涓上殿。

庞涓伏地叩道：“魏人庞涓叩见君上。”

“庞子免礼。”齐威公略略摆手，倾身道，“寡人愚钝，适才庞子所言，还请详解。”

庞涓扫一眼陪侍臣子：“请君上屏退左右！”

“诸位爱卿，”齐威公转对众卿，“散朝！”又转对田辟疆，“疆儿留步！”

邹忌等臣领旨退朝，田辟疆走近威公，立他身边，手握剑柄以防不测。

“庞子，”齐威公转对庞涓，“可以开口了吧？”

“君上，”庞涓拱手，“方今天下，是战是和皆由实力说话。庞涓斗胆请问君上，魏之实力比赵如何？”

身为草野士子，庞涓开口即向君上质问，这是犯上。辟疆虎目圆瞪，正要呵斥，威公摆手，平和应道：“河西战前，魏强赵弱，战后相差无几。”

“再问君上，赵之实力比韩如何？”

“韩国原不如赵，自申不害为相以来，韩国大治，眼下实力可以等同。”

“君上所言，是单指战力。”庞涓如霹雳般直指威公软肋，“国之实力，并不全在战力，还应涵盖物力和智力。河西之战，秦非胜在战上，而是胜在物力和智力上。公孙鞅变法十年，秦国库充盈，保障有力，加上公孙鞅等人智谋过人，方有大胜。反观魏国，战前修鸿沟，建王宫，伐弱卫，致使财力枯竭，兵员疲惫。这些都不重要，重要的是魏王用人不智，终致大败。”

庞涓所言，齐威公心中虽已有数，仍想听他后面的话，便点头赞道：“嗯，说下去！”

庞涓侃侃言道：“秦有公孙鞅，国大治。韩有申不害，国大治。赵虽无治，但赵人强悍，且近年并无大战，实力有增无减。唯有魏国，国无能臣，军无良将，库无储粮，魏王却视而不见，仍然穷兵黩武，就像一个病人，已患绝症却不自知，仍在肆意放纵，近日更是大兴土木，比照周制修建宫城，役民非时不说，更是横征暴敛，民不聊生。君上，今日魏国情势，莫说是秦人谋魏，单是韩、赵结盟，魏人已无还手之力。这些君上难道看不到吗？”

“庞子所言，寡人略知一二。”

“君上既知，为何却要冒险与韩、赵翻脸，而与垂死之魏结为盟友呢？”

齐威公看向辟疆，见他也是两眼大睁，一脸惊愕。

“依庞子之见，寡人该当如何应对？”

“弃魏！”

“弃魏？”齐威公以手托腮，微闭双目，陷入长思，良久，睁眼问道，“适才听闻庞子提到口边肥肉，请问庞子，这块肥肉可是宋国？”

“以君上之势，宋国不过是一只小鱼小虾而已。”

将肥腻的宋国视作小鱼小虾，齐国父子皆是呆了，相望一眼，不约而同地看向庞涓。

“请问庞子，”威公直入主题，“这块肥肉不在宋国，又在何处？”

“魏国！”

“啊？”齐威公失声惊道，“庞子，你……这是妄言吧。瘦死的骆驼当比马大，魏国虽然逊于往常，但武卒仍在，子民仍众，忠勇之士遍布乡野，即使秦人也不敢妄动，也要约盟韩、赵两家，三面图之。”

“哈哈哈哈！”庞涓爆出一声长笑。

“庞子是笑寡人吗？”

“正是。”庞涓敛起笑，拱手应道。

威公挂不住脸面，冷冷问道：“寡人何处好笑？”

“笑君上言过其实了！”庞涓沉着应对，“常言道，此一时也，彼一时也。时过境迁，今日之魏早非昔日之魏，魏国是否瘦死的骆驼，身为魏人，草民当比君上更有体悟。”

“庞子请讲。”威公倾身向前。

“魏国内情，”庞涓再次拱手，“一如庞涓方才所述。涓所未述者，军力也。列国所惧，无非是大魏武卒。大魏武卒装备精良、战力超强的不过八万，河西一战，八折去六，余下两万，尽在函谷、河东屯驻，严防秦人，无暇他顾。其余甲士虽众，多是乌合之众，守城御民尚显不力，更不必说越野征战了。重要的还不是兵卒，而是治兵之人。龙贾之才，若在齐国，无非是员寻常战将，但在魏国，出龙贾之右者，已是无人。即使这位龙贾，魏王竟也弃之不用，以草包公子卬治兵，以佞臣陈轸治政，致使朝中无人，言路不通，仓无积粟，军无战心，贤士他投，众叛亲离。今日之魏已如案上肥肉，盘中珍馐，就看何人下手快了！”

庞涓一通话说毕，威公、辟疆无不震骇。说实话，他们的目力所及，不过是泗上诸国，即使做梦也未曾打过魏国的主意。然而，在这战国乱世，又有什么不可能呢？秦人一战而得河西七百里，逼魏宫东迁。大魏雄风说没就没了。如果趁此机会分掉魏国，不但宋国尽在囊中，西出之路也是畅通呢。

想到这些，威公长吸一口气，抱拳道：“庞子之言，果是不同凡响。只是，数十年来，列国虽有争执，但齐、魏一向和睦，寡人与魏罃来往不多，面子却也未失。前番陈轸来使，诚尊寡人为王，寡人已经承诺魏罃，不日即与他相会于徐州。君子一言九鼎，寡人德薄，此生却也未曾食言。庞子之言虽善，寡人却是难以奉承。”

“只要君上有愿，天下未有不可行之事。”

“庞子有何两全之策？”

“未来大势，列国必入并王时代。君上德行远胜魏王，魏王可王，君上理该南面而尊。依草民之见，君上大可遵从承诺，南面称尊，与魏王会徐州相王。魏王争强好胜，会盟之时，必对君上炫耀其宝，君上可当众哂之。”

“哦？”齐威公大感兴趣，“寡人何以哂之？”

庞涓沉声应道：“魏王之宝，无非天下奇玩。君上之宝，却是治国贤才。魏雄霸日久，骄气日盛，致使小人塞贤，君耳失聪，先不用公孙鞅，后不听白圭，再不用公孙衍，终有今日之衰。君上却是反之，尊士养士，知人善任，将天下之才尽揽于稷下，更有贤相邹忌、良将田忌、贤大夫田婴等忠臣良将，终有今日之盛。相王之时，君上不妨以人才大宝羞辱魏王。如果魏王肯听君上劝讽，自此重用人才，励精图治，说明魏国尚有振兴之志，君上就可与之结盟。若是魏王恼羞成怒，不听劝讽，魏国亡无日矣。君上非但不可与其结盟，反当先下手为强，莫让大魏被秦、赵、韩三国悉数瓜分。”

庞涓从大处着眼，细处入手，合情合理，齐威公越想越觉得在理，点头赞道：“庞子之言，鞭辟入里，切中实务，寡人听之，如闻圣贤哪！”

庞涓叩道：“君上美誉，草民愧不敢当。”

“只是，寡人有一事不明，求问庞子。”

“草民知无不言。”

“庞子身为魏人，何以不去事魏，反来投奔寡人？”

“公孙衍弃魏投秦之事，君上可曾听说？”

威公点头。

“再问君上，稷下才士不下三千，可都是齐人？古往今来，良禽择木而栖。身为魏民，草民事魏之心早已凉透，这才弃魏至齐，投奔君上。”

“说得好！”齐威公竖拇指赞道，“上天以庞子赐齐，实乃寡人之幸。寡人欲拜庞子为上卿，早晚随侍左右，指点寡人，不知庞子意下如何？”

庞涓起身拜道：“草民叩请君上收回成命。”

“哦？”齐威公略吃一惊，“上卿之位，难道还留不住庞子吗？”

“君上言重了，”庞涓拱手应道，“齐国为大国，君上为贤君，上卿为重爵，庞涓一介草民，仅凭几句话语，便得如此恩宠，纵使九死也不足为报，如何能嫌爵小职微呢？”

“既然如此，庞子还有何忌？”

“草民有些私务未了，还请君上宽容。”

“敢问是何私务？”齐威公探身问道。

“杀父之仇！”庞涓泣道，“草民世居安邑，先父曾为大周缝人，魏国上大夫陈轸妖言惑乱魏主称王，逼家父缝制王服，家父不从，遭陈轸杀害。三年前草民就立下誓言，必手刃陈轸奸贼，为家父报仇。待草民报过父仇，必来报答君上厚遇！”

“原来如此，”威公长出一口气，连连点头，“庞子既与陈轸有此芥蒂，寡人就不勉强了。来人！”

内臣应道：“臣在！”

“赏庞子黄金一百，轺车一辆。”

庞涓再拜道：“草民甘冒死罪，再请君上收回成命。”

“这……”齐威公直盯庞涓，“爵位不受，金子也不受，你叫寡人如何赏你？”

“草民拦驾死罪，君上不加责罚，就是对草民的最大赏赐。”

“呵呵呵，”齐威公笑赞道，“庞子是雅士，寡人倒是俗气了！今宵风清月明，寡人预备薄酒一席，邀庞子共赏明月，可否？”

庞涓连拜三拜：“能与天下贤君共赏明月，诚为草民此生之愿也。”

齐威公起身，亲执庞涓之手：“庞子，请！”

之后两日，齐威公与庞涓拉东扯西，从庞涓口中得知与陈轸的恩怨及如何进云梦山从鬼谷子修习三年兵学的事。齐威公在儿时就听过鬼谷子的事，只将之视作传奇，从庞涓口中得知真有其人，大是感慨。

齐威公安置好庞涓，召邹忌、田忌、田婴等重臣谋议魏国现状与列国情势，认定庞涓的提议不是不可行。尤其是田忌，前番赴卫数月竟是未打一阵，更是憋了一身的劲，急不可待地要与大魏武卒一决高下。田婴也将自己探到的有关庞涓的细情禀报齐公，证实庞涓之父庞衡确实被陈轸所害，庞涓为报父仇，几入陈轸府闹腾，后被举国通缉，等等。得到各路细报，齐威公对庞涓之恨才再不起疑，遂依庞涓之策，悉心筹划相王诸事。

时年二月底，春意盎然，万象更新，齐威公在卜定吉日诏告天下，于临淄齐宫南面称尊，又三日，如约前往徐州，与魏惠王会猎、相王。

徐州位于宋国地界，宋国更是这次魏、齐两国的礼让之物。

两个大国君主在自己境内会猎，宋公偃受宠若惊，密令宋国三军严阵以待，同时派人秘密使楚，将齐、魏会徐州相王之事悉数透给昭阳，既堵楚人口实，又防齐、魏不测之变。

做完这一切，宋公偃亲赴徐州，动员国力，悉心做好相王诸事。当然，宋公偃也不是无端来劲，一则他确实不知自己是被作为礼品相赠的，二则他也有意借齐、魏相王之际，揩油称尊。在他看来，既然是相王，只要在场，就都是王了。因而，他也悄悄置备了王服王冠，只待相王时穿戴。

齐威王提前三日赶到，住进泗水旁宋公偃为他搭起的行辕里。第三日中午，魏人亦至，议定当晚由齐王做东设宴，为魏王洗尘，宋公偃作陪。

傍黑时分，魏惠王与上卿陈轸、安国君公子卬一道缓步走近齐国行辕，六十四名齐国乐手坐于辕门之外，阵容庞大，齐奏迎天子之乐。齐威王头戴王冠，与先一步赶到作陪的宋公偃、齐国上大夫田婴、上将军田忌等大步迎出辕门，与惠王见过礼，手牵手入帐。宋公偃没敢穿王服，计划在二王酒酣饭饱、志得意满时乘兴提说此事，为相王大礼做个铺垫。

宴会开始。齐威王、魏惠王并坐主位，宋公作陪，齐、魏随行大臣各按爵级分坐两侧。各人面前皆置一几案，案上摆满美酒佳肴。

齐威王举爵道："魏王远道而来，因齐特备薄酒一爵，为魏王洗尘。因齐先干为敬！"说完仰头一饮而尽。

宋公与齐国陪臣跟饮。

侍女斟酒，魏惠王亦举爵道："齐王顺应天意民心，南面称尊，可喜可贺。魏罃今借齐王甘醇，衷心祝贺齐王，祝贺齐国！"说毕也扬脖一饮而尽。

宋公偃与魏国陪臣跟饮。

齐威王击掌，众乐手奏起齐地雅乐。

一曲毕后，齐威王转对惠王，笑问道："请问魏王，齐乐如何？"

魏惠王脱口应道："传闻孔子闻齐乐，三月不知肉味，今日信之！"

齐威王微微一笑，再次击掌，音乐再起，六十四名美女出场，随乐起舞。一曲舞毕，众舞女退场。齐威王再次转向魏王："请问大王，齐女如何？"

魏惠王赞美有加："传闻齐地出美女，今日信之！"

齐威王爆出几声长笑："哈哈哈哈——"

魏惠王看向齐威王："请问齐王何以发笑？"

"哈哈哈哈，"齐威王又出几声长笑，道，"传闻魏王识美而不知乐，田因齐今日信之！"

当着宋公及臣属之面让人奚落，惠王面色微红，强压火气，略略拱手道："请问齐王，此言何解？"

齐威王应道："史书确有记载，仲尼至齐闻乐，三月而不知肉味，不过，仲尼闻的是《韶》，非齐乐也。魏王方才所听，才是真正的齐乐，靡靡之音，何能与《韶》比肩？因齐以此揣知魏王知美而不识乐。"

魏惠王细细一想，确是自己未加细审，随口出错，面色尴尬，一时却也寻不出合适之语回敬，只好干笑数声作陪。

齐威王再次举爵："来来来，因齐敬魏王一爵，为齐、魏两家睦邻友善，干！"举爵饮干。

在场所有人尽皆举爵饮下。

侍酒再次斟好，魏惠王亦举爵道："魏罃回敬齐王，为齐、魏并王天下，干！"一饮而下。

宋公偃与魏国诸臣也都饮了。

看到他们饮完，齐威王却将酒爵缓缓放下。

田忌等齐臣也都纷纷放下酒爵。

魏惠王大是惶惑："请问齐王，为何不饮此爵？"

齐威王沉声应道："因为大王所言不实，田因齐不能畅饮！"

"敢问齐王，"魏惠王又羞又惊，"魏罃所言，何处不实了？"

"方今天下，并王称尊的前有周，后有楚，再有巴、蜀、吴、越诸国，最后才是魏、齐，魏王怎么能说是齐、魏并王天下呢？"

"这……"魏惠王再度语塞，愈加尴尬，面色涨红，只好再倒一爵，高高举起，"好吧，魏罃就为周、楚、魏、齐等国并王天下，干！"再次饮尽。

齐威王及齐国陪臣这才举爵饮了。

魏惠王连遭奚落，心中不畅，闷头坐在那儿，既不说话，也不饮酒。魏国群臣也都闷闷不乐，面现愠色。唯有齐威王眉开眼笑，与众卿频频碰酒。

宋公偃本欲此时提说并王的事，见此情势，只好作罢。

闷坐有顷，魏惠王决定扳回面子，抬头问道："听闻齐国富足，多产奇珍异宝，魏罃心甚慕之。今日兴甚，齐王能否出示一二，让魏罃一开眼界呢？"

齐威王折腾半日，等的就是这个，当下转过头来，抱拳笑道："齐国珍宝数不胜数，不知魏王欲看何宝？"

魏惠王脱口问道："有径寸之珠吗？"

齐威王摇头。

"有夜光宝石吗？"

齐威王摇头。

"有象牙宝塔吗？"

齐威王摇头。

"有天山乳玉吗？"

齐威王再次摇头。

魏惠王不再发问，志得意满地举爵自饮。

齐威王身子前倾，轻声问道："这些东西，魏宫可有？"

魏惠王候的就是这个，身子略朝后仰，捋一把修剪得体的胡须，不无得意道："魏国虽说贫弱，这些却是不缺。宫中有径寸之珠十，魏罃用之戏美；有夜光宝石五，魏罃用之代烛；有象牙宝塔二，魏罃用之镇卷；有天山乳玉一，魏罃枕之入眠。"

齐威王听了，微微一笑："这些东西，田因齐真还一件都没有。"

"哈哈哈哈，"魏惠王长笑数声，半是奚落，"这些均为寻常之物，齐王之宝，想必稀罕多了。"

齐威王敛住笑容，正襟危坐，缓缓说道："田室之宝，确实与魏王之宝有所不同。"

魏惠王大是不屑："敢问有何不同？"

"大王请听，"齐威王正襟危坐，细数家珍，"田因齐有贤臣名叫檀子，镇守南疆二十八年，楚人不敢犯土；有贤臣名叫盼子，镇守西疆二十五年，赵人不敢越境半步；有贤臣名叫黔夫，镇守北疆二十二年，燕人望之生畏；有贤臣名叫种首，治民一十九年，齐境道不拾遗，夜不闭户；有贤将名叫田忌，驰骋疆场一十六年，历战十二，十一胜一平，无一败绩；有贤相名叫邹忌，治理国事一十三年，齐库盈仓满，积粟可支十年，朝无积案；有贤大夫名叫田婴，治稷宫一十二年，收纳天下士子三千，著书立说者不计其数。”略顿一顿，目视惠王，字字铿锵，“田因齐本为无能之辈，只因视众贤为宝，才得以日日莺歌燕舞，夜夜高枕无忧。”

齐威王说出的每一个字皆如一把利刃，将魏惠王的面皮一刀刀割去。魏惠王听得面色紫涨，呼吸急喘，全身颤抖。魏臣更是面面相觑。

全场静寂，空气便如冷凝了一般。

蓦然，魏惠王忽地站起，将手中之爵掷于地上，看也不看齐威王一眼，拂袖而去。公子卬、陈轸等相视一眼，惶惶然追在后面。

见魏人悉数退席，宋公偃迟疑片刻，亦拱手道：“齐王陛下，辰光不早了，宋偃告退。”

齐威王摆手，见宋公及其随行臣子纷纷离席，陡然长笑数声。田婴、田忌等也都跟着爆出长笑，声震夜空。

笑声止住，齐威王转向田忌：“田将军，仓促之间，能战之卒可征多少？”

田忌朗声应道：“回禀陛下，不征可点五万精兵。”

“如果兴伐，多少时日可以出征？”

“若是伐楚，田忌须备兵三十日；伐赵，备兵二十日；伐韩，备兵十八日；伐燕，备兵十五日。”

“伐魏呢？”

“十日足矣！”

齐威王闭目端坐，陷入冥思。

魏惠王怒气冲冲地旋入自己行辕，一边大口喘气，一边在帐中来回踱步，耳朵里充塞着齐国君臣的声声狂笑。踱有一阵，魏惠王终于爆发，将身边之物一件接一件抓起，狠狠摔在地上。

公子卬、陈轸跪在地上，大气也不敢出。

魏惠王渐渐平静下来，颓然走到几前坐下，目光转向陈轸，声音阴狠：“陈轸，这是怎么回事？”

陈轸叩头如捣蒜：“王上，臣……臣不知呀！臣使齐时，一切均已讲妥，齐王甚是高兴，赐臣诸多财物，这这这……怎么会是这样呢？”

“寡人有点儿明白了，”魏惠王捏紧拳头，声音从牙缝里挤出，“田因齐此来是存心羞辱寡人的。印儿！”

公子印叩道：“儿臣在。”

“传旨，拔帐回魏！”

公子印目视陈轸。

陈轸大急，叩首：“王上，相王大典尚未举行呢！”

“相什么王？”魏惠王冷笑一声，将几案震得山响，“难道你嫌寡人所受羞辱还不够多，是吗？”

陈轸泣道：“王上……”

魏惠王转向公子印，喝道：“还不传旨？”

“儿臣领旨！”

陈轸回到自己帐篷，闷坐一时，转对戚光道：“齐王态度大变，里面定有蹊跷。你马上赴齐，拜访邹相国，查查此弯绕在何处，我陪王上回魏。”

戚光点头。

翌日晨起，天尚未亮，魏惠王及其随行的五千人马没有向任何人辞行，拔帐回国。

中午时分，齐威王起帐回齐，坐镇临淄，以魏惠王背约、不辞为由，命田忌点兵五万伐魏，同时传檄天下，约盟赵、韩、秦三国，共诛不道之魏。

以一人之力挑动这起列国大战的庞涓就如来时一般，身背包袱，腰挂宝剑，站在临淄城外西南十里的稷山上，远远望着齐国三军步调齐整地走出齐都临淄，络绎远征魏境，嘴角浮出一丝浅笑。

至此为止，出山之后，庞涓在鬼谷子的点拨之下弈出的第一枚棋子完美落定。

然而，庞涓知道，真正艰难的是下一枚棋子。他已知道下往何处，但何时落子，如何落子，落子时的节奏、轻重，哪一步都至关重要，稍有不慎，就会满盘皆输。

魏国大梁，刚刚落成的魏国王宫里，空气里弥漫着木香味和油漆味。

夜已深，魏惠王了无睡意，闷闷地坐在书房里，痴痴地盯住面前的几案。几案上是一只黄玉盘，盘中是颗鸡蛋大小、精美绝伦的夜明珠。这是他时时引以为豪、日日不离身边的宫中大宝之一。

魏惠王久久地凝视它，似乎要将它看穿。

不知过了多久，魏惠王慢慢地抬起右手，将夜明珠拿在手中，捧到眼前，轻轻抚摸它。

魏惠王的耳边渐渐响起齐国君臣的狂笑：“哈哈哈哈……”狂笑一声接一声，似乎没完没了，“哈哈哈哈……哈哈哈哈……”

魏惠王的脸色渐渐涨红，猛然扬手，将夜明珠砸向玉盘。随着“啪”的一声脆响，价值连城的夜明珠与盛放它的玉盘一道，于顷刻间成为块块碎片。

魏惠王喝道：“来人！”

被惠王的怪异举动吓得不知所措的毗人趺趺撞撞地走到跟前：“王上，老奴在！”

魏惠王一字一顿：“召惠施、朱威即刻觐见！”

“老奴领旨！”

当惠施、朱威睡眼惺忪、趺趺撞撞地赶到魏宫时，魏惠王的火气已降下去，正在眯眼望着几案上的珠石碎片。

看到两位重臣叩在面前，魏惠王微微抬头：“两位爱卿，平身。”

惠施、朱威谢过恩，忐忑不安地分坐两侧。

魏惠王缓缓问道：“看到这些碎石块了吗？”

二人点头。

魏惠王长叹一声：“唉，都是它们害了寡人哪！”

惠施、朱威互看一眼，谁也没有说话。

魏惠王油然感慨：“寡人自来世间，只会羞辱他人，未曾受到他人羞辱。此番徐州之行，这一课算是补上了！现在想来，田因齐羞辱得好哇，寡人连做二十多年的梦，让他一下子羞醒了！”

惠施应道：“王上，亡羊补牢，未为晚矣。”

“唉，”魏惠王长叹一声，“这么晚了，寡人却是睡不着，坐在这儿思来想去，总算明白一个理儿：错不可怕，怕的是不肯认错。这些年来，寡人一错再错，却死要面子，不肯认错，终于酿成今日大错。今天晚上，寡人并无他事，只想面对一地碎石，向天下认错。寡人请二位爱卿到场，只是做个见证。”

惠施、朱威听闻此言，复跪于地，泣道：“王上……”

“惠爱卿说得好，亡羊补牢，未为晚矣。寡人召二位来，还有一事，就是补这破牢。二位爱卿！”

惠施、朱威齐道：“臣在。”

“你们所拟的改制条陈，寡人也都看了，玺印这也加盖了，放手做去。昔日勾践卧薪尝胆，十年而雪奇耻大辱。寡人不如勾践，二十年总也够了吧！”

惠施道：“王上有志如此，魏国不治，当无天理！”

话音刚落，毗人急急走进，将一道边关急报呈送魏惠王：“王上，边关火急军情！”

魏惠王拆函阅之，面色渐变。

惠施、朱威对视。

惠王将信函慢慢递给惠施。

惠施阅过，面色也是变了，顺手递给朱威。

“田因齐，”魏惠王陡地将拳头砸在案上，声音几乎是从牙缝中挤出，“你……欺人太甚！”

惠施急道：“王上？”

魏惠王转对毗人，一字一顿：“敌寇袭境，敲响警钟，通告百官，紧急朝会！”

“老奴遵旨！”

不一会儿，连续不断的敌寇犯境钟声从魏宫传出，响彻大梁上空。大梁城里一片惊乱，百官各从睡梦中惊醒，穿好冠带，驰向王宫。

三更时分，百官毕至。

魏惠王面色冷凝，目光严厉地扫视众臣，连扫几遍，沉沉的声音略显沙哑：“诸位爱卿，听到这钟声了吗？”

百官异口同声：“听到了！”

魏惠王说得非常缓慢，却极具感染力：“这是敌寇犯境的钟声！寡人自继承大统以来，立政二十二年，征伐的钟声听过无数，敌寇犯境的钟声却只听过两次。第一次是秦人，从西边来！这一次是齐人，从东边来！”

整个大殿鸦雀无声。

魏惠王的声音依旧缓缓的：“诸位爱卿，寡人年岁日高，百姓生活日苦，魏国不想打仗了。然而，树欲静而风不止。田因齐自封为王，盛情相邀寡人。为求睦邻，寡人不计身价，应邀赴徐州为他捧场，不仅未得好遇，反而受他百般羞辱。寡人尚未找他算账，他倒领兵打进寡人的家门口了！”

众臣面面相觑。

魏惠王突然抬高声音：“田因齐羞辱寡人，寡人可忍。田因齐兴兵犯境，羞辱我堂堂大魏，你们说，寡人还能忍吗？”

众臣齐声吼叫："誓抗齐寇，为王上雪耻！"

魏惠王声如洪钟："不是为寡人雪耻，是为你们自己雪耻！是为魏国雪耻！诸位爱卿，任何来犯之寇，无论他是秦人、齐人、赵人还是韩人，都是寡人的敌人，也是魏国的敌人。寡人举倾国之力，宁可粉骨碎身，不做亡国之奴！"

百官齐道："誓死追随王上，保家卫国！"

魏惠王将目光落在朱威身上："朱司徒，除去各地守备，还能征调多少兵马？"

朱威跨前一步，朗声禀道："回禀王上，可征调铁骑一万，武卒四万。另有苍头十万可供征役！"

"好！"魏惠王一挥拳头，"诸位爱卿，齐将田忌率兵五万来袭，寡人也有精兵五万，哪位爱卿愿意领兵御敌，雪寡人之耻？"

公子卬用肘顶下陈轸。

陈轸迟疑有顷，出列奏道："王上，臣保举一人，可迎战齐寇！"

魏惠王看他一眼："爱卿保举何人？"

"安国君！"

所有目光落在公子卬身上。

公子卬精神一抖，出列奏道："启奏父王，儿臣愿意挂帅出征，代父王教训齐人！"

魏惠王看也不看他，面向众臣："还有何人领兵御敌？"

有安国君出语在前，众臣不好再说什么，面面相觑。

魏惠王转向公子卬："安国君听旨！"

"儿臣在！"

"封安国君为大将军，张猛为副将，太子监军，点兵五万，迎战齐寇！"

"儿臣领旨！"

"王上，"朱威急了，跨前一步，"张猛驻守函谷，秦人不可不防啊！"

"甚是。"魏惠王思忖有顷，朗声道，"魏赫听旨！"

公子赫出列，朗声道："儿臣候旨！"

魏惠王："予你两万锐卒，接替张猛，镇守阴晋、函谷关，谨防秦人，不可有失！"

公子赫道："儿臣领旨！"

"这……"朱威急了，正欲再奏，惠施扯下他的衣角。

“印儿，”魏惠王看向公子卬，“军情火急，你速去准备，辰时点兵，卯时出征！”

“儿臣领旨！”

“还有，”魏惠王盯住公子卬，嘱道，“田忌精通阵法，用兵诡诈，你当小心布阵，不可轻易出击！”

“儿臣谨记！”

“陈轸领旨！”魏惠王看向陈轸。

陈轸跨前，拱手道：“臣在！”

魏惠王看向他：“你为随军参谋，督促安国君稳扎稳打！”

“臣领旨！”

退朝之后，百官纷纷走出宫门。

朱威紧走几步，赶上惠施：“相国，王上又让安国君挂帅，你……怎就不吱一声呢？”

惠施反问他道：“不让他挂，你说让谁去挂？”

“张猛。”

惠施摇头：“张猛是员骁将，做先锋可以，做副将已是高看他了。”

朱威细思一阵，竟也无话可说，喃声说道：“可……相国大人，田忌是名将，公子卬不是他的对手。”

“唉，”惠施长叹一声，“要是有对手，齐王他能这么急就出兵吗？”

第 043 章｜ 陷困局魏王四战 遇黑羊庞涓受命

公子卬迫切需要一场胜仗以挽回河西之战的面子，否则，在三军中他就抬不起头来。齐人犯境无疑是个绝好的机会，再说，河西败给商鞅，而商鞅不是将，是靠诈术取胜的。如果能在两军阵上枪对枪、刀对刀地完胜田忌，他的鼻子眼儿就都是嘴了。

魏是大国，尤其是魏武卒，几十年来所向披靡，战力惊人。眼下虽说落势，但瘦死的骆驼比马大，魏国的实力仍旧不可小觑。齐威王、田忌皆不是莽撞之人，足足经过一个来月的筹备、调度，方才起兵伐魏，五万大军沿济水北岸经大野泽杀向魏境。

公子卬探得明白，于辰时点兵，卯时传令三军，亲率中军主力约两万人开往边境，迎战齐军，同时任命龙豹为左军主将，提拔陈忠为副将，任命副将张猛兼任右军主将，提拔朱佗为副将，让他们各带本部人马，在黄池会合。

张猛本为西河守将，一年前被调到大梁，魏都东迁后，又被调回河西，主守阴晋与函谷，管辖阴晋、陕、焦、曲沃诸邑并函谷要冲。几番折腾，好不容易喘下一口气来，这又受命征齐，张猛无奈，只得部署好函谷防线，点齐安邑、陕、焦诸邑能战人马一万五千，启程东征。

旬日之后，公子卬的中军与龙豹的左军共三万五千开到宋地煮枣，与齐军相遇。双方接战，齐军气势冲天，挑战者连斩三名魏将。魏将面面相觑，无应战者。左军主将龙豹震怒，亲自上阵，复斩三名齐将，双方各胜一阵，鸣金收兵。

此番大战事起突然，齐军仓促征魏，魏人仓促应战，双方皆未做好充分准备，尤其是魏人。接下来数日，双方没再冲阵，各自安营扎寨，等候粮草与兵员，运筹制胜良策。

于公子卬来说，最紧要的还不只是对阵齐人，而是整合三军。河西之战，心腹爱将裴英及其部下锐卒尽皆战死，公子卬的嫡系所剩无几，而龙贾统领的河西旧部对公子卬无不失望至极，尤其是在龙贾被贬、公孙衍被逐之后，三军将士伤透了心。尤其是张猛，因为他最清楚幕后的一切，得知公子卬又拜主将战齐，心中的抗拒没得说的。公子卬通知他五日内抵达战场，张猛拖到第十日才带着人马赶到。公子卬训斥他，张猛回击出一连串理由，反驳得公子卬哑口无言。再就是龙豹，河西战后，猛将吕甲、裴英尽皆战死，龙豹脱颖而出，成为三军毫无争议的第一猛将，更因作战勇猛而在魏武卒中威望日升。公子卬手下无人，不得不用龙豹，但龙豹对公子卬的不满却是彻骨的。

大战未举，军心不稳，堪称大忌。三军聚齐，公子卬尚未理出头绪，田忌战书已到，约期斗阵。公子卬自认为对阵法颇有研究，闻知田忌善阵，早想与他一决高下，当即回下战书。

三日之后，田忌在约定场所摆出一阵，公子卬登上塔车，识出是鱼鳞阵。此阵重在正面进攻，弱在尾翼。公子卬传令魏人摆出偃月阵，加强正面防御，同时密令龙豹、陈忠引军五千绕道齐军后方，攻其尾翼。双方摆好阵势，于午时开始擂鼓，不料齐阵只擂鼓不进攻，而魏人的阵势主要在防御，也不进攻，因而现出的战场奇观是，双方鼓声大作，却无一卒搏杀。

真正的搏杀在齐阵后方。

为不闹出动静，龙豹命令魏卒脱去重靴提在手中，引五千步卒绕道三十余里，在林莽的掩饰下，秘密运动至齐军尾翼。听到前方战鼓齐鸣，龙豹传令武卒摆出箭矢阵攻击。不想齐人候的正是这个，后翼布满强弩、蒺藜及长枪，矢头遇挫。见势头不对，龙豹鸣金撤退，却是迟了，背后一阵烟尘起，数十辆战车从后面疾冲过来。战车是步卒的克星，尤其是对进攻不成、将退未退的阵形更具杀伤力。可怜五千武卒纷纷成为碾压对象，齐军后翼也顺势包抄上来，形成合围。

龙豹、陈忠及身边短兵构成一阵。龙豹奋起神威，当一辆齐车冲过来时，侧身闪过，顺手握住敌方刺来的枪头，一扯一拉，将他扯下车来，同时借力跃上齐车，拔剑刺死弓弩手，顺手将驭者踢下战车，控制住战马。其他齐车看到，纷纷围上，十几辆齐车反将龙豹围在中间。战车动弹不得，龙豹在齐卒的乱枪下左抵右挡，寡不敌众，连中数枪，歪倒在车上。就在齐卒乱捅龙豹之时，几个枪手纷纷中箭倒地，接着是驭手。齐卒正自惊惧，几人疾奔过来，为首之人是副将陈忠，手持劲弓，边跑边射，身边跟着几个长枪手护卫。

陈忠箭无虚发，连射齐车驭手，多辆齐车失控。余下溃散。陈忠几人冲到龙豹抢到的战车前面，跳上车，驾车疾驰。齐车见状复聚过来。陈忠又射几人，齐车皆不敢追，眼睁睁地望着他的战车驰往远处的树林。

可怜五千魏卒，皆被围猎，千余魏卒放弃抵抗，束手就擒。

首阵失利，折兵五千，左军主将龙豹战死。公子卬郁闷至极，闭门思索两日，摆出一阵，下战书给田忌，约他冲阵。

公子卬摆出的是太公八卦阵，吊诡的是，公子卬故意将八卦阵中的生门与死门颠倒过来，即生门为死门，死门反为生门。

魏军阵势摆好，田忌登高观阵，连瞧数日，寻到了破绽，使两员勇将各自引军五千反从两道死门攻入。公子卬见阵势被识破，紧急鸣金，阵势不战自乱，田忌乘势挥军掩杀，公子卬军溃退二十余里方才止住，若不是张猛拼死殿后，后果不堪设想。

魏军沿济水退至平丘，总算稳住阵脚。

公子卬大帐点兵，折兵两万，旅帅以上的将官阵亡过十。

眼见取胜无望，公子卬再也不敢隐瞒军情了，将战况报呈魏王，请求增兵。

魏惠王得报，急召惠施、朱威，震几怒道："不让他攻阵，他偏不听，三战三败，折兵两万，竟还有脸要求寡人增兵！"

"王上息怒，"惠施奏道，"军情紧急，可暂调守军两万驰援平丘，再征苍头补充守军！"

"唉，"魏惠王长叹一声，"有此竖子，多少兵马也是无用！"转对毗人，"拟旨，调他回来！"

"王上，"惠施止道，"三军不可无主啊！"

魏惠王略一思忖："让副将张猛暂代主将。"握拳恨道，"田因齐是明欺我无人哪！"

朱威奏道："臣保举一人，可抗田忌！"

魏惠王眼睛一亮："爱卿保举何人？"

"龙老将军！"

魏惠王的眼睛暗淡下去，半晌方道："龙老将军虽是对手，可也太老了。"

"王上，有龙老将军坐镇，军心必稳；军心若稳，齐必不撼。齐人长途奔袭，补给艰难。齐不撼我，军心自乱，持久必退！"

魏惠王看向惠施，见他点头，摆手道："好吧，就让老将军出马！"

朱威领命，起身欲走，魏惠王摆手：“慢！”

“王上？”

魏惠王缓缓起身，长叹一声：“还是寡人去请吧！”

龙家宅院里，正堂已被改成灵堂，几个女人跪在地上呜呜咽咽。

一个年约十三岁的男孩子眼中却无泪水，只将两只大眼久久凝视供在案上的一柄满是血污的宝剑和头盔。

突然，那孩子噌噌几步蹿上灵堂，取下头盔和宝剑，动作麻利地戴上头盔，拿起宝剑，飞也似的冲出院门。

这一幕被不远处的老家宰看到，大叫一声：“天哪，小少爷拿剑跑了！”

几个仍在伏地悲泣的女人抬头一看，头盔和宝剑不见了，一下子呆在那儿。

一个女人尖叫一声“虎儿”，晕厥于地。

另一个女人拔腿就朝门外追去，边追边喊：“虎儿，虎儿，快回来！”

龙虎早已跑到大门外面，刚好撞在已经下车、正向大门走来的魏惠王身上。

朱威眼明手快，一个箭步冲上前，将龙虎拦腰抱住。

看到他身上带血的宝剑和头盔，魏惠王面色发白，额头沁出汗珠。

朱威急问：“虎儿，你怎么了？”

龙虎拼命挣扎：“朱伯父，你别拦我，我要去杀齐人，替先父报仇！”

“先父？”朱威震惊，“你父亲他……”

朱虎泣道：“朱伯父，先父他……战死在煮枣……”

魏惠王定下神来，以袖拭汗：“朱爱卿，这是谁家的孩子？”

朱威已从龙虎的话里明白发生什么了，泪水流出：“回禀王上，是龙老将军的孙子。老将军的爱子龙豹是左军主将，为国捐躯了。”

魏惠王掉下泪来，上前拉过龙虎：“孩子，来，随寡人寻你爷爷去。”

魏惠王、朱威跟着龙虎来到后院的演武场上，远远看到草地上插着一支丈八长枪，长枪下面，白发苍苍的龙贾席坐于地，双目紧闭。

朱威上前一步：“龙将军，你看谁来了？”

龙贾依旧一动未动。

“龙将军，是王上，王上看你来了。”

龙贾依旧闭着眼睛，好半晌，两行泪水流出，缓缓说道：“朱大人，莫开玩笑了，老朽只想静一会儿。”

“龙将军，”朱威声音哽咽，“朱威……朱威怎能在这个时候开玩笑呢？

你睁眼看看，王上真的看你来了。”

“王上不会来的。”龙贾缓缓摇头，“龙贾老了。”

朱威又要说话，魏惠王摆手止住，在龙贾对面盘腿坐下：“龙将军，魏罃愧对你了。”

龙贾打个愣怔，睁开一双老眼，看到果是惠王，忙跪地叩道：“王上……”

魏惠王起身，扶起他：“老将军免礼。”

龙贾哽咽：“王上……王上，真的是王上……”

魏惠王以袖拭泪：“老将军，令郎为国捐躯，过在寡人哪！”

龙贾泣不成声：“王上……”

“唉，”魏惠王长叹一声，“一路上细听朱爱卿之言，寡人始知河西真相。八万精兵，几百里河山，寡人的多年心血，竟在数日之间毁于不肖子之手，寡人却不自知，竟然听信不肖子之言，迁怒于老将军。龙老将军，寡人……寡人当有今日之辱啊！”

“有王上此言，龙贾九死无憾矣。老臣有一言，早想讲给王上。”

“寡人今日来，就是想听听老将军的声音。”

“魏为四战之地，四邻皆强，不可轻动刀兵啊，王上。老臣守疆多年，只明白一个事实：魏之敌，不在齐人，不在赵人，更不在韩人，只在秦人！”

“惠相国也是这么讲的。寡人听取相国之言，亲赴徐州，本欲结好田因齐，共抗秦人，不想却又自取其辱。田因齐兴兵犯境，寡人是可忍，孰不可忍哪！”

“纵使抗齐，也不可使安国君为将。”

“唉，”魏惠王叹道，“事已至此，不说他了。老将军，前方战事，如何是好？”

龙贾朗声道：“老臣不才，愿替王上分忧！”

“老将军，如果寡人所记不错的话，你该年届花甲了吧？”

“臣刚刚活足一个甲子。”

“寡人本该让你颐养天年才是，可……”

话音未落，家宰领着一名军尉急急走进。

“报，边关火急军情！”军尉双手呈上三份急报。

魏惠王逐个拆看，拆一个，扔一个，神色大变。

朱威从地上拾起急报，匆匆一看，对龙贾道：“秦兵夜袭函谷，函谷失守，阴晋守军回救，在潼关遭到伏击，阴晋失陷，阴晋守军八千、函谷守军五千悉数以身殉国。南线，韩军两万犯我舞阳，北线，赵军三万犯我朝歌，守军皆在苦力支撑。龙将军，我们当真是四面皆战了。”

“这正是龙贾担心之事。”龙贾应道，“王上……”

魏惠王看向他：“老将军请讲。”

“还能征集多少兵马？”

魏惠王的目光移向朱威：“朱爱卿？”

朱威迟疑一下：“最多四万。”

“王上，”龙贾转向惠王，“将这四万交给老臣吧！”

魏惠王点头，正襟危坐：“龙贾听旨！”

龙贾叩拜：“臣在！”

“封龙贾为大将军，总司全国兵马！免公子卬大将军职衔，押送大梁问罪！”

“臣领旨！”

受命于危难，龙贾点齐四万兵马，分作三路，一万增援陕、焦、曲沃三邑，确保崤关不失，一万增援朝歌，五千驰援舞阳，自带一万五千赶赴平丘。同时，魏惠王使毗人亲至平丘，将公子卬押入囚车，解回大梁。

龙贾与张猛合兵一处，依地势扎下阵势，任凭齐兵每日叫阵，坚守不战。

田忌原本只带五万人马，经此几战，折兵亦近两万。因是仓促征伐，后勤供应捉襟见肘，渐显不支。田忌正自着急，齐威王加派援军三万，大量辎重随之而来。

田忌得到后援，发起猛攻。张猛所部连败数阵，士气低落，龙贾带来的一万五千全是守御兵卒，多数没有上过战场，加之装备不足，在齐人猛烈攻击下，左抵右挡，终是不敌。龙贾传令张猛带兵撤过济水，自率五千兵士断后，不想齐人突出奇兵，截断后军，反将龙贾团团围住。

到处都是冲杀声。龙贾立于战车上，舞动长枪左冲右刺，连挑数将，终归体力不支，多处受伤，身边魏卒渐战渐少，情势万分危急。就在龙贾万念俱灰，欲拔剑自刎时，西南方杀声震天，朱佗、陈忠率死士冲入，救出龙贾部众，杀开血路，冲到济水岸边。朱佗保护龙贾涉水，陈忠断后。

齐人追至岸边，见陈忠亲率一排弓弩手站在水中，个个弯弓搭箭。齐兵中有人识出陈忠，晓得他的箭法，无人再敢下水。

这场大战，双方人马尽皆拼命，直杀得天昏地暗。

济水岸边一棵高大的槐树顶部，庞涓静静地站着，望着朱佗等保护龙贾仓皇涉济水，微微摇头，叹道："龙老将军，你是真的老了！"

张猛引众退至黄池，沿济水南岸布防，使快马向大梁禀报战况。

魏惠王凝视战报，目光呆滞，良久，抬头扫向惠施、朱威、陈轸和太子申，不无哀伤地长叹一声："唉，诸位爱卿，难道寡人真的走到山穷水尽、割地求和这一步了吗？"

几人面面相觑。

陈轸跨前一步奏道："王上，臣访到一个异人，说有奇策破敌。"

"快，"魏惠王急切叫道，"宣他觐见！"

陈轸击掌，毗人领进一个术士。

术士趋前，叩道："草民叩见大王。"

魏惠王打量他几眼："听说上仙有破敌良策，可否说来？"

"启奏王上，"巫士应道，"魏国开挖鸿沟，截断龙脉，戾气上冲于天，触犯战星，战星降罪，魏国故而屡战屡败。"

朱威震怒，正欲发作，却见惠施微闭两眼，面上一无表情。

朱威强自忍住，看向惠王。

惠王非但没有怒容，反而听进去了，连连点头："嗯，上仙所言有理。大魏武卒数十年来所向披靡，可自开挖鸿沟以来，真还是屡战屡败呢。请问上仙，可有破解之法？"

"草民有一方，可破解此厄。"

"上仙请讲。"

"再出战时，王上若得黑山羊之血祭祀将旗，大魏武卒就将重获神力，扭转战局。"

"朱爱卿，"魏惠王转向朱威，"速找黑山羊来！"

"回禀王上，"朱威锁起双眉，"中原之地，山羊皆是白色，臣不曾听说有黑山羊。"

"是吗？"魏惠王略略一顿，转对毗人，"拟旨，张榜天下，无论何人，有进献黑山羊者，赏金一百两！"

一只羊即赏金百两，朱威瞠目结舌。

"王上！"惠施慢慢睁眼。

"相国请讲。"

"王上既赏百金于羊，何不再赏几金于人呢？"

“惠爱卿所言甚是。”魏惠王再下旨意，“再加一榜，无论何人，凡能击退来犯之敌者，寡人不问出身，册封大将军，食邑万户！”

陈轸带术士回到府中，刚刚落席，就见一辆马车在府前停下，戚光风尘仆仆地走进府中。

陈轸劈头责道：“怎么现在才回来？”

“回禀主公，”戚光伏地叩道，“两国交战，齐人盘查甚紧，小人绕道韩国，方才脱身。”

“查出因由了吗？”

“查出了，就是那个姓庞的。是他拦下齐王车驾，不知嘀咕些什么，齐王就此变卦了。”

“庞涓那厮……”陈轸眉头紧皱，“人呢？”

“齐王封他上卿，被他婉言谢绝。又赐他百金，他也坚辞不受。”

“什么？”陈轸大是震惊，“谢绝上卿之位，不受百金之赐！此人有何本领，竟然如此逞能？”

“小人打探过了。过去三年，庞涓在云梦山中拜到异人为师，想是学到一些本领。”

“异人？什么异人？”

“小人不知。”

“云梦山？”陈轸喃喃重复一声，转对术士，“上仙可知此山居何异人？”

术士略想一下，抬头道：“莫非是鬼谷子？”

“鬼谷子？”陈轸怔了，“在下未曾听说。上仙可知此人？”

“略有所闻，”术士点头应道，“多年前曾听家师讲起，说此人已经得道，本领了得。”略顿一顿，有些纳闷，“据家师所讲，鬼谷子不问世事，向不收徒，怎又突然收徒了呢？”

看来情势远比预料的严重。陈轸变了脸色，看向戚光：“那厮不在齐国做官，也不受齐王厚赏，必是寻仇来了。戚光！”

“小人在。”

“速去安排，多派人手盘查那厮，府中昼夜巡防！”

“主公放心，”戚光咬牙恨道，“只要此人敢到大梁，小人定叫他身首异处！”

大梁闹市区，两张榜文一左一右悬于告示墙上，一张是求羊的，一张是求贤的。羊赏百两黄金，贤列将封侯。榜文两侧，各有四名卫士持戟而立，观榜者人头攒动。

人群里，一身富商打扮、头戴油毡帽的庞涓挤到榜前，细读榜文，大吃一惊，忖道："先生临别赠言'遇羊而荣'，这羊真就来了！嗯，既有此语，我且不忙揭榜，再候一时，看有黑山羊否。"

正在此时，丁三领着几个凶徒匆匆走来。快要走到时，丁三喊住众人，嘀咕几句，众人分头挤进人群，挨个验看。

庞涓斜眼看到，嘴角浮出一丝冷笑。

告示墙前，众人挤挤搡搡，大呼小叫，七嘴八舌：

"俺不识字，听说这里悬赏百金，大王要的是啥金贵物件？"

"黑山羊，你家有吗？"

"黑山羊？千里马才值五十两金子，一只羊如何能值一百两？"

"喂，这位大哥，你再看看，白山羊要不？我有五十只白山羊！"

"榜上写的是黑山羊，若要白山羊，还用张榜吗？"

众人哄笑起来。

旁边一个白须老人听得明白，径上前去揭下羊榜。众人雀跃，看守羊榜的四名卫士拿住老人。

一名卫士道："老丈，你家可有黑山羊？"

"瞧你说的！"老人白他一眼，"要是没有羊，我老汉哪敢揭这王榜？我那头黑山羊是老羊前年生的，村人都说黑羊不吉利，拉到街上也没人要，过年时，老汉本想杀它，却也害怕冲撞灾星，就放了它，一直养到现在。大王若要，你们随老汉拿去就是。"

四个卫士大喜，押解老人去取黑山羊。

望着远去的卫士和老人，庞涓自语："看来，该我撕榜了。"

庞涓走上前去，正要去扯另一张榜文，其中一个见过庞涓的打手大叫一声："快，他在这儿！"

几个凶徒闻声赶来，散成扇形围向庞涓。

众人大惊，纷纷躲开。

庞涓早已今非昔比，根本没将这几个瘪三放在眼里，瞧也不瞧他们，径自走向榜文。为首一人举剑冲上，眼看就要刺中庞涓，庞涓闪电般抽出宝剑，身子一闪，一道白光过去，那人不及叫喊，已是身首异处。其他凶徒见状，反身欲走，庞涓赶上，“唰唰”两剑，又有二人倒在地上。丁三见抵不住他，带着剩下的两人撒丫子跑了。

一切发生在眨眼之间，看守榜文的四名卫士看得呆了，正自发愣，庞涓飞身榜前，伸手一扯，将那榜文揭到手中。

众卫士回过神来，持戟围拢过来。庞涓将剑“啪”的一声掷于地上。四卫士一拥而上，将庞涓拿住，簇拥他走向王宫。在场的戚光目瞪口呆，不敢近前。

众卫士将庞涓押到王宫，牵羊的老人也赶到了。早有人报知朝廷，魏惠王听到两榜均有人揭，大喜过望，传召二人觐见。众卫士押着庞涓二人走进殿中，陈轸见是庞涓，心头一凛。

庞涓扫一眼陈轸，又看一眼老汉手中所牵的黑山羊，底气十足，嘴角浮出一丝冷笑。

庞涓二人走到殿前，叩道：“草民叩见陛下。”

魏惠王的眼睛一眨不眨地盯在那只黑山羊上，捋须点头：“呵呵呵，黑得像炭啊！来人，赏老丈百两黄金！”

老丈叩道：“草民谢大王赏。草民孤老一人，常居山野，要金子无用，请大王收回。”

老丈拒领重赏，倒让惠王大吃一惊：“老丈不必客气，寡人悬赏在先，怎能言而无信呢？”

老丈再叩：“大王言出必行，草民心领了。大王定要赏赐，草民愿将赏金转赠前方杀敌勇士。”

“好！”魏惠王震几而起，连声赞道，“好好好，寡人代前方将士谢老丈捐赠！御史大夫！”

御史跨前奏道：“臣在。”

“将老丈的忠君义举载入史册，晓谕全国臣民！”

“臣遵旨！”

老丈又叩：“大王，草民告退。”

魏惠王朝老丈深深一揖：“魏罃恭送老丈。”

御史示意，两名卫士引领老丈及黑山羊徐徐退出。

既有黑山羊，又有好臣民，魏惠王心情甭提多高兴了，面带微笑地转向庞涓：“请问贤士尊姓大名，家居何地？”

“回禀大王，”庞涓叩道，“草民姓庞名涓，安邑人氏。”

“好好好，”魏惠王愈发开心了，“庞子原是寡人子民，真是天助我大魏呀。众寇犯境，齐师猖獗，寡人张榜求聘退敌贤才。庞子自揭榜文，必有退敌良谋，寡人洗耳恭听！”

“回禀大王，莫说是击退齐师，纵使我王荡平天下，庞涓也视若寻常。”

庞涓言辞托大，即使惠王也是一怔：“哦？”

陈轸瞧准时机，出列奏道：“王上，臣有奏！”

“爱卿请讲。”

“此人是奸细，王上不可轻信！”

“哦？”魏惠王倒吸一口气，目不转睛地盯向庞涓，而后转向陈轸。

“臣查明，正是此人为齐王出谋划策，才使齐王改变初衷、羞辱我王！”

魏惠王震惊：“真有此事？”

“千真万确呀，王上！”陈轸得了话语权，侃侃说道，“此人原为安邑无赖，为人凶狠，三年前杀死王上曾经召见过的渔人和樵人，抢走王上犒赏的金子，不想却被臣的护院罗文发现，他又杀死护院并数名家丁，逃之夭夭。数月之后，此人潜回臣府，再次图谋不轨，被臣拿住送官，押入死牢，不料他又从刑狱里逃走，不知去向。臣奉诏出使临淄，返回途中，亲眼见他潜往齐境。王上会徐州与齐相王，齐王态度大变，臣起疑心，使人赶赴临淄，由相国邹府里查出真相，是此人当街拦下齐王车辇，被齐王带至宫廷，密谋多时。齐王封他为上卿，被他谢绝。齐王又赏他百两足金，他也推辞不受。此后数日，此人一直待在齐王宫中，与齐王朝夕相处。齐王态度大变，想是受到此人蛊惑！”

陈轸一口气讲出这些，莫说是魏惠王，即使朱威、惠施等朝臣，也是惊得呆了，无数道目光如看奇人一般射向庞涓。

“大胆狂徒！”魏惠王拍案喝道，“难怪寡人在徐州受辱！来人，拿下逆贼！”

众卫士上前拿住庞涓，将他五花大绑起来。

因有鬼谷子的偈语“遇羊而荣”，又有鬼谷里的三年历练，庞涓非但未显惊惶之状，反倒仰天长笑数声：“哈哈哈哈——”

“逆贼，”倒是魏惠王怔了，“你已死到临头，因何发笑？”

“庞涓在笑魏国。”庞涓朗声应道，“朝无能臣，国无良将，小人当道，贤臣塞言，四面受敌，存亡系于一线。庞涓应诏揭榜，前来相助，却遭杀身之祸。如此国家，岂不可笑？”

"大胆狂徒，"陈轸厉声喝道，"杀人越狱当是死罪；卖魏求荣、里通外敌，当是灭门；咆哮朝廷，嘲笑大王，当诛九族！"又转向魏惠王，拱手，"臣奏请王上，速将此贼推出午门，凌迟处死，以儆效尤！"

"准奏！"魏惠王摆手，"将逆贼庞涓推出午门，凌迟处死！"

庞涓又出一声长笑，高声叫道："魏国上昏下昧，何能不亡啊！"

魏惠王愈加震怒，大声喝道："将此贼推出去！"

众卫士推动庞涓，眼看就要走出殿门，后面传来一个声音："慢！"

卫士停步。

惠施出列，徐徐奏道："王上，臣有奏！"

魏惠王余怒未消："说吧！"

"庞涓说得是。王上张榜求贤，庞涓揭榜应征，合情合理。如果王上就此杀之，只怕天下士人闻之心寒哪！"

"这……"魏惠王冷静下来，语塞。

"王上，按照大魏刑律，庞涓是否有罪，应由司徒府三堂会审，方能定夺。莫说是个揭榜士子，纵使苍头百姓，生死大事，凌迟酷刑，也不可据一面之词匆忙定之。"

惠施所言有理有据，不急不慌，众臣莫不点头称是。

"王上，"陈轸急了，"庞涓集数罪于一身，实为十恶不赦之徒，依律当斩。如果放他，就是姑息养奸啊！"

"请问陈上卿，"惠施突然转向陈轸，一反往日温恭之色，义正词严，"如果庞涓卖魏求荣，何以放着齐国的上卿之位不做？上卿贵为王使，得百金欣然受之，招摇过市，沾沾自喜，庞涓身为子民，却视百金如粪土，又作何解？齐军屡战屡胜，魏军屡战屡败，庞涓如果真心卖魏，为何不去顺势助齐，反来逆势揭榜退敌呢？"

陈轸面红耳赤："你……"

"陈上卿，"惠施一字一顿，不依不饶，"国家有难，我等身为朝廷重臣，应替王上分忧，不可嫉贤妒能，混淆视听，误国害民哪！"

惠施犀利的言辞如重锤一般一字一字敲打下来，陈轸只觉得骨头缝里一阵冰凉，当下跪叩于地，泣道："王上，臣……臣……一片忠心，日月可鉴啊！"

魏惠王这也看出个中蹊跷，摆手说道："陈轸，你退下吧！"

"王上……"陈轸磕头如捣蒜。

“退下！”惠王转头，不再看他。

陈轸泣道：“臣告退。”缓缓起身，一步一步地退出朝堂。

陈轸退到殿门处，庞涓声音阴冷、低沉：“姓陈的，你给我等着！”

陈轸打个寒噤，转个身，匆匆去了。

看到陈轸走远，魏惠王转对卫士：“为庞子松绑！”

卫士松绑。

庞涓上殿，叩拜于地：“庞涓谢大王不杀之恩！”

“庞子受惊了。”魏惠王放缓语气，“大敌当前，庞子有何退敌良策，可否言于寡人呢？”

庞涓环视朝堂：“大王可否屏退左右。”

“诸位爱卿，退朝！”

众臣退朝。

魏惠王转对惠施、朱威：“惠爱卿、朱爱卿留步。”说完引着三人径至御书房。

惠王坐定，庞涓扑地跪下，叩道：“草民庞涓叩见王上！”

“庞子请起。”魏惠王微微摆手，“此处再无外人了，惠相国、朱爱卿是寡人的左膀右臂，庞子有话，但讲无妨。”

“谢王上。”

庞涓起身，朝惠施深深一揖：“庞涓谢相国大人出言相救之恩。”

惠施还过一礼，问道：“请问庞子，你与上卿可有过节？”

“回相国的话，”庞涓应道，“先父原是周室缝人，三年前，陈轸请先父为王上缝制王服，先父以为不合礼制，坚拒不做，陈轸遂将先父囚于私牢，庞涓去救先父，不想中他埋伏，死战得脱。在外浪迹数月之后，庞涓再次潜回，欲救先父，陈轸以先父性命要挟，将涓擒住，然后又不守诺言，杀死先父，将涓投入大狱。庞涓无奈，只好越狱潜逃，进山拜师学艺……”

庞涓一席话，听得魏惠王目瞪口呆，许久，方才缓过神来：“难怪陈轸欲置庞子于死地，原有这个因由！”

“启奏王上，”朱威见时机已到，拱手奏道，“臣已查实，眠香楼灭门一案，实系陈轸勾结秦使所为，后又栽赃嫁祸于公孙衍，逼迫公孙衍逃至秦国。”

魏惠王怒从心头起，将拳头重重砸在几上，咬牙喝道：“陈轸逆贼，寡人待他不薄，他却屡害寡人，罪不容赦！朱爱卿，捉拿陈轸一门，押入死牢，抄没全部资财！”

朱威领了旨意，安排抓捕陈轸去了。

魏惠王转向庞涓，深揖一礼："寡人受奸人蒙蔽，差点误杀忠良，请庞子宽恕。"

庞涓泣拜："大王查办奸贼，为涓报杀父之仇，便是涓再生父母。自今日始，涓之躯属于王上。只要王上一声旨意，涓赴汤蹈火，在所不辞！"

魏惠王起身，亲手扶起他："庞子有此忠心，寡人幸甚！魏国今已危在旦夕，庞子可有良谋？"

"危在旦夕？"庞涓重复一句，略顿一顿，做惊讶状，"王上何说此话？"

"唉，"魏惠王长叹一声，轻轻摇头，"庞子也都看到了，齐从东方来，秦从西方来，赵从北方来，韩从南方来，魏国四面皆战，寡人既无可战之卒，更无御军之将，岂不是危在旦夕呀？"

"王上过虑了。"庞涓拱手道，"就眼前局势来说，魏国非但没有危在旦夕，反而是适逢良机，可喜可贺呢！"

听闻庞涓此言，即使惠施，心中也是一震，两眼直盯庞涓。

魏惠王不可置信道："寡人适逢良机，可喜可贺？"

"正是。"庞涓侃侃言道，"昔年文侯之时，西有强秦，南有蛮楚，北有悍赵，东有劲齐，四邻觊觎，形势一如今日一般岌岌可危。然而，文侯振臂一呼，乐羊举枪而天下惊，吴起挺戟而诸侯惧，大魏历世三代，开疆拓土，东征西战，成就数十年霸业，天下莫不唯命是从！"

庞涓重提先君的赫赫功业，魏惠王听得心情激动，转而想到眼前处境，却又黯然神伤，摇头叹道："唉，这些都是过去的事了。眼下强敌犯境，寡人……"说不下去了。

庞涓朗声道："大王，在草民眼中，并无强敌。"

魏惠王抬头望着庞涓，口中不由自主地"哦"出一声，不无疑惑地看向坐在左前侧的惠施。

惠施眼睛微闭，似乎没有看到他的疑惑，也没有听见庞涓在说什么。

庞涓端起摆放在几前的一杯茶水，轻啜一口，抬头望着惠王，朗声说道："在草民眼中，大王所说的强敌，不过是一堆行尸走肉！"

见庞涓言语愈加托大，魏惠王愈加疑惑，再次"哦"出一声，身子朝后微微一仰，眼睛也如惠施一般微微闭上。

庞涓并不急于说话，端起茶杯，再次轻啜一口，细细品过，缓缓放下茶杯："请王上屏气凝神，听草民一言。"

魏惠王的眼皮抬也不抬："说吧。"

"草民以为，"庞涓把握住节奏，"眼下四邻犯境，却无一处可惧。赵、韩与魏同为三晋，唇亡齿寒之理，他们不会不知。此番出兵，无非是逼迫王上放弃王号，断无灭魏之念；秦人旨在打通东出之路，今得阴晋、函谷，于愿已足，不会再有大举。唯齐公不识时务，欺魏无人，视我为案上肥腻，欲一口吞之。王上只需击溃田忌，其余三国必将不战自退。"

"庞子所言甚是，可……"魏惠王睁眼看向庞涓，"如何击溃田忌，正是寡人所愁之事。"

"草民敢问王上，是想活擒田忌呢，还是要了他的脑袋？"

魏惠王瞪大眼睛，不可置信地盯住庞涓："庞子？"

"王上，"庞涓神态郑重，"草民在候旨意呢？"

"这……当然是活擒了！"

"王上若是信得过草民，草民定在一个月之内将他绑缚殿前，听凭王上处置！"

魏惠王目瞪口呆，良久，看向惠施。

惠施睁开眼睛，望向庞涓："方才听庞子说，庞子越狱之后拜师学艺，敢问庞子师从何人？"

"禀相国，"庞涓朗声应道，"庞涓越狱之后，前往云梦山修习兵法，得鬼谷先生亲传。"

惠施震惊："可是云梦山中的鬼谷子？"

"正是恩师！"

"王上，"惠施转对惠王，"据臣所知，云梦山鬼谷子堪称天下第一奇人，文韬武略无所不通，庞子能够拜他为师，适才所说，或非戏言。"

"哈哈哈哈，"魏惠王长笑数声，"田因齐虚上卿之位，未得庞子。寡人得之，实乃魏之大幸。请问庞子，若破齐人，你需多少兵马？"

"三万足矣！"

"这……"魏惠王惊道，"齐有大军七万，田忌更是名冠列国，庞子你……"

"军无戏言！"

"好吧！大梁尚有守城锐卒三万，寡人全部予你！"

庞涓起身，三拜之后，缓缓说道："草民谢王上隆恩。只是……"

"庞子请讲。"

"大梁守军尚需守护大王安全，草民不敢擅用。"

"唉，"魏惠王长叹一声，"不瞒庞子，除此之外，寡人实在无兵可调了。"

"龙将军处不是尚有雄兵数万吗？"

"唉，"魏惠王复叹一声，摇头道，"据龙将军战报，前方将士已不足四万，且连战皆败，士气低落，不堪大用了。"

庞涓微微一笑，拱手道："草民恳请王上，暂将龙将军麾下兵马调拨三万，交给草民！"

"你是说……"魏惠王吸一口气，"就用龙将军的溃兵？"

"在草民眼中，并无溃兵。"

"好。"魏惠王略一思索，对毗人道，"拟旨，封庞子为龙将军帐前先锋，准允统兵三万。破敌之后，另行封赏。"

陈轸匆匆回到府中，戚光、丁三已迎上来，正欲禀报庞涓之事，却听陈轸急切吩咐："快，取几箱金子来！"

见主公一脸惧色，戚光已知出事，再无多言，匆匆走进库房，使人抬出几箱金银珠宝，套上两辆轺车，放好乘石，轻声问道："主公欲去何处？"

陈轸跳上车子："韩国，快走！"

戚光略想一下，跳上装金子的轺车，转对候在一边护送的丁三道："主公出使韩国，我也得去。家中之事，托付你了。"

丁三应道："戚爷放心。"

戚光拉紧缰绳，扬鞭喝叫一声，驾车直奔南门而去。

二人走后不到半个时辰，白虎引兵至，将上卿府四面围定，破门而入。丁三急带家丁赶来，见到这个阵势，惊道："白少爷？"

白虎喝道："拿下！"

众兵卒不由分说，一拥而上，拿住丁三和众家丁。丁三一边挣扎，一边大叫："反了！反了！你们睁眼看看，这儿可是上卿府，你们还想活命吗？"

白虎冷笑一声："拿的就是上卿，搜，一个也不许放过！"

众兵丁答应一声，四下扑去。不消一刻，上卿府中所有人员皆被押送过来。

一个军尉禀道："报，府中人丁全部在此，不见陈轸、戚光！"

白虎走到丁三跟前："陈轸何在？"

丁三硬着脖子，死也不说。

白虎盯他一眼，转问一个家丁。

家丁两腿打战，结巴道："不久前出……出门去了。"

白虎厉声问道："哪儿去了？"

"说是出……出使韩国。"

白虎对军尉道："快，通报四门，查他往哪儿逃了，务必追捕归案！"

"下官遵命！"军尉急急出去。

白虎对着仍旧站在原地的众军卒道："愣什么？抄家！"

众军卒应一声，四下扑去。

陈轸、戚光驰出南门，行不过数里，来到一个十字路口，陈轸猛地想起什么，对戚光道："老戚，姓庞那厮师从云梦山的鬼谷子。我想去趟山里，摸清他的底细，你带这些珠宝先走，过韩境前往洛阳，寻个客栈等我，一月之后我们在那儿会合。"

戚光点头。

陈轸跳上后面一辆车子，驱车向东驰去。

陈轸走后不到半个时辰，身后有马蹄声传来，戚光回头一看，但见烟尘滚滚，两辆战车追上来。戚光脸色陡变，驱车狂奔，将到边关时终被追上，解回大梁。

与此同时，司徒府出具告示榜，四处缉拿陈轸。

济水宛如一条宽大的银带，在黄池北侧打了个弯，向东南流去。

济水两岸，魏军沿南侧，齐军沿北侧，各呈"一"字形排开。

齐军阵前，先锋赵冲引领数千甲士擂鼓叫阵。魏军辕门前面，一面写着"大将军龙"的大旗在辕门外面随风飘动。大旗下面，一个巨大的藏青色"免战"牌高高挂起，魏军副将张猛两眼冷漠，手中的长枪在阳光下闪闪发光。

一排将士全副武装，手持弓弩，全神贯注地望着河水对岸的齐军。

向晚时分，张猛望见齐军收兵，正欲回营，一行数车疾驰而来，在辕门前勒住马头。张猛认出其中一人是毗人，传令开门。

毗人引庞涓等走进辕门，直赴中军大帐。

帐中，身负重伤的龙贾躺在榻上，几名军医候在一边，小心翼翼地为他清洗伤口，敷药煎汤。龙贾脸色蜡黄，额上汗水流淌，似在强忍创口剧痛。

张猛走进，在龙贾跟前轻声道："龙将军，王上使内宰看望您来了。"

说话间，毗人已进帐中。

龙贾挣扎一下，尝试坐起。

毗人疾步上前，按住他道："龙将军，请躺下。"

龙贾躺下，喘气道："龙贾有负王上重……重托，愧对王……上……"

毗人安抚道："老将军，王上特命在下看望将军。"

龙贾泪水流出："唉，老了，龙贾老了。龙贾对不住王上啊！"

"龙将军安心静养，"毗人从袖中摸出诏书和调兵虎符，"王上已委派先锋将军一名前来助战，这是诏书和虎符，王上要将军暂将帐前兵马调拨三万交给先锋庞涓，由庞将军先驱破敌。"

龙贾心头一怔，含泪道："末将领旨。庞先锋……人呢？"

"就在帐外。"

龙贾喘息一下，转对张猛："有请……先锋将……将军！"

张猛朝帐外叫道："大将军有请御敌先锋进帐！"

一身戎装的庞涓走进帐中，在榻前叩道："末将庞涓叩见大将军！"

龙贾轻喘几下："庞……庞将军，免……免礼。"

庞涓依旧跪在地上："末将谢大将军厚爱。"

龙贾转对张猛："张将军，为庞将军介绍情势。"

张猛应过，转对庞涓道："庞将军，田忌大军七万，沿济水北岸下寨。我军连败数阵，士气大挫。眼下虽是汛期，但这一带河床甚宽，水流平缓，深不过胸，齐兵可涉水而过。眼下情势……"

庞涓截住话头："张将军不必多说，眼前情势，在下尽知。"

张猛怔了，看向龙贾。

龙贾眉头微皱，喘气道："张将军，点兵三万，交给庞将军。"

张猛迟疑一下："回禀将军，除去伤残，我能战之士，已经不足三万了。"

龙贾轻叹一声，微闭双眼："既然如此，就全部交给庞将军吧。"

"末将遵命！"

庞涓朝龙贾拱手，朗声说道："末将谢龙将军信任！龙将军安心养伤，庞涓誓于旬日之内，将齐将田忌绑缚入帐，请大将军发落！"

听闻此话，龙贾睁开眼睛，凝视庞涓半晌，缓缓说道："庞将军，老朽累了。"

"大将军静心养伤！庞涓告辞！"庞涓再拜，缓步退出。

望着他的背影，龙贾缓缓摇头，轻叹一声："唉，若是公孙衍说出此话，老朽或可相信。"

先锋帐外，军乐声中，两名军卒将一面写有"先锋庞"的藏青色大旗徐徐升起。

见旗子完全升起，庞涓转对候于一侧的参将道：“在旗下搭个祭坛。”

参将应过，吩咐军卒在旗杆下面搭起一个简易祭坛，庞涓使人牵来那只准备献祭的黑山羊，将它拴在祭坛下面，并在它跟前放上一篮青草。

看会儿黑羊安闲吃草，庞涓脸上浮出笑，迈步走进三军副将张猛的营帐，单膝跪地，朗声禀道：“禀报副将，先锋庞涓准备就绪，可以点卯了！”

张猛点头，传令诸将至先锋帐前点卯。

不消半个时辰，三军诸将纷纷赶到先锋帐前，不无狐疑地走进帐中。

副将张猛坐于主位，庞涓作陪。一阵鼓响，张猛拿过花名册逐一点将，点毕，朗声说道：“诸位将军，传大将军令！”

诸将“唰”地站定，而后单膝跪地。

张猛朗声说道：“大将军令，自今日起，三军将士悉听御敌先锋庞涓调遣，违令者斩！”

众将皆吃一惊，纷纷将目光投向庞涓。

庞涓站起身子，朝诸将拱手：“御敌先锋庞涓见过诸位将军。”

众将面面相觑，不约而同地望向张猛，无一人理睬庞涓。

庞涓正自尴尬，张猛迟疑一下，缓缓离开主位，走到众将前面，在首位站下，单膝跪地：“末将张猛叩见先锋将军，请将军发令！”

众将见状，只好齐声说道：“末将叩见先锋将军，请将军发令！”

庞涓走过来，亲手扶起张猛，又将诸将一一扶起，朝众人深鞠一躬，朗声说道：“庞涓谢诸位将军抬爱！”

众将皆道：“请先锋将军发令！”

庞涓朗声说道：“庞涓无令可发，只求诸位将军一句回话！”

众将异口同声：“请将军发问！”

庞涓沉声问道：“诸位将军，想打一场大胜仗吗？”

三年来，魏军几乎是每战必败，三军诸将无不憋着一肚子火，哪个不想打场胜仗？然而，打胜打败不是想与不想的事，在诸将看来，庞涓此问简直可笑，因而谁也没有开口。

见无人应声，庞涓提高声音：“诸位将军难道不想打胜仗吗？”

又是一阵沉默。

场面正自尴尬，一条腿上裹着伤带的左军副将陈忠冷冷应道：“回先锋将军的话，这里没有一人愿打败仗！”

“好！”庞涓看他一眼，朗声接道，“既然无人愿打败仗，自今日始，庞涓定与诸位只打胜仗！”

此言简直是将牛皮吹上了天，众将再次缄默。

右军副将朱佗冷笑一声，揶揄他道：“先锋将军，如果能够只打胜仗，大家做梦也会笑醒的！”

听闻此言，诸将纷纷交头接耳，言语表情不无嘲弄。

庞涓斜他一眼，缓缓说道：“庞涓以苍天的名义保证，诸位一定会在梦中笑醒。”

朱佗直盯住他：“末将敢问一句，先锋将军拿什么保证？”

庞涓抬起手来，指指自己的脑袋：“就拿这个！”

众将见他押上脑袋，谁也不再说话。

庞涓略略一顿，缓缓说道：“诸位将军，你们也许听说了，不久之前，王上在大梁张悬王榜，招募破敌之人。在下不才，斗胆揭榜，得蒙王上恩宠，授予先锋职衔，受命破敌。”又指下自己脑袋，“诸位将军，自揭下王榜之时起，在下就押上这个了！”

王榜之事早已闹得沸沸扬扬，众将大多知晓。揭下王榜而不能破敌，即使疆场战不死，未来结局也只能是一个。

见众将再无他话，庞涓轻轻咳嗽一声，接着说道：“诸位将军定想知道，在下本为一介草民，何德何才，竟敢冒死去揭王榜？”

这也正是众将想知道的，无不瞪大眼睛看向庞涓。

“不瞒诸位，”庞涓扫视他们一眼，侃侃言道，“一个月前，在下路过宿胥口，感觉困乏，就在一棵大树下小酣。刚刚躺下，似睡非睡之际，在下突然看到一人从天而降，正自惊异，那人径直飘落于在下跟前，端坐于地，缓缓说道：‘庞涓，听说你一向敬服本将，今日见到本将，还不叩拜？’在下定睛一看，来人竟是在下平生最最崇敬的吴起将军，当即叩拜。吴起将军又道：‘庞涓，魏国有难，魏王不日将在大梁张榜求募破敌贤才。本将受上天之命，晓谕你去大梁揭榜，辅佐魏王陛下，重振大魏雄风。’在下叩道：‘吴起将军，晚辈无德无才，不敢去揭王榜啊！’吴起将军道：‘庞涓勿忧，本将授你一书，保你战无不胜，攻无不克。’说着吴起将军从袖中摸出一书，抛给在下。在下接过一看，见是一册宝典，叩头就拜。待在下叩毕，抬头看时，吴起将军已飘在空中，渐去渐远了。在下还有许多话欲问将军，见他飞升，心中大急，脱口大叫，谁料这一叫，竟自醒了。抬眼再看，树旁竟然立着一块碑文，上写‘吴起之树’四字。在下以为只是一场好梦，正自嗟叹，猛然觉得怀中有一异物，拿出一看，嘿，真还是册竹简。诸位将军请看。”从袖中摸出一卷竹简，啪地摆在几案上，“就是此物！”

庞涓讲得绘声绘色，众将听得入迷，无不瞪大眼睛盯向那捆竹简。

庞涓将竹简细细摊开，卷首赫然写着“吴子兵法”四字。

庞涓将竹简全部展开，再缓缓合上：“诸位将军，吴起将军晚年曾著兵书一部，秘不示人。临难之际，将军担心此书为奸人所得，含泪将其焚毁，世人不知。今魏国有难，吴起将军特将此书传授于涓，要在下辅佐王上，重建王业。”

宿胥口确有一棵吴起树，魏人无不知晓。庞涓将此故事讲得有鼻子有眼，且又甩出一本宝典，众将纵使不信也是很难。

“庞……庞……庞将军，”站在末尾的一个将军结巴道，“几……几年来我……我们每战必……必……必败，窝……窝囊啊！只要庞……庞将军能领末……末将打上一次胜……胜……胜仗，末将纵……纵使身……身……身碎万段，死……死亦无……无憾！”

是裴英麾下的结巴猛将范梢。

若在平时，只要他一开口，就是一片笑声。然而这日，众将竟无一人笑出。

“你是范将军吧？”庞涓盯住他问。

“末……末……末将正……正是！”

“范将军，”庞涓朝他抱拳，又朝众将拱一拱手，“诸位将军，庞涓求请诸位在回营之后，转告各自麾下的每一位勇士，就说从今日始，大魏武卒将战无不胜，因为吴起将军的在天之灵无时无刻不在护佑我们！”

众将齐道：“战无不胜，振我武卒雄威！”

“诸位将军，苍天在上，庞涓在此起誓！”庞涓跪地，一手举起，朗声誓道，“自今日始，庞涓誓与众将士生死与共，有阵同陷，有难同当，有苦共吃，有福同享，效忠大王，敬尊吴起将军，重振武卒雄风！”

众将齐声起誓：“我等愿意跟从将军，生死与共！”

庞涓起身，扫视众将一圈，目光威严，又从袖中摸出一封战书：“诸位将军，在下修此战书，三日之后，与田忌河滩斗阵！”

听到庞涓又要斗阵，情绪刚被调动起来的将军们无不面面相觑。

张猛迟疑一下，小声禀道：“先锋将军，田忌精通阵法，前大将军与他几番斗阵，不曾赢过一场。龙大将军所摆之阵，也被田忌找到破绽。庞将军若再斗阵，岂不中其下怀？”

“张将军，诸位将军，”庞涓淡淡一笑，将竹简略略一扬，“吴起将军亲授在下奇阵，专擒田忌！诸将听令！”

听到吴起将军亲授奇阵，众将振奋起来，跨前一步：“末将听令！”

庞涓逐个扫视诸将，声若洪钟：“帐外祭旗！”

“什么？”龙贾大急，“庞将军向田忌约下战书，主动挑战？”说着挣扎着就要坐起。

“龙将军，”张猛小心翼翼地扶龙贾重新躺下，“您不能动啊！”

龙贾喘息几下，盯住张猛：“快说，还有什么？”

张猛迟疑一下，接道：“庞将军不仅向田忌下达战书，且还约他三日之后在河滩斗阵！”

听到“斗阵”二字，龙贾长叹一声，闭上眼睛，喃喃说道：“唉，又是一个公子卬啊！”

张猛亦叹一声，不再作声。

又过一时，龙贾睁开眼睛，望向张猛：“知道他欲布何阵吗？”

张猛轻轻摇头：“点卯之后，庞将军拿出一本《吴子兵法》，说是吴起将军托梦于他，要他揭榜退敌。然后就……就带众将到帐外杀黑山羊祭旗。祭完旗，他什么也没有说，只让众将回营听令。”

龙贾惊道：“三日之后就要斗阵，他……难道什么也不准备？”

张猛点头道：“眼下尚看不出。”

龙贾沉思有顷，吩咐道：“庞将军若有举动，速来报我。”

“末将交代过了。”

话音落处，中军参将急急进来，禀道：“报，庞将军传令了！”

张猛急问：“所传何令？”

“传令司粮草的李将军，要他将所有军粮倒在库中，腾空一万条麻袋，等候调用。”

“什么？”张猛惊道，“他要把军粮倒在地上？”

“正是。”中军参将接道，“不仅如此，庞将军还征用二十车干石灰、一千柄木锨、一万条丝纱……”

张猛不解地看向龙贾，喃声自语：“二十车干石灰粉、一千柄木锨、一万条丝纱……”转头望向参将，“还有何令？”

“庞将军还……”参将迟疑一下，“还要一千桶屎溺。”

“什么？一千桶屎溺？”张猛彻底蒙了，愣有多时，抬头再问，“他还要什么？”

参将摇头。

“大将军，”张猛转头望向龙贾，“他……他要这些玩意儿，有何用意？”

龙贾闭上眼睛，陷入沉思，有顷，看向参军：“诸位将军呢？”

“回禀大将军，众将得令后莫不惶惑，是否遵从，皆要末将请示大将军。”

“告诉诸将，”龙贾缓缓说道，“三军既已交予庞将军，就应听从庞将军调遣！”

张猛急道：“龙将军……”

龙贾闭上眼睛：“去吧。”

张猛转对参将：“传令诸将，大将军令，一切听从庞将军调遣！”

“末将得令！”参将转身退出。

见参将走远，张猛一脸惑然地望着龙贾：“龙将军，庞将军他……”

“嗯，”龙贾若有所思，“如此部署倒是怪异，想是庞将军有所奇谋！”略顿一下，轻轻摇头，“以三万疲败之卒向田忌七万大军挑战，纵有奇谋，也是凶险。张将军……”

“末将在！”

“速将庞将军用兵之法密奏王上，让王上加固大梁城防，以防不测。另外，预留三千弓弩手，设伏于黄池北门外面的槐树林中，万一庞将军兵败，掩护入城！”

张猛应过，疾步出帐。

龙将军密奏传至宫中，魏惠王阅过，啪一声掷于几上，大叫一声：“竖子误我！”

惠施捡起战报，逐行看去。

呆坐一时，魏惠王不无沉重地连连摇头，颓然叹道：“唉，什么黑山羊？什么鬼谷子高徒？是天亡寡人哪，惠爱卿！”

惠施已将战报仔细读毕，叩首于地，奏道：“王上……”

惠王不由分说，摆手打断他：“惠爱卿，不必再说了。”又朝外大叫，“来人！”

毗人急至：“臣在。”

惠王一字一顿，字字铿锵：“取寡人的战袍来！”

毗人目光惊愕，两眼发直。

“你愣个什么？”惠王瞪他一眼，几乎是吼，“去呀！”

毗人打个哆嗦，正欲退出，惠王又道：“还有……”

毗人止住步子。

“擂鼓鸣钟，诏告大魏臣民，无论男女老幼，悉数上城！寡人纵使血染甲衣，也要与田因齐决一死战！”

第044章｜ 庞涓吸疽得军心 田忌中计遭羞辱

济水向东流至黄池西南约三十里的唐邑时，拐向北偏东，到黄池西北约十里处再次东拐，正东流向煮枣，河床也于此处变阔，宽约数里。水浅流缓，若是不下暴雨，河水不过齐腰深，即使在中心河道，也至多漫过头顶。

这样的河水适于涉渡，齐将田忌看中的正是这一点，吩咐齐卒在堤下两侧的滩地上构筑营寨，搭建帐篷，并在堤顶挖出一长溜灶台。一到开饭时间，缕缕炊烟袅袅升起，连绵十数里，颇为壮观，显然要从气势上压倒魏卒。

齐军连战皆捷，眼看就将兵临大梁，齐威王颇为兴奋，特使太子辟疆前往劳军。辟疆一行押送辎重赶至济水，田忌闻讯，接应十里，迎入中军大帐。二人叙话不及半个时辰，辟疆就急不可待地视察军营，观赏济水。

赤日炎炎，甲盔闪闪，三军将士挺枪持戟，威风凛凛地站在阳光下面，一眼望去，军容极是严整。辟疆一身戎装，与大将军田忌并肩缓行，一营接一营地巡视过去。

二人沿河巡视完毕，缓步登上搭建在堤顶的瞭望高台。

登上台顶，放眼望去，堤上堤下净是齐军营寨，密密麻麻，错落有致。稍远处的河道上，沙滩片片，水草簇簇，间或有白鹭在水边飞落。对岸河滩却是空荡，既无一兵一卒，也不见任何营寨和壁垒。再往上是河堤，堤上除了成片的荆棘之外，再就是连绵不断的老槐林。

辟疆观望一阵，指着空荡荡的滩头："田将军，对岸怎么无人防守呢？"

田忌笑笑，指着远处的河堤："殿下，请看那儿！"

顺着田忌的手指，辟疆果然望到树林中隐约现出魏国武卒构筑的防御阵势，堤顶似乎还有一排排的机械连弩，咂舌道："嗯，龙将军果是老辣，若不是将军提醒，辟疆真还看不出呢！”

“殿下不必自谦。魏军连遭败绩，不敢用强，就将兵力隐于暗处，使我难知虚实。殿下刚至此处，自然不知这些情势。”

“大将军知己知彼，胜券在握了。请问大将军，我何时可与魏军交战？”

田忌指着河水：“臣使人探过，中心河漕虽只宽约数丈，河水却能漫过头顶，千军万马若是同时抢渡，水流激荡，必然上涨。兵士中有许多不会游水，纵使会游水的，因有甲衣、兵器在身，怕也撑持不住。”

辟疆沉吟一下，抬头说道：“若是长耗下去，莫说别的，单是粮草，只怕也拖不起。”

“殿下勿忧。”田忌把握十足，“臣夜观天象，近日魏境并无雨水。眼下酷热难当，暑旱已久，河水一日浅过一日，旬日来水位已降尺许。若是不出臣所料，不出五日，水位必会再降尺许。那时渡河，莫说龙贾重伤在身，纵使他身强体健，臣也手到擒来。”

“嗯，”辟疆点头道，“如此甚好！魏武卒骁勇善战，所向披靡，若不是魏王失德于天下，招引秦、赵、韩三国围攻，父王断然不会与魏交恶。田将军，此阵胜负非同小可，父王因此夜不成寐啊！”

“臣请殿下转奏王上，就说旬日之内，臣必破魏阵，直驱大梁，三月之内，定押魏罃凯旋，由王上问罪！”

辟疆正欲说话，遥见对面堤上飞下一骑，直冲河边，当即转头，目不转睛地盯住那人。

田忌与众将也都看到了，目光齐射过去。

来骑驰近，众人看清是魏军的传令军尉。

军尉冲到河边，在水边稍作犹豫，策马涉入河水，在万众注目下走到河心。河水漫至马头，马已蹬蹄浮游，不一时，越过河中心，马蹄踏地。

军尉勒住马头，朝岸上大叫：“齐将看好，大魏先锋庞将军特下战书！”说着取出长弓，搭上响箭，“嗖”一声射出。

响箭在一阵呼哨声中落至岸边。早有兵士捡起，交给闻讯赶至的军尉。军尉持箭，飞也似的直奔高台，大声禀道：“报，魏军先锋庞将军战书！”

魏军连遭败绩，竟然敢下战书挑战，且又恰在太子殿下劳军之际，田忌心头咯噔一沉，眼角扫向一侧的参将。

参将稳步下台，从军尉手中取过响箭，回到台上，双手呈予田忌。

田忌接过响箭，拔出箭矢上的响哨，取出一团丝帛，上写“田忌大将军亲启”，拆开细看，果是战书：

传闻大将军百战不殆，名冠列国，在下既惊且叹。在下所惊者，似大将军这般庸才，如何也能名冠列国？在下所叹者，大将军百战不殆之说，今日将要终结于济水岸边！为此一惊一叹，在下奉劝大将军，若是三日之内罢兵回齐，纳表请罪，大将军不仅可保一世英名，清清济水也可免于血污；大将军若是一意孤行，定要决出高下，在下将于甲午日辰时以雄师三万列于济水阴岸，设阵恭候！大将军只须识出吾阵，在下即刻请降；大将军若是不识，在下放言在此，无论大将军有何闪失，休怪在下冒犯！何去何从，还望大将军自裁，在下恭候回书！

大魏三军先锋庞涓恭呈

田忌阅完，脸色由白而青，由青而紫，拳头握得咯咯作响。

辟疆盯住他道：“田将军？”

田忌将战书呈予辟疆。

辟疆看过，心头一震：“庞涓？此人不去寻仇，怎竟成了魏军先锋呢？”

田忌牙齿咬得咯咯直响。

“看来，”辟疆转向田忌，苦笑一声，“田将军怕是遇到对手了！”

“对手？”田忌冷笑一声，声音从牙缝里挤出，“我田忌的对手尚未生出呢！”略顿一顿，“哼，小小先锋也配下战书，向我主将挑战！殿下看好，三日之后，臣一定踏破敌阵，将姓庞这厮活擒过来，碎尸万段！”

辟疆却似没有听见，两眼依旧落在庞涓的战书上，半是自语，半是征询：“奇怪，此人谢绝父王恩赐的高位、重赏，不去寻仇，却来充当一个小小先锋，与我对阵，究竟是何用意？”

田忌从鼻孔里哼出一声，转对身边参将：“回复庞涓，凭他摆出什么阵势，待甲午日到，叫他伸长脖子守于阵前，恭候本将前去斩首！”

“末将得令！”

黄池城西北角的一块场地上搭起许多帐幔，被辟作战时诊所之一，数百名受伤武卒或躺或坐，十几名随军疾医正在施救，间杂其中的是几十名志愿护理的女人和苍头。两个收尸的苍头守在门口，只要疾医判定死亡，他们就会即刻行动，将亡者抬出院子。

这是一个充满疼痛与哀伤的场所，然而，没有人喊疼，也听不到呻吟。大魏武卒个个都是血性汉子，何况还有女人在场。

一行数人走进院子，打头的是庞涓，跟后的是中军参将和随身护卫。

看到将军到来，满院竟无一人响应，似乎他们是一群不速之客。庞涓知道，魏军屡战屡败，将士心中颇多怨气，尤其是这些因将军无能而负伤在身的兵士。

中军参将跨前一步，大声叫道："诸位将士，王上钦点的御敌先锋庞涓将军看望大家来了！"

听到"王上钦点"四字，众伤员的表情更加冷漠，有人歪头重重地"呸"出一声，将脸转到另一边。只有旁近一个正在为伤者诊治的疾医起身见礼，被庞涓摆手止住。

庞涓没有像其他将军那样恼羞成怒，更没有显出一丝一毫的盛气或震怒，而是神色静穆，面容和蔼，眼神里充满关怀。他没说一句话，只将可亲的目光挨个扫过所有伤员，而后缓步走在伤员之间的过道里。

庞涓的沉静和关切的目光开始收到效果，众人目光纷纷射向他，就连那名别过脸去的兵士也转过头来，看他究竟要干什么。

一个老女人坐在地上，怀抱一个一动不动的兵士。庞涓看到，折身向她走去。几个年轻女人跪在老年女人身边，个个表情哀伤，双目紧闭，口中似在喃喃祷告，显然是在与这位行将远行的兵士诀别。

庞涓走到老女人跟前，面朝兵士，在几个年轻女人后面缓缓跪下，紧闭双眼，口中念念有词，显然也在为他祈祷。参将及随身护卫互望一眼，相跟着跪下。

抱着兵士的老女人眼中出泪，在死者耳边喃喃说道："孩子，你睁眼看看，御敌先锋庞将军为你送行来了。"

女人连叫几声，那名兵士依旧是一动不动。一名疾医走过来，拿手指在兵士的鼻孔处探试一下，见他已经气绝，忙从袖中摸出一块白布罩他脸上，朝外摆手。守在门口的两名苍头抬着门板走过来，从老女人怀中抱起死亡兵士，轻轻放到门板上。

庞涓缓缓起身，肃立，朝门板上的兵士连鞠三躬，目送他被一步一步地抬出院子。

全场鸦雀无声，所有目光盯住庞涓。

庞涓回转身，再沿通道缓缓行走。

又走十数步，庞涓看到一个疾医正在为一位大腿受伤后感染的兵士挤脓，拐过去。受伤的是右腿，脓包鼓得跟个白馒头似的。庞涓站在旁侧，看着疾医一下接一下地朝外挤脓，乳黄色的脓水被挤出来，滴进地上的陶盂里。兵士牙关紧咬，两眼紧闭，额头汗出，似在强忍钻心的剧痛。

挤有一刻钟，脓包已被挤瘪。疾医望着伤口，显然在想如何才能将残余的脓水弄出来。

庞涓弯下腰去，扎好架势，在众人惊愕的目光下，对准伤口吸吮。传说昔日吴起吮疽吸脓，众人无缘亲见。此时此刻，庞涓为亡卒跪祷，为伤卒吸脓，却是在场人人目睹的不争之实。

所有的人都震惊了，所有的心都震颤了，所有的眼睛都湿润了。被他吮吸的士兵更是泪如泉涌，泣不成声。

庞涓吸足一口，将脓水吐到盂中，再吸一口，又吐到盂中。如是再三，直到伤口里再无脓水，庞涓方才住口。早有人送上清水，庞涓连漱几口，在兵士的肩上轻拍两下，呵呵笑出两声，半开玩笑地说出了来到此地的第一句话："小伙子，你这脓水又腥又臭，味道不咋地呀！"

兵士不顾疼痛，翻身跪地，号啕大哭："庞将军……"

庞涓将他拉起来，扶他躺好，板起面孔，提高声音，一字一顿，吐字清晰："瞧你这点出息！大魏武卒，只流血，不流泪！"

全场震撼。

齐军大帐里，田忌独对几案，闭目凝思。

十几年来，田忌南征北战，威震泗上，扬名列国，击败过楚将昭阳、赵相奉阳君和韩相申不害，唯独未与大魏武卒交过手。田忌一心想与号称天下第一铁军的大魏武卒对阵，君上却处处避让，一直未曾给他机会。三年前魏惠侯称王伐卫，田忌奉命救援，本是一次交手良机，君上竟又命他按兵不动，结果将首败武卒的机会拱手让给秦人。好在上天有眼，齐、魏在徐州相王时闹翻，威王怒而伐魏，总算让他一偿夙愿。入魏之后，田忌大显神威，两败公子卬，重挫龙贾，使不可一世的大魏武卒在短短的一月之内成为残兵败将。眼下魏卒已无还手之力，无论从哪个角度来看，他田忌都是胜券在握，只需一声令下，七万大军就可踏过济水，直捣大梁。

然而，田忌用兵，向以稳健著称。常言道，哀兵莫逼，穷寇勿追。田忌既想一举全歼龙贾，又想使自己的损失降至最小，这才迟迟没有下令渡河。在田忌眼中，对岸龙贾的三万武卒不过是只煮熟的鸭子，早吃晚吃都是一样，这也是田忌并不着急的原因。

龙贾重伤在身，魏军已成哀兵。对于魏人来说，为今之计，上上之策是弃守济水、黄池，死保大梁，谁想魏人非但不退，反来下书挑战，且又约他河滩斗阵，着实让他吃惊。

更让他吃惊的是这个庞涓。知敌莫过于知将。对公子印、龙贾、张猛诸人，田忌早已成竹在胸，但对这个横空出世的庞涓，除去在临淄听到的此人翻手云覆手雨之类传闻，他是一无所知。

大战前夕不知对手，堪称用兵大忌。田忌越想心思越多，忽地起身，快步走到大帐一侧，两道目光如炬般射向军用沙盘。

沙盘比较粗糙，是随军谋士及参将等依据附近的地形地势临时堆砌起来的。田忌一眼望去，济水两岸的山丘地势赫然在目，显要地段还插满竹签，竹签上标着驻守此处的双方兵种、数量及将官姓名。涉过济水，不足十里就是黄池，黄池离大梁也就两百余里，如果没有阻碍，急行军一日即到。

田忌盯住沙盘沉思良久，嘴角浮出一丝冷笑。无论这个名叫庞涓的先锋有何能耐，若以三万溃败之师挑战七万乘胜铁军，且所能依赖的不过是一条完全可以涉渡的济水，听起来都像是一桩笑谈。

但与公子印迥然不同的是，田忌永远都是田忌。即使对此近乎笑谈之事，田忌也不敢大意，因为战场局势瞬息万变，什么可能性都会发生。情势已呈一面倒，魏军竟敢主动挑战，不是主将发疯，就是内藏阴谋。

想到“阴谋”二字，田忌打个寒噤，嘴角上浮出的那丝冷笑也悄然隐去，代之以两道渐皱渐紧的浓眉。

对，一定藏有阴谋！魏军屡战屡败，余众不足四万，除去伤残，能战之士不足三万。庞涓只是魏人先锋，却敢在战书上宣称，他将以三万雄师摆阵迎敌。这个细节只有两种可能，要么是魏王增兵三万，要么是主将龙贾已将三军全部移交庞涓。

想到此处，田忌心中一动，大声叫道：“来人！”

参将闻声走进：“末将在！”

“再派细作渡济，一探庞涓底细，二探魏王是否增援黄池。”

“末将得令！”

参将正欲出帐，田忌又道：“还有，将堤上高台加高三丈，再竖一根吊杆。”

参将再应一声，退出大帐。

庞涓望过伤兵，又选重要地段巡查一遍，正欲回帐，副将张猛使人传道："庞将军，大将军有请！"

庞涓跟来人急至龙贾军帐，跪于榻前："先锋庞涓参见大将军！"

伤情显然加重了，龙贾喘息一阵，手捂胸口，艰难地点头："庞将军，免……免礼。"眼珠转向张猛，"张猛。"

"末将在！"

"取大将军印绶。"

张猛取来大将军印，捧在怀中。龙贾接过印，从枕下摸出虎符，一并捧在手中，眼望庞涓："庞将军，请接符、印！"

以虎符调兵是列国惯例。虎符分为两半，一半授予将军，一半由国君亲自掌管。国君调兵时，就遣特使奉符至兵营与将军核对，两片虎符只有合而为一，将军才许发兵。因而，虎符是将军权力的象征。至于将军金印，则是管束并差遣部下的主要凭证。虎符对上，金印对下，无论是谁，只要拥有符、印，就可统帅三军。龙贾将符、印全部交给庞涓，就等于将大将军的权限完全转让了。

这是庞涓始料未及的，毕竟自己刚至军营，寸功未建呢。

愣怔有顷，庞涓叩道："龙老将军，末将……这……此事万万不可！"

伤处又是一阵剧痛，龙贾强自忍住，捧符、印的手微微颤抖，艰难说道："庞将军跪亡吸疽，老朽弗……弗如。王上慧眼识才，三军再得良将，老朽死……亦瞑……瞑目！"

庞涓啜泣："龙将军……"

龙贾的呼吸越发艰难，似已使尽全身力气："国家已到存……存亡关头，庞将军不可推辞，老朽这就奏……奏请王……王上，举……举荐庞将军统……统领三……三……"

"军"字没有说完，龙贾一阵痉挛，虎符、大印滑落榻上。

张猛震惊，跨前一步扶住："龙老将军！龙老将军……"

龙贾再也没有应答。

庞涓以手试鼻，见老将军已经去了，大放悲声："龙将军——"

天地默哀，长角悲鸣。

得知龙将军仙去，三军将领纷纷赶赴大帐。

张猛当众宣布龙将军遗嘱，将大将军的符、印双手呈送庞涓。

庞涓再次推辞，张猛与众将跪求。鉴于大敌当前，庞涓允诺暂代大将军职，但将印、符坚决交由副将张猛保管，仍以先锋名义将龙贾为国捐躯的前后经过表奏魏王，言语甚恭。

众将看在眼里，对庞涓愈加敬服。

与此同时，张猛也以三军副将名义将龙贾的遗嘱及庞涓跪亡吸疽之事快马另奏。翌日午时，魏惠王诏命紧急驰到，正式任命庞涓为大将军，统率三军。

庞涓拜过诏命，方从张猛手中接过符、印，移居中军大帐，将“大将军龙”的旗号撤下，换为“大将军庞”，传令诸将帐前听令。

庞涓跪亡吸疽之事早在军营不胫而走，庞涓的“大魏武卒只流血不流泪”的训词更令将士们血脉偾张，纷纷手持血书，赤膊赶至各自将军的帐前请战。三军诸将得令后，无不手提成捆血书走进大帐，见到庞涓，“唰”地跪地，各将麾下血书举过头顶。

庞涓走到众将跟前，将血书一一收起，供在几案上，复将众将逐个拉起，朗声说道：“庞涓感谢诸位，感谢三军将士！自今日始，庞涓愿与诸位一道，卧同榻，食同席，行不乘车，战不旋踵！”

庞涓的话音刚落，张猛走到众将跟前，在上首站定，跨前一步：“末将张猛求战，请大将军颁令！”

众将各自跨前一步，齐道：“末将求战，请大将军颁令！”

时机成熟，庞涓将目光逐一扫过所有将军，声如洪钟：“诸位将军！”

众将齐吼：“末将在！”

庞涓犀利的目光再扫众将一遍：“秦、齐、韩、赵四国犯我，数万将士为国捐躯，齐寇虎视眈眈，我王忧心如焚，摆在我们面前的只有一条路：保家卫国，击败敌寇！”

众将再吼：“我等誓死追随大将军，保家卫国，击败敌寇！”

“诸位将军，”庞涓朗声说道，“七万敌寇就在济水对岸。兑现诸位诺言的时刻近在眼前。诸将听令！”

众将热血沸腾，再爆吼声：“末将在！”

庞涓的目光再一次扫过诸将，缓缓落在中间一将身上：“李将军，本将要你准备的物事，备妥否？”

李将军跨前一步，大声禀道：“回禀大将军，一万只麻袋悉数腾出，如何处置，请大将军下令！”

“好！”庞涓拿出一支令箭，“你领军士两千，将所有麻袋运往唐邑，于唐邑上游狭隘处装沙石截流。大后日卯时，望见下游白雾升腾，烽烟冒起，即决坝放水。泄密者死！”

李将军朗声应道：“末将得令！”

“去吧。”庞涓将令箭递过去。

李将军接过令箭，大步走出。

庞涓的眼睛刚望过来，李将军左侧一将跨前一步：“报，末将已备石灰二十车、木锨一千柄，如何处置，请将军下令！”

庞涓从几案上再拿一支令箭：“你带军士一千，将石灰研成细粉，各持木锨一柄，于大后日卯时前往河堤后面的槐林埋伏，泄密者死！”

那将应声诺，双手接过令箭，转身走出。

庞涓的目光落到左边一将身上：“冯将军！”

冯将军应声跨出：“末将在！”

“你带军士一百，扮作苍头，在唐邑下游十里处再截济水！”

冯将军显然不解，盯住庞涓：“再截济水？”

“是的，再截济水！”庞涓亦递给他一支令箭，“你可招募附近百姓，就说要在那儿拦水灌田。可敲锣打鼓，造出声势，场面越热闹越好！”

冯将军略略一想，豁然开朗，大声回道：“末将得令！”接过令箭大步走出。

庞涓的目光缓缓看向站在最后的范梢：“范将军！”

范梢跨前一步：“末……末……末将在！”

“你的物事可备齐了？”

范梢略略迟疑一下，涨红脸道：“回……回……回大将军的话，末……末将已……已备屎……屎……屎溺千桶，如……如何处……处置，请大……大……大将军下……下……下……”

范梢结巴半晌，后面的“令”字终归未能说出。众将欲笑不能，欲忍不住，怪相纷呈。范梢更是面孔通红，将头越埋越低。

庞涓晓得他是不想接令，轻轻咳嗽一声，拿起一支令箭递给他：“范将军，你带勇士一千，各持瓢勺，将粪桶的桶口封好，莫要走了味道，于大后日卯时伏于河堤外侧的荆棘丛中，等待号令！”

范梢大急，声音恳求：“大……大将军，末……末……末将恳……恳请大将军收……收……收回成命，末将想……想……想上阵杀……杀敌，不……不想撒……撒这臭……臭……”

范梢“臭”不出来，众将再也忍不住了，齐声哄笑。

庞涓亦笑出声，对范梢道："范将军，你若不干，一桩大功就是别人的了。"

范梢怔了一下，瞪大两眼盯住庞涓："什……什……什么大……大功？"

"活擒田忌！"

范梢又惊又喜："末……末……末将得……得令！"急急拿过令箭，乐不可支地转身出帐。

看到范梢走远，庞涓扫视余将一眼，朗声说道："诸位将军！"

众将齐吼："末将在！"

庞涓从大将军的几案前缓缓站起："各带本部人马，明日辰时，随本将前往河堤后面摆兵演阵，以号旗为令，旗进人进，旗退人退，违令者斩！"

众将齐道："末将得令！"

济水北岸，外出探听虚实的斥候陆续返回。田忌详细问过，得知魏惠王悬赏招贤、庞涓揭榜应聘并被魏惠王封为三军先锋等事，同时得知，魏惠王虽拜庞涓为先锋，却未拨给他一兵一卒，庞涓是只身赶赴黄池的。

田忌思忖良久，对辟疆谋议道："殿下，依臣推测，魏王此举只有一个解释，就是眼下尚不完全信任庞涓。"

太子辟疆未及说话，参军再领一个斥候进来，进一步证实了田忌的猜测："报，大梁及附近城邑从昨日起进入守备状态，所有城门关闭，闲杂人等不准出入。魏王身穿战袍，躬身登城巡视防务。"

斥候退出之后，辟疆抬头看向田忌，目光狐疑："这……魏王若是不信任庞涓，庞涓何来三万大军？"

田忌微微一笑："回殿下的话，这个臣也想过了。臣以为，必是龙贾身负重伤，临危授命，将三军大权临时交予庞涓。"

辟疆眉头仍皱："此战关系魏国存亡，龙将军久经沙场，岂肯将三军轻托他人？"

"龙贾伤重，无力指挥三军。大战在即，三军不可没有主将，而魏军之中，龙贾一时真也找不出合适将才，托给庞涓也是该的。"田忌略略一顿，"再说，庞涓是魏王钦命先锋，万一战败，龙贾也好有个托词。"

"此说成理，"辟疆微微点头，"既如此，大将军可有因应之策？"

田忌正欲回话，一阵马蹄声急，又一斥候回来："报，魏军大将军龙贾已于昨日不治而终，魏王任命庞涓为大将军。"

田忌震惊，看一眼辟疆，摆手道：“知道了！”

斥候刚刚退下，负责监测河水的军尉急奔过来，进帐禀道：“报，济水急退尺许！”

济水于一日之内急退尺许，显然是个反常现象。

田忌眉头急皱，对辟疆道：“走，看看去！”

众人赶至河边，果见水位退下许多，标杆上的水位标志整整下降一尺，等于过去旬日的下降总和。

田忌抬头望天，并无一丝儿云，一轮日头火辣辣地当头照着。

辟疆转向测水的军尉：“多久未下雨了？”

“回殿下的话，一个多月。”

时值三伏，月余滴水未下，济水陡降也是可能的。辟疆看向田忌，见他眉头紧皱，两眼直直地盯住河水，诧异道：“田将军？”

田忌指着济水：“殿下请看，水是浑的。”

辟疆定睛细看，河水果然浑浊，不解道：“这……河水浑与不浑有何蹊跷？”

“回殿下的话，”田忌应道，“河水急退，又陡然浑浊，只有一个解释，有人正在上游筑坝，欲截流淹我。”

“哦？”辟疆震惊，“若此，我当何以应对？”

“殿下放心。”田忌冷蔑一笑，“水来土掩，即使魏人筑坝，臣也有对策。”将头转向跟在身边的参将，“使人溯水而上，探察是否有人筑坝！”

参将答应一声，急急而去。

不消半日，斥候回禀：“报，有魏人在上游二十里处敲锣击鼓，拦河筑坝。”

田忌详细问过筑坝地点，长出一口气：“都是何人？”

“皆是苍头。”斥候应道，“听他们说，田里的庄稼快要旱干了，是里长要求他们筑坝，引水灌田。”

“甚好，盯住他们！”

斥候应诺，退出帐外。

“田将军，”辟疆凝眉道，“魏人在这节骨眼上筑坝，无论是否苍头，我们都应提防。”

“呵呵呵，”田忌嘘出一口气，笑道，“殿下可以放心了。如果魏人截流淹我，断不会这样明目张胆，更不会让苍头沾手。再说，即使筑坝淹我，也不能选在那处地方。此地水段臣多已探过，那儿水宽且深，仅凭附近百姓之力，莫说是三五日，纵使旬日也难筑好。我三军渡河不消半日，待他坝成，大军只怕早到大梁了！”

听他讲得在理，辟疆点头道：“如此甚好。有魏人拦住水势，倒好涉渡。”

正说话间，济水对岸人声喧闹，不一会儿，参将禀道：“报，魏军在济水对岸的河堤后面调兵遣将，似在排演阵势！”

田忌最爱观阵，急至堤顶高台。高台早依田忌吩咐重新搭过，比前几日高出三丈不说，台顶更竖一根两丈高的木杆，杆顶装有滑轮。田忌攀至台顶，坐进吊篮，下面数名兵士拉动绳索，滑轮将吊篮嗖嗖几下吊至杆顶，田忌如同坐在半空中一样。

田忌视力极佳，这又居高望远，对岸情势尽收眼底。河堤后面，但见旌旗招展，无数兵马奔来走去，竟如穿梭一般。田忌看约半个时辰，方才理出头绪，断定魏人摆的是雁翔阵。雁翔阵形如呈“人”字飞翔的大雁，以箭矢、连弩、标枪为主要兵器，最适合平原、坡地防御。田忌又看一阵，见对岸阵形并无变化，微微一笑，示意下塔。

第二日，天刚破晓，对岸又闻人喊马嘶。

田忌再入吊篮，见对方已改阵势，此番摆出的是新月阵。顾名思义，新月阵形如一轮新月，兵力呈弧形配置，左右对称，中间厚实的月轮利于防守，两边尖尖的月牙利于侧翼进攻。此阵较雁翔阵又进一步，当是攻中有守，守中有攻。田忌又看半个时辰，见对方阵势不再变化，摆手下塔。

回至大帐，辟疆迎出帐外，问道：“庞涓所演何阵？”

田忌应道：“看阵势倒也平常，昨日是雁翔阵，今日改为新月阵。”

辟疆略懂一些阵势，见田忌报出此等阵名，放下心来，口中却道：“庞涓既敢下书斗阵，想必有些手段，将军还当小心提防才是。”

田忌笑道：“殿下有所不知，行兵布阵非小儿之戏，取的是合力，要的是真功，非三五日所能成就。魏兵连溃数阵，将军麾下建制混乱，缺员过半，若要布阵，唯有拼凑。无论何阵，只要拼凑，就是乌合之众。再说，庞涓初到军营，寸功未建却发号施令，必不服众。将不服众是用兵大忌，如何能成阵势？”

辟疆见田忌说得在理，更为放心，与田忌有说有笑地走进大帐，商讨如何破敌。

甲午日说到就到。

凌晨，万里无云，济水滩上，东南风习习吹拂，使人神清气爽。因有恶战，多数将士枕戈达旦，天尚未亮就已披甲执锐，整装聚至河边，人人摩拳擦掌，准备涉过济水，建功立业。

田忌使人再探济水，报说水面较昨日又浅一尺，使人探往济水中心，仅至肚脐，莫说是人，便是战车，也可轻松驰过。

田忌的眉头稍稍一皱，旋即松开。如此水势，三军过河不消半个时辰。纵使上游放水，流到此处，也是迟了。三军只要过河，取胜当是十拿九稳的事，因而田忌也未考虑使用诸如迂回包抄、偷袭之类奇巧之术，只想硬碰硬地与大魏武卒血战一场，让对手输个心服。

天虽大亮，但离庞涓约定的破阵时辰尚早。田忌略一思索，为稳妥起见，与田辟疆再次走向堤顶高台。

田忌登上高台，如昨日一样坐进吊篮。

晨曦中，田忌远远望去，见魏军正沿济水滩头布阵。田忌审看有顷，发现此阵与昨日所摆又有变异，形如一只插翅的猛虎，虎头伸在滩头，虎尾放在堤后，似乎还在微微摆动。

田忌观察有顷，缓缓下塔，辟疆迎上急问："田将军，魏军所摆何阵？"

"禀殿下，"田忌应道，"今日改作虎翼阵了。此阵乃上古阵法，传为轩辕帝大战蚩尤时所布，世人知者不多。这厮三日连摆三阵，倒是有些手段。"

"哦？"辟疆惊道，"既是如此，何以破之？"

"呵呵呵，"田忌笑道，"殿下放心，这些都是花架子。臣既识此阵，自有破解。"转向参军，"传令，三军成龙腾阵，龙口迎虎头，听鼓声涉渡！"

参将答应一声，转身传令。半个时辰过后，用于破阵的四万大军、两百乘战车已呈龙腾阵势列于济水滩头。

卯时至。

田忌抱拳辞别辟疆："臣先驱破阵，待捉住庞涓，攻占黄池之后，再来迎接殿下！"

辟疆回礼："祝大将军旗开得胜！"

田忌跳上战车，拔出宝剑，朝前一挥，济水北岸鼓声大作，四万大军在数里宽的河面上呈龙腾阵涉入济水。一时间，济水里千军万马，浪花飞溅，气势恢宏。

眼看齐军涉至河漕，魏营军阵非但未朝滩头推进，反而由滩头后退三百步。

田忌正自纳闷，前番下战书的军尉再次驰至岸边，冲田忌鼓舌叫道：“齐人听好，庞大将军有令，大魏武卒乃仁义之师，不袭半渡之旅，尔等尽可安心涉渡，待阵成后决战！”

这是对齐人的公然蔑视。

田忌震怒，纵马催车，率先朝对岸冲去。众将看到，个个奋勇，人人争先，不消一刻，先锋部队就已涉过济水，仍依龙腾阵在滩头列好，龙口直对魏阵的虎头。

魏军再次后退百步，为齐人空出更多滩头。待齐三军渡毕，阵势列成，双方同时击鼓。

一通鼓毕，两军主将依据先礼后兵的惯例，各驱战车驰至阵前，距一箭地停下。

庞涓长揖：“在下庞涓见过田大将军！”

田忌抱拳略还一礼，枪尖指向魏军阵势：“庞将军所摆之阵形同儿戏，何敢向本将叫阵？”

庞涓再揖：“庞涓有言在先，大将军只要识出此阵，庞涓即刻束手就缚，听凭大将军处置。”

田忌爆出一声长笑：“庞将军好不知趣！此为虎翼阵，本是齐地小儿之戏，有何难哉！”

听到“虎翼阵”三字，庞涓哈哈大笑，朝后略一摆手，魏军阵中立时旌旗飞舞，阵脚快速移动，两只虎翼消失，虎头缩回，整个是不伦不类，不知是何阵势了。

见新阵已成，庞涓再朝田忌拱手：“大将军怕是看错了，此阵不叫虎翼阵。因与方才稍有变化，庞涓许大将军观阵一刻。若是大将军能在一刻之内识破本阵，庞涓依旧如约受缚，听凭大将军处置。”

言讫，庞涓再次拱手，拨转马头，驱车径回本阵，在阵前推出一只水漏，开始计时。

田忌怒火上攻，却也发作不得，只得驱车回阵，登上一辆特制的高车，居高临下，审视魏阵，果见此阵十分怪异，依他见识，全然不知。

田忌正在苦思冥想，计时已到。

庞涓驱车冲到阵前，朝田忌抱拳：“田大将军，一刻已过，可识吾阵否？”

田忌以善阵闻名天下，此时却在两军阵前，当着双方将士之面，连一个无名之辈所布之阵也识不出来，顿觉颜面尽失，又羞又急，虽是尴尬，却也不失名将风范，驱车上前，略略抱拳：“此阵怪异，在下不识，请问庞将军所布何阵？”

庞涓回揖：“此阵乃吴起将军亲自布置，大将军不识，也是自然。”

“吴起将军亲自布置？”田忌怔了，沉思良久，抬头望向庞涓，“庞将军休要骗我。吴起将军已死多年，如何能成此阵？再说，但凡吴起将军所布之阵，在下无所不晓，只不曾见过此阵。”

“哈哈哈哈，”庞涓长笑数声，“世界之大，无奇不有，大将军不知之事，岂止这个？吴起将军梦中授我兵书，传我奇阵，大将军如何能知？”

田忌暗自吃惊，也是好奇心起，略顿一顿，抱拳问道，“既为吴起所布，请问庞将军，此为何阵？”

庞涓又是一声长笑，笑毕方道：“此阵名曰王八屎溺阵，专以活擒田大将军！”

原来，庞涓真也是个精怪，推知田忌善识阵势，灵机一动，想起在鬼谷中张仪串通苏秦戏弄他时所画的怪图，计上心来，依样摆出。至于屎溺这一灵感，完全出自他在寻找兵书时从树洞里摸到的那堆野猪屎。

这一个王八孵卵的阵图原是张仪的恶作剧，根本就是涂鸦之作，叫田忌如何识得出？庞涓当场说破阵名，连自己也忍俊不禁，孩子似的连爆数声狂笑，拨马转回本阵。

田忌哪里肯受这般羞辱，脸色紫红，仗剑怒道：“庞涓竖子，你……看本将如何擒你！”又转对鼓手，“击鼓！”

鼓声大作。齐军发声喊，势如潮水般掩杀过去。魏军武卒似乎经不住如此冲撞，纷纷退避。数万齐军卷入魏阵，却如入无人之境。

田忌昂首挺枪，催动将士奋勇冲杀。数万大军眼看就要冲上河堤，忽见沿堤槐林中腾起团团白雾，烽烟冲天。时下东南风正盛，风吹雾动，疾速飘来。见到白雾，正在溃退的魏人急从袖中摸出丝纱罩于头顶，脸朝下伏在地上。齐军正自纳闷，白雾已至，顷刻间将整个滩涂笼罩。田忌猛觉两眼刺疼，方知中计，急令退兵，已是迟了。一时之间，兵士揉眼，战马悲鸣，数万大军就似盲人瞎马，在济水滩头乱冲瞎撞。

白雾飘过，空气再现清澄。魏人鼓声大作，正在溃退的武卒转身杀来。齐兵已无招架之力，不战自乱。数百战车、逾千战马、数万步卒堆挤在宽仅三里许的河滩上，又都没了视力，你拥我堵，你撞我冲，自相践踏，死伤不计其数。

就在此时，一阵恶臭飘来。齐人尚未明白是何缘由，但见漫天屎溺由天而降，浇得他们一身一脸。这些屎溺均被魏卒搅成糨糊状，又臭又滑腻，一旦黏在手上，连枪也拿捏不稳。许多军士更因视物不清而撞入魏营，或遭斩杀，或缴械投降。

魏军将士杀声震天，越战越勇。田忌悔恨不已，惊惧交加，顾不得眼睛刺疼，跳下战车夺路而走，未走几步，惊叫一声，跌入一个大坑。

坑中臭气冲天，屎溺没膝。田忌长叹一声，举剑自戕，却被伏在坑沿的范梢伸钩打落。紧接着，魏军众卒齐伸钩手钩牢甲衣，将田忌拖上坑沿，不由分说，拿绳索绑了个结实。

看到一身屎溺、两眼迷离、五花大绑的田忌，众军士兴高采烈，齐声大叫："范将军活擒田忌喽！范将军活擒田忌喽！"

听到喊声，齐军越发惊乱，眼睛未受伤害的拼力护着眯眼的朝济水退却。远远望到形势不利，对岸齐军下水接应。一时间，济水两岸，齐军就如两大群戏水的鸭子一般"扑通扑通"地跳入水中。

见齐兵下水，魏兵非但不追，反而设法将仍在岸上找不到北的散兵驱入水中。因水面不深，齐兵在水中一路狂奔。逃有一程，见魏人并不追赶，兵士们松懈下来，急不可待地泡进水里，或洗眼睛，或洗屎溺，或洗创伤。一时之间，宽阔的济水上人影晃动，水流里满是屎尿和血污。

众将士在水中一边洗涮，一边大骂魏人手段下作，胜之不武。他们或吵或嚷，或骂或咒，谁也没有留意从上游一泻而下的哗哗水声。等到有人看到滚滚扑来的洪峰时，一切都已迟了。在上游三十里处遭到截流三日的济水一朝决坝，势如奔牛，顷刻间就已涨满半漕。可怜数万齐兵再遭此劫，在一丈多深的大水中乱踢乱蹬。不消半炷香辰光，济水下游十几里长的河面上，但见浮尸具具，惨不忍睹。

洪水刚一退下，魏国武卒就急不可待地冲下河滩，涉过济水，全力追击溃敌。众人正追得起劲，突然听到鸣金声。魏军退回，诸将纷纷驰至庞涓处，不解地问道："我等正欲活擒田辟疆，大将军为何鸣金？"

"呵呵呵呵，"庞涓笑道，"大魏武卒乃仁义之师，怎么能赶尽杀绝呢？"

众将却是笑不起来，皆是疑惑地看向庞涓。

庞涓敛起笑容，对张猛道："张将军，你领兵五千打扫战场，清点俘虏！"转对参军，"传令各部，人不解甲，马不卸鞍，偃旗息鼓，兵发朝歌！"

众将瞬间明白鸣金原委，无不振奋，齐声叫道："末将得令！"

三军将士掉转马头，风驰电掣般朝宿胥口方向席卷而去。

三日之后，魏宫大朝，司徒朱威手捧两份战报，朗声奏道：“启奏我王，大将军庞涓于黄池大捷，斩首一万一千五百，溺毙两万五千三百，生俘一万三千二百人，活擒齐将田忌，走齐太子田辟疆，余众仓皇溃逃；朝歌大捷，斩首一万三千六百，俘敌六千一百五十，走赵相奉阳君，余众仓皇溃逃。韩国犯境之敌，闻风惊退。秦军从陕、焦二邑撤围，弃守曲沃，龟缩于函谷关内，闭关不出！”

朝堂一片欣喜。

“好！”魏惠王重重一拳砸于几案，“寡人这口闷气，总算吐出来了。朱爱卿！”

“臣在！”

“为大将军修筑彰功台，举国庆贺三日，大赦天下！”

“臣领旨！”

旬日之后，庞涓凯旋，魏惠王效迎三十里，邀庞涓共登王辇，大梁民众夹道迎接，人山人海，直将庞涓簇拥至新近落成的庆功台前。

庆功台鼓乐喧天。魏惠王端坐台中，庞涓偕三军众将行至台前，叩拜：“末将叩见我王陛下，祝陛下万岁，万岁，万万岁！”

看着威风凛凛的庞涓，魏惠王不无满意地抬手道：“爱卿平身！”

庞涓朗声：“谢陛下！”

“大将军听旨！”

“末将在！”

“大将军力挽狂澜，力退强敌，功盖日月，赏黄金五百两，锦缎一百匹，赐府宅一座，仆役五十名！”

“谢王上隆恩！”

魏惠王扫一眼众将，审视庞涓拟出的立功受赏名单：“其余将士，寡人准允大将军所请，转批相府，依军功大小，各行封赏！”

众将军叩首：“谢我王隆恩！”

魏惠王再次颁旨：“上卿陈轸陷害忠良，草菅人命，其罪当诛。鉴于此贼已畏罪潜逃，为正法纪，准允司徒所奏，诛灭陈轸全家，凌迟其家宰戚光、护院丁三，没收陈轸所有家财，上交国库，府邸转赐大将军庞涓！”

庞涓叩道：“谢王上隆恩！”

凯旋当晚，庞涓来到刑狱，走进那间曾经关押过他和孙宾的死牢，看到戚光、丁三各戴枷锁，色如死灰。

庞涓扫一眼戚光，冷冷一笑：“嘿，这不是戚爷吗？”

戚光平素仗着陈轸的势耀武扬威，此时沦到这步境地，知道生路已断。然而，奴才就是奴才，看到庞涓，明知求也无用，戚光仍旧两膝一软，跪地自打耳光：“庞大将军，小人该死，小人该死！”

庞涓冷冷地望着他，等他打得累了，方才说道：“你是该死，再打！”

戚光急了，膝爬几步，跪于庞涓脚下：“大将军，大人不记小人过，大将军大人大量，高抬贵手，饶小人一命，小人愿为大将军结草衔环，以报再生之恩！”

“唉，”庞涓长叹一声，“真是想不到啊，时过境迁，连戚爷也肯跪地求饶，啧啧啧！”转对白虎，“白兄弟，戚爷既然下跪了，庞某就不能不赏面子。凌迟那日，脖颈以上的三百刀就不要剐了，留他一个囫囵脑袋，免得祭我阿大时，吓坏他老人家！”

戚光颓然倒地。

庞涓冷笑一声，一脚将他踢到墙角，目光望向丁三：“姓丁的，戚爷都已下跪了，你为何不跪？”

丁三晓得求也无用，干脆充了汉子，硬住脖子叫道：“姓庞的，今日落于你手，丁爷就没有打算活着出去。要杀就杀，何必废话？”

庞涓点点头，冷冷说道：“说出这句话，还算有种！”转对白虎，“白兄弟，这是一条汉子，骨头硬，皮厚，将戚爷脖颈之上的三百刀转他身上。三千六百刀外加三百刀，共是三千九百刀。记住，剐完之后再剜心，剜心时，他的心要跳，在下要他的心活祭先父！”

是夜，戚光惧怕凌迟，跪求丁三将他掐死。丁三掐死戚光后，将其囚衣解下，绾个结，于黎明之前自挂栅门，须臾自尽。陈轸一妻三妾并两个无辜孩子，皆遭诛杀。

田辟疆领着残兵败将溃入齐境，狼狈逃回临淄。

正在进膳的齐威王惊闻噩耗，将一口米饭噎在嗓眼里，憋得满脸紫红。辟疆急上前一步，又是捶胸，又是敲背，见威王仍然缓不过气来，急得跪地大哭。

内宰闻讯赶到，又捏人中又捶背，忙活良久，威王总算缓过一口气，顺口吐道："庞……庞……"

辟疆欲扶威王，被他一把推开，急回正殿。不待召请，相国邹忌、上大夫田婴等几个朝中重臣已闻讯赶到，候旨觐见。

威王宣召，邹忌等臣跪叩觐见。威王望着他们，目光诡秘，大半日，竟无一言出口。邹忌等臣不好起身，只得五体投地，臀部朝天，与威王对耗。

门外光影移动尺许，威王终于长叹一声，神情颓然："寡人……十年心血，毁于一旦了！"

闻听此言，邹忌诸人更不敢出声了，只将屁股翘得更高。

威王复叹一声，摆手："诸位爱卿，你们……起来吧。"

几人谢过恩，惶惶起身，缓步走至各自几案前面坐下，不约而同地看向威王。

威王环视众臣，再叹一声，缓缓说道："今日之败，过在寡人，不在你们。"

"王上，"邹忌拱手奏道，"据臣所知，黄池之败，过不在王上，过在田将军一人。田将军自恃天下名将，小胜数战后骄傲轻敌，方招此辱。"

威王又叹一声："事已至此，过错在谁都是一样。诸位爱卿……"

众臣齐道："臣在！"

"你们议议，为今之计，如何方好？"

众臣面面相觑。

"王上，"邹忌奏道，"臣以为，既有开头，就该有个结束。我军虽败，国势却无大伤，仓廪仍然充盈，再征大军十万亦非难事。反观魏国，连年征战，早已油尽灯枯，仅凭庞涓一人之力，终是螳臂当车。依臣之计，我王可再发大军，另择良将，与魏一决雌雄！"

"王上不可！"上大夫田婴急奏，"纵观整个过程，庞涓设计精细，用兵奇诡，并在大胜之后，放我溃兵不追，转而长途袭赵，致使奉阳君猝不及防，险些遭擒。庞涓用兵能至此境，断非平庸之辈！"

齐威王长吸一口气，重重点头："爱卿所言甚是。今日观之，庞涓才是世间大宝，田忌不是此人对手。为今之计，爱卿可有良策？"

"回禀王上，"田婴接道，"魏军新胜，士气正炽，我军士气一时尚难恢复。依臣之意，我当以退为进，示弱求和，恳请魏王放回田将军及被俘将士。魏王一向托大，王上若肯示弱，他或会答应。"

齐威王转向辟疆："上大夫要寡人示弱求人，疆儿意下如何？"

田辟疆应道："儿臣以为，上大夫言之有理，请父王圣裁！"

齐威王不再说话，闭目有顷，两手按住几案，吃力地站起。

内臣过去搀上，扶他走向宫殿一侧的偏门。众臣看到，起身叩送威王。

辟疆看到，齐威王一下子老了，每走一步都很沉重。

就在没入偏门时，齐威王回过头来，看向田婴：“准卿所奏。具体如何，你办去吧。”

田婴叩首：“臣领旨。”

三日之后，齐威王诏命上大夫田婴使魏求和。

田婴携带数箱金银珠玉及边境十邑的版图、户籍等，星夜兼程，赶赴大梁，在使馆住下，稍事休息即驱车拜访大将军府。

庞涓已于数日前搬入新府，也即陈轸的上卿府。在戚光的苦心营造下，府内可谓极尽奢华，亭台楼阁、堂榭厅室、塘池园林、花鸟虫鱼等应有尽有，庞涓要做的不过是将大门之外的上卿府匾额换作“大将军府”而已。

田婴赶到时，大将军府中正在祭奠亡父。田婴二话没说，从门人处讨来一套麻服穿上，要舍人引他前往宗祠。

祭台上排列着三只青铜托盘，左边盘中盛着戚光的脑袋，右边盘中放着丁三心脏，唯独中间一盘空无一物。

田婴走进宗祠，但见人影晃动，哀乐声声，祭礼已近尾声。

田婴素衣麻服，在台前叩拜。

田婴祭毕，庞涓过来见礼，邀他至几前坐下。田婴望着祭坛，指中间空盘道：“请问大将军，中间一盘为何空置？”

庞涓应道：“那盘是在下留给奸贼陈轸的。前番忙于战事，让那厮走了！”

田婴佯作不知，顺口问道：“听闻陈上卿与大将军有隙，看来不是谣传！”

“岂止是有隙？”庞涓咬牙恨道，“是杀父之仇！仲尼曰，‘杀父之仇，不共戴天’，陈轸那厮就算跑到天涯海角，在下也要揪他回来，血祭先父！”略略一顿，看向田婴，“上大夫此来寒舍，不会只为打听在下仇家吧？”

田婴拱手道：“此地非说话之处，在下能否借大将军一寸光阴？”

庞涓引田婴走出宗祠，来到客厅，分宾主坐下，抱拳道：“上大夫，此地可否说话？”

田婴还礼：“在下此来，只有一事，就是祭拜令尊。”说完朝外击掌。

两名下人抬着一只礼箱走进，摆好，退出。

田婴指着箱子：“些微薄礼，难成敬意，权为令尊置办祭品之用，望大将军笑纳。”

庞涓打开，见金玉珠玑摆满一箱，遂合上箱盖，微微笑道：“庞涓谢上大夫大礼。”又扭头冲身边的下人，“上茶！”

下人上过茶，田婴品一口，放下茶杯，望庞涓轻叹一声：“唉！”

庞涓问道：“上大夫为何叹气？”

田婴又叹一声：“方才祭拜令尊时，在下看到中间那只空盘，心中颇多叹喟。”

“上大夫有何叹喟，可否说给在下听听？”

“大将军沉冤多年，今朝得雪，何其快哉！陈轸虽逃一死，其妻小及戚光、丁三却举族遭屠，何其悲哉！”

庞涓听出他的话外之音，缓缓说道：“上大夫有话请讲。”

“此所谓冤有头、债有主！大将军为报父仇，手刃陈轸、戚光一族。今齐有将士数万惨遭屠戕，万千家庭破亡，如果齐人都如大将军般申冤复仇，魏国岂不血流成河了？”

“哈哈哈哈，”庞涓长笑几声，“上大夫谬矣！陈轸乃大魏国贼，戚光、丁三之流乃民间恶瘤，庞涓除之，是为国除奸，为民除害，魏国人心无不大快，岂能与疆场死伤相提并论？”

田婴应道：“战死疆场自然另当别论。只是，齐逾万将士已经放下武器，正被将军徒手关押，如果他们有家难回，死于非命……”

“这……”庞涓佯作吃惊，“上大夫是说，他们的家人也会找我庞涓寻仇？”

“正是。”

庞涓凑前一步：“依上大夫之意，该当如何？”

“田将军等将兵犯境，虽获死罪于魏，却也是奉旨行事，还望大将军念及他们的父母妻小，准予宽赦。这些将士若能苟全性命，必感大将军恩德，传扬大将军仁义美名。”

“上大夫所言甚是！”庞涓思考有顷，重重点头，“上大夫放心，在下保证田将军等日有三餐，夜有席枕，毫发无损。不过，其死罪能否宽赦，实非在下所能决断。上大夫可向我王恳请，只要王上宽免，在下定为田将军置酒饯行。”

田婴揖礼：“大将军仁厚之心，必有好报！”

庞涓还礼：“谢上大夫吉言。”

翌日，魏王大朝，宣召齐使。

田婴叩见，魏惠王扫他一眼，揶揄道："上大夫不会是来下战书的吧？"

"回禀魏王陛下，"田婴再叩，"寡君听信谗言，冒犯大王神威，不胜追悔，特别托臣朝见大王，诚心致歉，永修盟好。"

"哈哈哈哈，"魏惠王仰天长笑数声，"你家寡君诚心道歉，寡人还能说什么呢？不过，寡人甚想知道，你家寡君拿什么来表示他的诚心呢？"

"回禀大王，"田婴朗声应道，"寡君愿将边境十邑献予大王，求大王宽赦田忌将军及被俘将士，使他们能够合家团圆，免受骨肉离散之苦。"说着从袖中摸出边邑十城版图，"此为十城版图，请大王验看。"

"不成不成，"魏惠王连连摆手，"记得徐州相王时，齐王豪言视其边邑治臣为大宝。治臣已然为宝，城邑岂不是宝上之宝了吗？寡人何德何能，怎能夺人宝上之宝呢？"

"这……"田婴怔了，"敢问……大王欲求何物？"

"徐州相王时，寡人诚心拥戴田因齐为王，田因齐却不知足，向寡人讨价还价，逼迫寡人舍弃宋国。"

田婴略想一下，拱手应道："回禀魏王陛下，临行之时，我王吩咐臣道，宋国之事，齐国再不插手，听凭魏王处置。"

"卫国之事呢？"

田婴心头一怔，思忖有顷，咬牙说道："只要魏王不计前嫌，田婴这就使人禀明王上，卫国之事，也听凭魏王陛下。"

"哦？"魏惠王眉头一竖，"这点儿小事还要奏明田因齐？"

田婴心里一横："卫国之事，齐国听凭大王处置。"

"好！"魏惠王转对朱威，"朱爱卿，拟旨，晓谕卫公，就说他这弹丸之地，不配为公，自贬一爵，易公为侯！还有，让他在三十日之内，将平阳方圆五十里之内的版图献来。我诸多将士在城下殉国，该当有个说法！"

朱威跨前一步："臣遵旨！"

"哈哈哈哈，"魏惠王看向田婴，爆出一声长笑，"好好好，田因齐既然有此诚意，寡人亦当以诚相待，赦免齐国战俘。"转对庞涓，"庞爱卿，田将军可在你处？"

庞涓跨前奏道："回禀王上，齐国战俘田忌已在宫外候见。"

"宣他觐见！"

庞涓朗声："臣领旨！"转对外面，"王上有旨，宣齐国战俘田忌觐见！"

几名军卒扭着田忌走到殿上。

众臣看过去，无不乐了。

田忌被人强穿一身妇人之装，脂粉涂面不说，口中更被塞了一团女用丝绢。

魏惠王先是诧异，后也大笑不止。

田忌又羞又怒，但被两名力士扭住胳膊，动弹不得，只将两眼怒视庞涓。

庞涓缓缓走到田忌前面，将他口中的丝绢取下，讥笑道："田大将军，请着此服回去面奏齐王，让他好好看看，这就是他所夸耀的齐国大宝！"

听闻此言，魏惠王解气，连声叫道："对对对，寡人也请田将军转告田因齐，就说魏罃有言，齐国之宝，魏国一样不缺。送客！"

众军士松开田忌。

田忌羞愤交加，一头撞向廷柱。

田婴眼疾身快，箭步冲上前，将田忌死死抱住，泣道："田将军……"

田忌跺脚大叫："放开我，放开我，我……我有何颜面苟活于世？"

"哼，"庞涓冷笑道，"田将军，庞涓原还敬你是条汉子，放你回去，是要等你上门寻仇，不想将军竟是这般无趣，寻死觅活，行娘儿们之事，枉费庞涓一片苦心了！"

田忌气结，手指庞涓，跺脚大叫："庞涓竖子，你……你个卑鄙小人，他日落入我手，看我生啖你肉，活剥你皮！"

"哈哈哈哈，"庞涓长笑一声，竖拇指道，"这才像个将军！纵观列国，田将军虽然战败，却也还算庞某对手。常言道，君子报仇，十年不迟，庞涓在此候你十年！"

"庞涓竖子，你……你伸长脖子，等着！"田忌一个跺脚，转身出宫。

第 045 章｜ 陈轸落难走鬼谷 庞涓得势攀高枝

与戚光分开之后，陈轸驱车朝东疾驶。行有数里，陈轸弃掉轺车，卸下辕马，斜刺里朝东北落荒而去。

陈轸快马加鞭，于次日傍黑越过魏界，进入卫境，在楚丘暂避数日，易装扮作卫国商人，置办一辆新的轺车，雇了个仆从，复入魏境，天傍黑时赶到宿胥口，寻了僻静客栈住下。

天刚放亮，陈轸匆匆吃过早点，信步走到街上，正欲打探早班渡船，忽见大道上尘土飞扬，遮天蔽日，成队的魏国车马如旋风般卷到这里，迎头一面大旗上赫然可见"大将军庞"几个大字。

陈轸吓得面无血色。庞涓正在黄池与齐人对峙，为何跑至此地？难道是来抓他的？仅此几日，难道庞涓已取代龙贾，跃升为大将军了？陈轸屏气凝神，尽力使自己沉定下来，运神思忖。依自己几日来的行踪，庞涓只要不是天神，断然不会知晓。再说，纵然他是天神，知晓他在这儿，也大可不必为他一人而兴师动众。

断定庞涓不是为他来的，陈轸心里顿觉踏实，快步返回客栈，隔窗观望外界动静。

不消一刻，大队车马风驰电掣般卷入宿胥口。众武卒四散开去，将整个小镇围困起来，四处征调渡河船只。

一连数日，陈轸与南北客商一道，从早至晚躲在客栈里，看着庞涓的大队人马秩序井然地渡河，再看着他们高歌凯旋，押送难以数计的赵人辎重与俘虏。与此同时，宿胥口也风传起大将军庞涓如何得到吴起将军的庇佑，两战两胜，大败齐人和赵人，俘获田忌诸事。

待魏军完全撤走，宿胥口重归平静，客渡恢复。陈轸与店家结过账，吩咐仆从驰向渡口，行至街中心的告示墙边，见许多闲人皆在围观告示，凑上去看，赫然入目的竟是他的画像。见告示榜上只写他一人，陈轸断出戚光已经被抓，不免惊出一身冷汗。

陈轸车马驰至渡口，刚好有渡船靠岸。陈轸要求包船，船夫爽快地应允，侍候他上船，不消半个时辰，将他的车马载至对岸。

陈轸过去河水，西行十余里，向南拐入云梦山中，寻到一个农家，吩咐仆从在一个乡民家中歇了，聘请乡民带路，一路顺当地走向鬼谷。

时入盛夏，鬼谷里却是清凉。

将近中午时分，玉蝉儿正在草堂里看书，忽然听到外面传来童子的声音：“蝉儿姐，蝉儿姐！”

玉蝉儿放下书册，缓缓走到门口，见童子引领陈轸走到草堂前面。陈轸换回一身官服，毕恭毕敬地站在草地上，抬眼看她。

童子手指陈轸：“蝉儿姐，这位官人欲见先生。”

玉蝉儿站在门栏外面，不冷不热地望着陈轸。

陈轸躬身揖礼：“魏国上卿陈轸见过仙姑。”

数年前作为魏国特使逼聘姬雪那阵儿，陈轸虽在洛阳居住数月，却未见过玉蝉儿，更未料到此时站在他面前的这个漂亮仙姑竟是当年让他逼得家破人亡的大周公主，因而这才自报家门。

玉蝉儿面色一沉，冷冷的目光剑一般逼视过来，既不还礼，亦无客套话语，而是单刀直入：“上卿不在朝中办差，到此深山野林何干？”

陈轸听出玉蝉儿语带讥讽，浮出一笑，再揖：“回仙姑的话，在下奉魏王陛下之命，特来拜见鬼谷先生。”

听到“魏王陛下”四字，玉蝉儿更是愠恼，冷冷说道：“上卿来得不巧，先生云游去了。”

“那……”陈轸一怔，“先生几时回来？”

童子听出玉蝉儿的话音，晓得她不待见来客，顺口接道：“这位官人，先生云游向无定数，少则三五个月，多则三年五载。官人若要求见先生，就要耐心一些。”

陈轸轻叹一声：“真是不巧。”略顿一下，转向玉蝉儿，“请问仙姑，听说庞将军曾在这儿跟从先生学艺，可有此事？”

玉蝉儿脸色阴沉："这里没有庞将军，上卿若无他事，小女子就不陪了。"说罢转身走进草堂，顺手掩上房门。

陈轸未曾料到受此冷遇，竟是愣了，不无尴尬地看向童子。

童子劝道："这位官人，蝉儿姐要你下山，趁天色尚早，赶快走吧！"

陈轸回过神来，望着童子："请问仙童，这位仙姑是何人哪？"

"是蝉儿姐。"

陈轸再问："蝉儿姐又是何人？"

童子眉头一挑："蝉儿姐就是蝉儿姐呀，你这人不会是白痴吧？"

陈轸苦笑一声，改口问道："再问仙童，鬼谷先生既然不在，这条谷中岂不是只有你和你的蝉儿姐了吗？"

"当然不是！"

陈轸要的就是这话，追问："敢问谷中还有何人？"

"还有我的三位师弟！"

听到只是童子的师弟,看到童子的年龄,陈轸大失所望,顺口问道,"那……庞将军你可认识？"

"庞将军？"童子怔了，"哪一个庞将军？"

"就是庞涓，听说他曾在此地学艺。"

"呵呵呵，"童子笑过几声，随口说道，"我道是谁呢，原来是他。告诉你也无妨，庞涓也是我的师弟，怎么，你要找他？"

陈轸大吃一惊，不可置信地望着童子："什么？庞将军竟是你的师弟？"

童子两眼一瞪："这又怎样？"

"这……"陈轸挠头连连，"仙童小小年纪，如何能是庞将军的师兄？"

"嘿嘿嘿，"童子哂笑几声，"庞涓不仅是我师弟，且是排在最末的一个。官人还有何事？"

陈轸眼珠儿一转，朝童子深揖一礼："请问仙童，在下能否见识一下仙童的三位师弟？"

童子略想一下，摇头："蝉儿姐只说要官人下山，不曾说要官人见识三位师弟。"

"这……"陈轸眼珠儿又是一转，"是这样，庞将军有话，要在下捎给他的师兄。"

"捎给哪一位师兄？"

"就是……与他最好的那个。"

童子想了一下：“你是说的孙宾吧？”

听到“孙宾”的名字，陈轸心中咯噔一响，旋即笑道：“对对对，是叫孙宾。庞将军要在下务必寻到孙将军，有话捎给他。”

童子思忖有顷，点头道：“既然官人有话捎给孙师弟，请随我来。”

童子引陈轸来到四子草舍前面。

童子冲孙宾的房门叫道：“孙师弟，有人寻你！”

没有应答。

童子推门，转对陈轸道：“孙师弟不在，想是林中去了，不到午时，是回不来的。”

陈轸害怕孙宾追究安邑牢狱之事，原也不敢见他，但也不能空来一趟，正自无个处置，旁边一门“吱呀”洞开，张仪探出头来：“大师兄，何人来寻孙兄？”

童子一看，指着陈轸道：“这位官人有话捎给孙师弟。”又转对陈轸，“这位是张师弟，要寻孙师弟，就让他带你去吧。”转个身，就蹦蹦跳跳地朝草堂方向跑去。

陈轸朝张仪揖道：“在下陈轸见过张……张子。”

张仪倚在门上，揶揄道：“子不敢当，叫我张仪就行。官人可是魏国朝中大红大紫的那个什么……上卿大人？”

听到对方出语风凉，想到自己眼下处境，陈轸不免脸上发热，点头应道：“正是在下。”

张仪缓缓走出，背了两手，歪起脑袋盯住陈轸，绕他连转数圈。

陈轸正被转得心里发毛，张仪忽地站定，点头道：“嗯，瞧你这模样，有点儿像。不过，陈大人不在魏国当差，来此何干？”

“这……”陈轸支吾一声，“在下赴卫地办差，顺道来此谷中一游。”

“哦，原来如此。”张仪略显夸张地后退两步，双手抱拳，回揖，“河西草民张仪见过魏国上卿大人。”

陈轸长揖：“陈轸得见张子，幸甚，幸甚！”

“有‘幸’即可，‘甚’就不必了。”张仪指下草地，“上卿大人，请坐。”

陈轸看看草地，又看看头顶火辣辣的太阳，正自犹豫，见张仪已在太阳底下坐定，只得坐下。

张仪问道：“听说上卿大人欲寻孙兄，可有大事？”

“见到张子也是一样。”

“那就说吧，上卿大人有何贵干？”

“庞子可是张子师兄？”

“你是说庞涓？”

陈轸点头。

“呵呵呵，在这谷里，他称不了兄。”

“庞子出山，一战而败齐军，二战而败赵军，天下为之震惊。魏王陛下对庞子甚是嘉许，听闻庞子师从云梦山的鬼谷先生，特使在下来此，盛情相邀先生，陛下欲以国师之礼相待。”

张仪微微一笑：“先生答应上卿了吗？”

“在下来得不巧，听仙姑说，先生云游去了，在下引以为憾。”

张仪晓得是玉蝉儿记恨陈轸，这才诓骗他，咧嘴笑道：“呵呵呵，是不巧哩！既然你家陛下盛请先生，为何不使庞涓前来，反要劳动上卿大人呢？”

陈轸应道：“张子有所不知，庞子眼下贵为大将军，听说陛下还要封他万户侯，一日也离不开他呢。”

“哈哈哈哈！”张仪爆出一声长笑。

“张子为何长笑？”

“哈哈哈哈，”张仪又笑数声，“就庞涓那厮……哈哈哈哈……大将军？万户侯？一日也离不开？哈哈哈哈……这个魏王着实可笑！”

“听张子此话，”陈轸惊道，“庞将军……难道天下还有胜过庞将军的？”

张仪敛住笑，身子前倾，压低声音，字字都是分量：“实言相告，在这鬼谷里面，只要是个活物，就胜庞涓几分。”

陈轸目瞪口呆，半晌方道：“张……张子，莫不是开……开玩笑吧？”

张仪轻轻哼出一声：“谁有心开玩笑呢？这么说吧，上卿大人，庞涓所学，不过是先生的一点儿皮毛，先生用兵的真功夫，全都传给孙宾了。”

“孙宾？”陈轸略顿一下，“就是那个从卫国来的孙将军？”

“正是。怎么，上卿认识他？”

陈轸自然不敢说出当年送孙宾入狱之事，略一迟疑，摇头。

“呵呵呵，”张仪笑道，“谅你不知，想是大师兄漏与你的。”略顿一下，“这样吧，在下告诉你。晓得武圣孙武子吗？孙宾就是他的嫡亲后人，在此谷中与庞涓同习兵法。”

“哦！”陈轸故作惊讶，“孙子既有如此才华，何不下山求取功名呢？”

“这个嘛，”张仪淡淡一笑，“孙宾自然不是庞涓，刚学一点儿皮毛，就要急匆匆地下山卖弄。”略略抬头，“咦，上卿大人，你不是有话要捎给孙宾吗？”

陈轸笑道：“其实也没什么，该说的，在下都对张子说了。”

“看来，”张仪沉着脸应道，“上卿来此并无要事。既无要事，张仪就不陪了。”说完从草地上爬起，拍拍屁股，抬腿离去。

陈轸也爬起来，口中急道：“张子且慢，在下还有一事求问张子。”

张仪扎住步子：“说吧。”

“张子也在此处修习兵学吗？”

“修习兵学？”张仪连连摇头，“不不不，打打杀杀有何意思？”

“那……”陈轸一怔，“敢问张子所修何艺？”

张仪凑前一步，在他耳边神秘兮兮道：“上卿大人听说过道吗？在下随从先生修的是道！”

话音落处，张仪并不揖别，一个转身，头也不回地走向一条小道，眨眼间没影儿了。

望着张仪转瞬即逝的背影，陈轸连声嗟叹，咂舌道：“啧啧，鬼谷士子，领教了！”

下得山来，陈轸站在三岔道口，左右踟蹰，不知该去何方。原本与戚光约好会于洛阳，然而眼下，再去洛阳就没必要了。

齐国也是去不得。齐、魏相王是他穿的线，岂料相王不成，反倒闹出一场大战，齐王战败，一肚子闷气没个撒处，此去投奔，岂不是撞他口上？再说韩、赵，这些年来陈轸一力鼓噪魏侯称王，韩侯、赵侯早把他恨得牙齿痒痒的。不能容他的还不只是赵、韩，纵使偏远的燕国，也对孟津之事记忆犹新，何况燕国夫人又是大周室公主姬雪，见到他，岂不将他一口吞掉？

眼下能够投奔的，也许只有昭阳。然而，昭阳不过是楚国的上柱国，池子太小，他陈轸再不济，亦断非池中之物啊！

陈轸思来想去，竟是无个去处。正自惶然，去往朝歌方向的大道上现出一辆轺车。

轺车辚辚而来，在陈轸身边戛然而止，车帘开启，车窗后面两只略显浑浊的老眼眨也不眨地看过来，有顷，一张大嘴咧开，嘿嘿笑道：“道边之人，可是魏王陛下的特使大人？”

陈轸打个惊愣，顺眼望去，但隔着车帘，看不清来者何人，听声音并无恶意，遂抱拳应道：“正是在下。先生是……”

一只光光的脑袋从车窗里伸出，嘿嘿又是一笑：“这个光头你可认识？”

陈轸深深一揖：“晚生陈轸见过淳于子！”

淳于髡从车上跳下，打量他的一身布衣，还个礼道：“特使大人怎么换装了？”

陈轸苦笑一声，摇头叹道：“唉，什么特使大人，凤凰落架不如雉，晚生眼下落架了，莫说是雉，连只草鸡也不如了！”

“呵呵呵，”淳于髡显然已知陈轸的境遇了，“只要是凤凰，即使落架，也与草鸡大不一样哟！”将他上下又是一番打量，“譬如说我们的陈上卿！”

“唉！”陈轸又出一声长叹。

“光头从郧城、朝歌一路走来，看到净是缉捕特使大人的告示。光头想不明白，堂堂特使大人，究竟是为何事弄到这般田地哟？”

“唉，一言难尽！”

“那就来它个十言百言！”淳于髡呵呵笑道，“反正光头有的是辰光。”眼珠子四下一转，指着远处一棵大树，“光头车中有坛老酒、几斤鹿肉，你我因陋就简，到那老树下美美喝上几爵，权为特使压惊如何？”

陈轸晓得淳于髡，正想求他拿个主意，遂拱手道：“先生盛情，晚生恭敬不如从命。”

淳于髡从车上搬下酒坛，让陈轸抱上，自己拿过两只铜爵和几包鹿肉，大步走到树下，在荫下席地坐了。陈轸倒满两爵，淳于髡取出佩刀，将鹿肉切成小块，递给陈轸一块，自己扎一块塞进口中，边嚼边说：“说吧，这个半日，光头的耳朵就交给你了。”

陈轸嚼过几块肉，连喝几爵老酒，打开话匣子，将几年前如何与庞涓结怨，又如何遭他陷害，被逼出逃一事备细讲述一遍。陈、庞之间的恩怨过节儿经陈轸口中说出，自然成了另一番曲折。

淳于髡细细听完，点头笑道：“看来，上卿这是遇到对手了。”

“唉，”陈轸慨然叹道，“这厮不过是一个街头混混，哪想到他能成就今日，一战成名不说，魏王对他更是言听计从，将晚生的多年辛劳忘了个干干净净。庞涓得势，与朱威、白虎结作一伙，公报私仇，陷害晚生，晚生一人难敌六手，纵使浑身是口，此时也说不清了！”

“江山代有贤才出，各领风骚三五年。上卿在魏独领风骚远超五年，难道还不知足吗？”

“什么独领风骚？”陈轸苦笑一声，“晚生在魏，不过一个弄臣。前几年，朝政全在白圭手上，晚生好不容易熬走白圭，这又来了个惠施。唉，晚生心中之苦，只有晚生知道呀。”

陈轸说到伤心处，落下泪来。

抽噎一时，陈轸抹把泪水，看向淳于髡，长叹一声：“唉，想我陈轸，处处谨小慎微，时时努力精进，只想在魏有所进取。十几年如一日，晚生一心只知伺候魏王，不想一朝不慎，竟遭小人暗算。魏王明知晚生遭到暗算，仍旧不念前情，实在令人心寒哪！”

“呵呵呵，”淳于髡非但未表同情，反倒笑出几声，“上卿今日能看明白，也不算迟。人生浮华，无非功名利禄，食色享乐，忙忙碌碌，碌碌忙忙，数十年光景一过，凭他何人，也是个灰飞烟灭。不瞒上卿，光头此生，既不独仕一国，也不独尊一君，因的便是看明白了这个。”

“敬请淳于子指点迷津！”

“常言道，狡兔三窟，奸鸟三巢，能女三嫁，策士三跑。你我策士便如乡间媒婆，东家有求跑东家，西家有求跑西家，哪管什么忠贞爱君之类浑话，只要是有吃有喝有玩有乐，活个逍遥自在就成。”

“淳于子所言甚是。只是庞涓害我一家性命，此仇不可不报，还请淳于子帮我！”

“帮你？”淳于髡扑哧笑道，“我老光头一个，手无缚鸡之力，如何帮你？”

“请问淳于子，此来宿胥口，可是要到魏国去的？”

“正是。”淳于髡点头，“前番适周，光头于无意中为老燕公玉成一桩好事儿，老燕公感念光头辛苦，留光头在北国连住两年，日日珍肴，夜夜笙歌，真也是个逍遥自在。去岁仲秋，光头玩得腻了，辞别燕公前往赵国，在邯郸住满一年，这又玩得腻了，正欲再走，偏巧奉阳君兵败朝歌，赵侯惧怕魏王报复，特地召见光头，要光头为他跑一趟大梁，在魏王面前美言几句。光头有几年未去魏地了，听说惠施在梁为相，甚想与他论辩名实，于是答应赵侯，替他跑趟差事，不想在此遇到上卿。”

陈轸放下酒爵，改坐为跪，朝淳于髡连叩三个响头。

“陈上卿，”淳于髡惊道，“这是为何？”

“既为此事，”陈轸叩首于地，“晚生欲求先生帮个大忙！”

“呵呵呵，”淳于髡捋须笑道，“帮忙好说！光头草民一个，受不起大礼，上卿快快请起！”

陈轸起身，坐定，斟满一爵，双手捧给淳于髡：“晚生敬谢先生！”

淳于髡又是一笑：“你请光头帮忙，再拿光头的酒相谢，上卿倒会算计！”

陈轸从怀中摸出一块乳白色的玉璧，小心解下，双手捧至淳于髡面前：“晚生走得仓皇，身上并无他物，只有这块随身玉璧，虽不名贵，却也是魏王所赐。晚生敬献淳于子，还请先生笑纳！”

淳于髡接过玉璧，仔细验过，赞赏道：“啧啧啧，是块好玉，可博美人一笑了。听闻上卿库纳万金，珍宝无数，果然是名不虚传哪！”

陈轸长叹一声：“唉，轸已混到这步田地，还说什么金玉珠宝呢？”

淳于髡将玉璧放在手中，一边把玩，一边抬头问道：“说吧，你要光头如何帮你？是要魏王杀掉庞涓吗？”

“晚生不敢。不过，晚生访得一人，可制庞涓。晚生想借先生之口，荐给魏王。”

“哦，何人可制庞涓？”

“他的师兄孙宾。”

“孙宾现在何处？”

陈轸指指不远处的山峦：“就在那片山林里。不瞒先生，晚生刚从鬼谷出来。”

淳于髡望着远处的山峦，轻声叹道：“唉，鬼谷子真也是个怪物！凭他那身本事，到哪里也能混个肚饱肠圆。他却偏偏不干，生生躲在林子里受苦。”又抬头望向陈轸，“不过，光头还是听不明白。如果孙宾可制庞涓，上卿为何不将他荐给秦人或齐人，以齐、秦制魏，反而将他荐给魏王呢？”

“淳于子有所不知，”陈轸阴阴一笑，“如果晚生将孙宾荐给秦公或齐王，非但不制庞涓，反倒是在成全他了。”

淳于髡惊问：“哦，此话怎讲？”

“淳于子想想看，无论孙宾至秦也好，至齐也罢，必受秦公、齐王重用。秦、齐若得孙宾，必谋魏国。秦、齐谋魏，魏王岂不是更加离不开庞涓，更要重用他了？两国大战，庞涓若胜孙宾，功莫大焉。庞涓若是战败身死，那也是死于国难，名垂千古啊。”

淳于髡沉思有顷，点头道：“嗯，上卿所言在理。”

“不瞒淳于子，晚生跟随魏王多年，深知魏王为人。魏王不识贤才，却刚愎自用，好大喜功。有此昏王，纵有众贤，也难以相安为国。孙宾之才远胜庞涓，二人更是同习兵法，同从一师。若是同朝为将，二雄必有一争。两雄相争，强者胜，如果不出意外，庞涓势必受制于孙宾。晚生的今日，也必将是他庞涓的明日。只待那时，晚生再去寻他庞涓复仇，看他还能逃往哪儿？”

淳于髡掂掂玉璧：“听上卿妙算，与那庞涓真就是一对妙人儿！不瞒上卿，若要光头杀那庞涓，只能将这玉璧还你。若是只将孙宾荐给魏王，光头这就收下它了。”说罢乐呵呵地将玉璧纳入袖中。

陈轸揖道：“晚生再谢淳于子大恩！事成之后，晚生另有重谢！”

“呵呵呵，”淳于髡笑道，“这点儿小忙，顶多就值这块玉璧。上卿若是再谢，就是谢重了。光头一生，虽说是贪财恋色，又爱喝点老酒，却也是无功不受禄，能做多大的事，就收多大的礼，这是规矩，想必上卿是知道的。”

陈轸倒满一爵，递给淳于髡，笑道：“有劳先生了。这爵老酒，算是晚生敬你的！”

“这酒光头喝了。”淳于髡接过酒爵一口饮下，在嘴上抿一把，“顺便问一句，上卿下一步该去何处？”

“不瞒先生，”陈轸现出苦相，“晚生在这路口徘徊良久，思来想去，真还没个去处。先生可有指教？”

“上卿何不前往咸阳投奔秦公？”

“晚生也曾想过。”陈轸微微摇头，“秦公已用公孙衍为大良造，晚生与那厮有些过节，若去秦地，岂不又受他挤对了？”

“呵呵呵，”淳于髡又笑几声，轻轻摇头，“上卿这是只知其一了。依光头看来，正是由于这个公孙衍，上卿在秦或得大用呢。”

“哦？”陈轸睁大眼睛，“晚生愚昧，请先生详解。”

“依上卿资质，何须光头饶舌？上卿只管前去，光头担保你富贵无忧。”

陈轸略一思忖，似有所悟，朝淳于髡深深一揖：“晚生谢先生指点！”

“呵呵呵，”淳于髡笑道，“这个指点，却是要讨谢礼的，不过，这个谢礼不是眼下就讨。待上卿在秦混得好时，光头或会上门。”

“先生说笑了。晚生在秦倘若得居一锥之地，必使人相请先生！”

淳于髡倒满一爵，递给陈轸，自己也倒一爵，端起：“好，为上卿在秦飞黄腾达，干！”

二人饮尽。

陈轸放下酒爵，望向淳于髡：“晚生另有一事相托。”

“请讲！”

“先生到大梁后，若是见到庞涓，就请捎给那厮一句闲话：‘早晚若打喷嚏，就是陈轸在惦念你呢！’”

“嘿嘿，”淳于髡笑道，“这句话倒是有味，老朽替你捎上！”

陈轸想定去处，遂绕道赵境，经韩上党，再沿汾水渡河入河西，再渡洛水，一路餐风宿露，历尽辛苦，终于在两个月后抵达咸阳，在东来街上寻好客栈住下。

获知陈轸来到咸阳，公子华急至大良造府，小声禀道：“陈轸那厮到咸阳了！”

“哦！”公孙衍略觉惊讶，“何时到的？”

“昨天晚上，就住在东来街。为置大良造于死地，陈轸不惜制造满门血案。今日此贼自送上门，不知大良造做何打算？”

“唉，”公孙衍叹道，“害人者，终将害己。此人跋扈之时，是想不到会有今日的。”

“大良造所言甚是，”公子华应道，“这叫一报还一报。大良造不必劳心，只须点下头，在下自有处置。”

公孙衍略略一想，摇头道：“落水之狗，何必打之？再说，陈轸也算是列国名士，如何处置，当由君上决断，我等身为臣子，岂可公报私仇？”

公子华竖拇指道：“大良造胸怀博大，嬴华敬服！”

公子华直入宫中，将陈轸入秦并公孙衍的言行一五一十禀报惠文公。

“华弟，看明白公孙衍是个大才了吧？”惠文公道。

“呵呵呵，”公子华笑了，“早看明白也，只是没想到他的肚量会有那么大！若是华弟，哼，奸贼落我手里，看我不收拾死他？”

“你以为公孙衍不想收拾陈轸？”惠文公诡诈一笑。

“哦？”公子华惊愕道。

“以公孙衍个性，是断不会轻易放过陈轸的，只是他初来乍到，根基不稳，身边没有一个可靠的人，你又那般急吼吼地登门问他，他会以为你是在套他话的，所以才把话搁明，将皮球踢到寡人这儿！”

“君兄圣断！”公子华拱手叹服，“敢问君兄，如何处置这个陈轸？前些日子，陈轸坏了我们不少事呢！”

“华弟想过如何处置他吗？”

“就用他对待商君的办法，送他回魏，交给庞涓处置！”

“呵呵呵，你呀，”惠文公指指他的头，“遇事要多动动脑筋！”

“那也总不能把他供着敬着吧？”

"非常好！"惠文公轻轻鼓掌。

"君兄？"公子华呆了。

"如果不出所料，"惠文公指向外面，"就这辰光，姓陈的或在你家府上，与公叔对弈呢。你若不服，可以回家看看！"

话音落处，当值内臣趋入："禀报君上，太傅与魏使陈轸宫外求见！"

公子华咂舌。

惠文公朝公子华笑笑，吩咐内臣："宣太傅、陈轸书房觐见！"又转对公子华，"随寡人出迎！"

嬴虔、陈轸刚刚转到御书房，一眼望见惠文公与公子华候立于门外，大是震惊。尤其是陈轸，受宠若惊，急上前几步，扑通跪地。

惠文公沿着甬道大步迎上。

陈轸叩首道："外邦草民陈轸叩见君上！"

惠文公扶起他："陈上卿请起！寡人闻报已迟，未能远迎，还望陈上卿海涵！"

"君上，"陈轸的泪水夺眶而出，哽咽道，"陈轸落难至秦，已经不是上卿了！"

"呵呵呵，"惠文公笑道，"寡人说你是，你就是呀！"

"这……"陈轸怔了，看向嬴虔。

"拟旨，"惠文公转对内臣，"封宋国士子陈轸为客卿，爵同魏国上卿，参与政务，主司邦交，赐陈上卿府宅一处，足金一百两，仆役三十名！"

内臣应道："臣领旨！"

陈轸挣开惠文公，再次跪地，号啕大哭："君上啊，轸在魏一十三年，鞠躬尽瘁侍奉魏君，从未受过如此恩遇啊。今轸落难至秦，尺寸之功未立，君上却……降阶以迎，封爵赐第赏金，此等恩遇，叫轸……呜呜呜……"

惠文公再次拉起陈轸，握住他手，语气郑重："爱卿乃天下大贤，寡人寤寐求之唯恐不得。今爱卿适秦，寡人纵使郊迎三十里，也不为过啊！"

"我的……好君上啊……呜呜呜……"陈轸越发伤感，哭了个抑扬顿挫。

这日宫中由司马错当值。天色傍黑，司马错守值已毕，驱车直驰上大夫府，将陈轸觐见秦公的前后经过一五一十地讲给了公子疾。

"什么？"公子疾震惊，"君上已拜陈轸为上卿？"

"是客卿，爵同魏国上卿！"司马错郑重点头，"陈轸见老太傅，在老太傅的引荐下直接觐见君上。君上闻知他来，降阶出迎，当场封他上卿，另赐宅第一座，赏金百两，奴仆三十，其他赐物若干。”

“这……”公子疾挠头，“怎么可能呢？”

“君上这……”司马错跺脚道，“这不是昏头了吗？多少将士浴血奋战，求一宅之赏而不可得，陈轸他……唉，疾公子，在下是百思不得其解啊！”

“司马兄讲得是，”公子疾应道，“陈轸本是十足小人，成事不足，败事有余，魏有今日之衰，都是此人害的，君上怎能良莠不分，糊涂至此呢！”

公子疾的话音刚落，身后就有声音传来：“是哪一个在说寡人糊涂啊！”

二人皆吃一惊，扭头见是惠文公，急急叩拜：“君上恕罪！”

惠文公走上来，一手扶起一个：“起来！起来！两位爱卿何罪之有？”

司马错却是不肯起来，再拜道：“臣私底下妄议君上，罪该万死！”

“呵呵呵，”惠文公爽朗笑道，“先君在世时，闻过则喜。寡人虽说不及先君，总也不至于受不住一句闲言吧。国尉大人，还是起来吧！”

司马错应道：“谢君上不责之恩！”

惠文公大步走到主席之位，坐定，招呼公子疾、司马错两旁坐了，笑道：“不过，心里有话，还是说到当面的好。”看向公子疾，“上大夫，你且说说，寡人何事糊涂？”

“回禀君兄，”公子疾拱手应道，“君上常言，人才是兴国之本。陈轸不是人才，而是一个投机钻营的奸才，嫉贤妒能，心狠手辣，在国祸国，在家祸家，当人人得而诛之。君上不加责罚不说，反过来还大加封赏。臣弟担心，天下贤才或会因此而寒心哪！”

“疾弟，”惠文公呵呵笑道，“寡人的确说过人才是兴国之本。你且说说，什么是人才呢？”

“这……人才就是贤才呀！”

“不不不，”惠文公连连摇头，“人才是人才，贤才是贤才。人才包括贤才，也包括歪才。贤才也好，歪才也罢，从大处说，都叫人才，都有用处，关键是何人用之，何时用之，如何用之。奸邪之徒，如陈轸之流，嫉贤妒能，心狠手辣，可说是一肚子的坏水，寡人虽说不能用其成事，为什么不能用其败事呢？”

“败事？”公子疾不解了。

“就是坏事。”惠文公望向二人，“打天下不容易呀，有时需要直才，有时需要歪才。有时需要成事，有时更需要坏事。”

“臣弟还是不明白。”

“你们呀，”惠文公看向司马错，见他更是一头雾水，苦笑一下，“是真不明白呢，还是假作糊涂？来，寡人问你们，就眼下而言，秦之大敌何在？”

二人异口同声：“魏国。”

“何人执掌魏国？”

“魏罃！”

“何人最知魏罃？”

公子疾一拍脑门，连连拱手：“君兄圣明，臣弟心服口服！”

“好呀，”惠文公笑了，“一个服了，还有一个。”转向司马错，“司马将军，你不是百思不得其解吗？寡人问你，前番四国攻魏，魏却绝处逢生，这是何人之功？”

司马错朗声应道：“庞涓。”

“纵观黄池、朝歌二战，庞涓以疲弱之兵，三万之众，于五日之内辗转三百里，毙敌五万，俘敌两万，击溃齐、赵两支大军，活擒天下名将田忌，司马将军可否及之？”

“臣不及。”

“列国诸将之中，可否有人及之？”

司马错摇头。

“庞涓以布衣之身横空出世，拦齐公御驾，坏齐、魏相王，先将魏国置之死地，然后生之，此等气势，此等谋划，列国臣子可否有人及之？”

司马错再度摇头。

“田因齐奇其才，拜他上卿，赏他百金，却被庞涓一口回绝，司马将军可知原委？”

“臣不知。”

“因为庞涓有个仇人，叫陈轸。陈轸害死庞涓生父，庞涓诛杀陈轸全家，两人各胜一场，算是斗完一个回合。寡人收留陈轸，就是想看他们的下一个回合！”

司马错拱手拜服：“君上神算，臣心服了。”

“心服就好。”惠文公语气铿锵，“上卿之位，在魏、在齐也许显赫，在秦却是虚职。至于黄金、美女、府宅之物，贤才不屑一顾，歪才趋之若鹜。歪才趋之，能为之死，寡人有何惜哉！”

庞涓正在大将军府中与副将张猛商议崤关及沿河对秦防务，门外一阵喧哗，门人入报：“报，有乡民求见大将军！”

“乡民求见？”庞涓怔了，与张猛一起走出大门，果见十几个乡民跪在地上。

见到庞涓，为首老者连拜三拜，泣道：“大将军，求您开开恩哪，求您了！”又是一串响头。

众乡民尽皆叩首。

“老丈请起！”庞涓走前一步扶起老者，“我就是庞涓，你有何求，请讲！”

老丈抹泪述说。

原来，老丈年逾花甲，膝下二子，长子应征，次子耕种。去年秋天，次子患病辞世，长子名唤青牛，编在范梢将军麾下。三日前，青牛偷食军粮，犯下死罪，定于今日午时斩首，范将军通知老人赶去收尸。老人闻讯，急与众乡邻赶到范将军帐前求情，范将军却说法不容情，青牛犯下军法，依律当斩。老人求告无门，有军卒不忍，要他向大将军求情，说是只要大将军开恩，青牛死罪或可得免。老人一听有望，当即与众乡民赶到大将军府，为子求情。

“偷食军粮？”庞涓怔了，问道，“军营里一日三餐皆有供应，你儿子为何偷食军粮？”

“唉，大将军呀，”老者泣道，“我这孩子力大贪食，一人要抵三人饭量，一餐能食牛肉十斤、烙饼二十只、米饭五碗，寻常饭食填不饱肚子啊。”

庞涓抬头看天，已近午时，不及再问，急令备车，与张猛朝城北范将军营地疾驰而去。

离营地尚距二里，二人已闻三通号鼓。庞涓急了，紧抽战马，战车如飞般驰往刑场，远远看到青牛两手被绑，埋头跪在行刑台上，刽子手扎好架势候于一侧，大刀已经抡起。

范梢端坐台上，一脸严肃。属下三千将士列队观刑。

眼见大刀就要落下，驰至两箭地之外的张猛大叫：“范将军，刀下留人……”

众将士大吃一惊。

刽子手扬刀望向范将军。

范梢正自惊愕，战车驰到，庞涓、张猛跳下车，快步走上刑台。

范梢起身叩拜：“末……末将叩……叩……叩见大……大将军！”

庞涓没有睬他，径直走到青牛身边，对刽子手喝道：“松绑！”

刽子手松绑。

庞涓拉起青牛，将他上下打量一遍，见他面如赤铜，身长八尺，体壮如牛，内中大喜，拍拍他的肩头问道："你就是青牛？"

已经闭目受死的青牛显然不晓得发生何事了，两眼懵懂地看向庞涓。

张猛大喝："青牛，大将军救你性命，还不谢恩？"

青牛被他喝醒，打了个惊怔，这才看清跟前之人是大将军，叩首："青牛叩谢大将军救命之恩！"

庞涓转向范梢："范将军，青牛有饭量，你可知道？"

"末……末……末将知……知道。"

"既然知道，为何不给他增加饭食？"

"回……回大……大将军，末将增……增……增加来着，他吃……吃……吃……双份。"

"青牛要吃三份，双份如何能够？"

"原……原来三……三份来着，可……近日李……李将军克……克扣军……军饷，每日仅……仅供八……八两二钱，谁……谁都吃……吃不饱，末……末将这……这才减……减……减他份……份额。"

庞涓的脸色阴沉下来，目光缓缓转向张猛："传李通！"

不消一刻，负责粮草的将军李通疾驰而来，纳头拜道："末将李通参见大将军！"

庞涓脸上现出杀气，冷冷问道："李通，你可知罪？"

"回禀大将军，末将不知！"

庞涓从鼻孔里哼出一声："你死到临头，还说不知！"

"末将不知！"李通重复一遍。

"本将问你，为何私扣军饷？"

"回禀大将军，末将没有私扣军饷。今年大旱，河东夏粮颗粒未收，国库储粮被司徒大人调用赈灾，军中储粮仅余万石，后来虽又收缴齐、赵军粮万石，却又供养齐、赵活口一万八千，消费殆尽。末将苦思无策，只好减少供给，否则，两个月之后，三军将士就将无粟可炊。"

庞涓心头一凛，眉头紧锁，沉吟有顷，再次问道："此等大事，你为何不报？"

"末将早已具表上报，大将军如若不信，可问张将军。"

"确有此事。"张猛点头应道，"末将也曾多次向司徒大人谈及此事，司徒大人亲领末将赴国库验看。近年王上用兵频仍，役民过重，国库确无余粮。大将军近来一直忙于大事，末将暂就压下了！”

“糊涂！”庞涓指他鼻子，几乎是吼，“什么是大事？三军无粮，这才是大事！”略顿一下，转对李通，“李将军，此事怪不得你，是本将错了！从今日始，三军恢复正常供养。王上赏赐本将黄金五百两，全部予你，速向列国购买军粮，暂缓燃眉之急。至于数月后的粮饷，本将另有筹划！”

庞涓竟然拿出自己的赏金购买军粮，在场将士，包括张猛，无不跪倒，叩拜涕泣。

“全都给我起来！”庞涓手指众将士，高声责骂，“哭，哭，哭，你们就知道哭！你们还是大魏武卒吗？把这点儿力气攒起来，练出本事，用到沙场去！”

众将士“唰唰”站起，齐吼：“谨遵大将军令！”

庞涓扫视众人一眼，满意地点点头，大声道：“好样的！”又转向青牛，“青牛，听闻你有些力气，能否向本将展示一下手段？”

青牛答应一声，两只铜铃般的大眼珠子一转，走到监斩台前，两手扳牢台角，大喝一声：“起！”能容纳二十余人、不下千钧的庞大监斩台整个被他掀翻在地。

“好一个猛士！”庞涓脱口赞道，转向张猛，“张将军，似这等猛士，军中可有？”

张猛应道：“据末将所知，各营均有。但如青牛这般力气的人，末将也是第一次看到！”

“将他们集中起来，组成一旅，编入中军，饭食特别供应！”

“末将得令！”

“青牛，”庞涓走到青牛身边，拍拍他的肩膀，“走，本将请你吃个饱饭！”

庞涓用五百赏金进一步收买了军心不说，又意外获得灵感，为武卒整编出一支虎贲之师。

返回途中，庞涓与张猛相对而坐，畅谈如何组建这支夺旗陷阵锐师，继而是如何改组现有武卒体制，回归吴起治军之初的思路，重新组建一支战无不胜的大魏铁军。

二人越谈越投机，不知不觉中，战车已驰到大将军府前。

马蹄慢下来。

然而，战车尚未停稳，不知何处陡然冲出一人，直冲车马跑来。庞涓正自吃惊，两个门人箭步冲出，一侧一个，将那人死死扭住。

庞涓跳下车，缓步上前。

两个门人脸色煞白，急切说道："启禀大将军，这个乞丐午时上门乞食，小人打发他了。不料此人吃饱喝足，仍不肯走，说要求见大将军。小人知他胡闹，将他赶走。谁知此人不识好歹，不知何时又溜回来，悄悄躲在角落里，让大将军受惊了。"

"呵呵呵，"庞涓笑道，"不过一个乞丐，看把你们吓的。放开他吧。"

门人松手。

庞涓细审那人，年约二十，眉清目秀，褴褛褐衣难掩一身英武，两只大眼炯炯有神，心中暗喜，点头问道："小伙子，你是何人？为何守于此处拦阻本将？"

小伙子问道："大将军可叫庞涓？"

庞涓应道："正是。"

"草民庞葱，奉家父之命，特来投奔大将军。"

庞涓心头一动："令尊是？"

"庞青。"

庞涓心头一阵狂喜，面上却声色未动："庞青是做什么的？"

"是个匠人，箍桶。"

庞涓急道："他……人呢？"

庞葱垂下头去，有顷，泣道："家父走了。"

庞涓震惊："你是说……叔父他……死了？"

庞葱悲哭起来。

庞涓两手捂脸，良久，伸手扯住庞葱："来，府里说去。"

庞葱跟着庞涓走进府中，在庭堂坐下，将庞青一家如何以箍桶为生，如何于十八年前离开大梁，如何在宿胥口住有两年，母亲因何而死，他们又如何搬往赵都邯郸等陈年旧事细述一遍。就在两个月前，庞青病重，弥留之际向庞葱提及他有一个伯父，名唤庞衡，早年失散。就在此时，奉阳君兵败朝歌，邯郸城中到处风传魏国大将军庞涓的故事，其中有人提到庞将军的父亲名唤庞衡。庞葱听得仔细，回家说给庞青，庞青疑心是他侄儿，叫庞葱详细打探，得知庞衡曾为大周缝人，断定庞涓是其亲侄，挣扎起身，欲回大梁见亲侄一面，了却多年心愿。父子租车起程，行不及一日，庞青受不住车马颠簸，咽气于途。

庞葱痛不欲生，卖掉随身所有将父亲葬了，一路乞食，赶往大梁。

待庞葱讲完，庞涓确认他正是堂弟，悲喜交集，抱住他痛哭失声。哭有一阵，庞涓吩咐仆从为庞葱换过衣衫，摆酒接风。酒宴之中，庞涓也将这些年来的经历细述一遍，尤其提到仇敌陈轸如何于四年前害死庞衡，自己又如何受他追杀及如何赶赴大梁和宿胥口寻亲诸事。庞葱听毕，免不得又流一番眼泪。

待到酒宴撤过，庞涓问道："葱弟，你有什么愿望，尽可告知为兄。"

庞葱应道："在这世上，葱弟唯有兄长一个亲人，能与兄长朝夕厮守，就是葱弟的最大心愿。"

庞涓沉思有顷，使人将众门人、仆从全部召来，朗声宣道："自今日始，庞葱为本府府宰，府中大小诸事，皆决于府宰，你等小心伺候，谨听吩咐！"

众仆从拜过庞葱，诺诺领命。

庞葱的意外投奔为庞涓增加一喜。

是夜，庞涓辗转反侧，久未入眠。回顾出山之后的所有过程，幸运之神几乎是处处惠顾，顺畅得连他自己也不相信是真的。前后不过十个月，他步步走险棋，步步得侥幸，从遭人通缉的落难士子摇身变作威震列国的大将军，以三万疲败之师，五日两胜，连败两支强敌，斩首近五万，俘获近两万，纵使孙武、吴起用兵，也未见有此战绩。更重要的是，他在武卒中深得军心，成为军魂。吴起吸疽却未跪亡，他不仅跪亡吸疽，这又快马救冤，破私财购饷，三军如何能不对他五体投地？

三军既得，外事搞定。堂弟意外投奔，家事也算定了。外有三军，家有嫡亲，庞涓可谓志得意满，出山之后的第一局大棋圆满落定。

第一局旗开得胜，下面一局就该落子定势了。

可……对手是谁？该定何势？第一枚子又该落于何处？

庞涓越想越是睡不去，干脆翻身坐起，拿出在鬼谷时在林中修来的功力，收拢心智，陷入冥思。

东方破晓，庞涓缓缓睁眼，脸上浮出一切笃定的浅笑。

逢泽位于大梁东南，距南城门不足五十里。泽中有一岛，方约二里，岛中心有一土山，名唤龙山，高约十数丈。昔日陈轸鼓噪的凤鸣龙山，说的就是这儿。

龙山立于浩渺烟波中，得水汽滋润，林木葱郁，景色秀美，两年前又有凤鸣传闻（迄今为止，魏惠王仍然深信不疑），因而在移都大梁之后，龙山很快被辟为王室圣地，惠王在此建立别宫，设立祭祠，驻卫士守护。

在别宫深处有一处院落，高墙厚门，密不透风。门外反挂两把铜锁，周围五十步内不见人迹。

黑漆大门的重锁里面是一处四合式庭院，院内摆设虽说简陋，却也应有尽有。

这是奉魏王钦命特设的一处冷宫，专门关押犯有重罪的王室子女、宫妃等。无论是谁，一旦被打入此处，就等于被判终身监禁。

此处有吃有喝，有睡有坐，唯一没有的是生气。庭院里荒草蔓延，树影婆娑，看不到任何活物。

此时此刻，蓬头垢面的前大将军公子卬面几而坐，无神的大眼死死盯住几案上的紫色陶壶。

静寂，死一样的静寂。即使不远处泽水击打石岸的澎湃声也被一圈又高又厚的砖墙阻挡，传到耳边时微弱得他几乎无法听到。

公子卬本为刚烈之人，可以赴汤蹈火，可以冲锋陷阵，可以不吃不喝，却不可以忍受寂寞。而这样的静寂他已忍耐两月有余，终至极限了。

又坐一时，公子卬猛然爆发，忽地站起，一把抓过石几上的紫壶，啪一声摔向厚厚的砖墙，又几个大步跨到门口，猛力拍打大门，声嘶力竭道："来人哪！快来人哪！"

四周一点声音也没有。

公子卬朝大门猛踹几脚，仍无一人。公子卬眼珠一转，看到窗台上靠着一根木棒，跑过去拿在手中，用力砸向大门，"哐——哐——"的噪音震耳欲聋。

公子卬砸了不知多少下，彻底绝望了，将木棒扔在地上，倚门瘫坐下来，口中咒道："这帮狗娘养的，本公子有朝一日出去，看不揍死你们！"

不知过有多久，公子卬拖着沉重的步子挪回厅堂，盯住堂中简陋的摆设发呆。

突然，公子卬眼珠瞪起，歇斯底里般再次发作，将几案上的所有物事一件件拿起，又一件件摔碎。能摔的东西摔完了，再从地上捡起，重新摔下。

然而，无论公子卬如何发作，四周依然静寂如死，这个世界似乎再也无人在意他的存在。

许是力气用尽了，许是意识到一切皆是徒劳，公子卬渐渐停下，一屁股跌坐在地上。四周再次陷入死寂。

就在公子卬万念俱灰之时，远处传来杂乱的脚步声："咚咚……咚咚……"

脚步声越来越近，公子印的心越跳越快，两眼死死盯住黑漆院门。

在一阵“哗哗啦啦”的开锁声后，大门“吱呀”洞开，威风凛凛的庞涓迈步走进。一名军尉和几名军卒手持武器紧跟于后。

公子印傻了，两眼如痴如醉地盯牢庞涓的大将军盔甲。

两个月前，这身盔甲真真切切地穿戴在他的身上。

庞涓一步一步地走进院子，在厅堂的门槛外面停住脚步。

军尉跨前一步，朗声说道：“启禀公子，大将军看你来了！”

公子印却无任何反应，依旧痴痴地盯视庞涓身上的盔甲。

庞涓跨前一步，扑通跪下，连拜三拜，朗声说道：“末将庞涓叩见安国君！”

公子印打个惊怔，似乎这才反应过来，翻身爬起，连爬带跪地越过门槛，一把抓牢庞涓衣襟，苦苦哀求：“庞大将军，快……快放我出去，求你了！”

庞涓看他一眼，慢慢站起，眼睛四下一转，但见满目落寞，一地狼藉，不由得感慨万千，转向军尉大声责道：“你——”目光扫向众军卒，“还有你们，就是这样子侍奉安国君的？”

军尉和众军卒全被吓傻了，一齐跪下，面面相觑，欲辩又止。

庞涓的眼睛盯向军尉，厉声喝道：“愣个什么？还不快喊人来，打扫庭院，将这一应物事全换新的，再传两个奴婢过来，好好侍奉安国君！”

军尉急道：“这……大将军，王上旨令……”

“照做就是！”庞涓摆手，“王上那儿，本将自有交代！”

军尉应声诺，急带众卒离去。

看到军卒走远，庞涓再次面对公子印跪下，泣泪道：“末将来迟，让安国君受苦了！”

公子印跪前一步，紧紧握牢庞涓之手，涕泪交流：“大将军……”

次日下午，在王宫后花园的凉亭下面，魏惠王端坐于席，全神贯注于面前棋局。

有顷，惠王的目光从棋局上移开，缓缓射向对面的庞涓，脸上浮出微笑：“庞爱卿，你可看清楚了，若是后悔，寡人许你悔一步，重新落子。”

“谢王上恩赐。”庞涓应道，“臣既已落子，断无悔棋之说。”

“好好好，”魏惠王淡淡一笑，“庞爱卿既肯舍弃，寡人就不客气了。”话音落下，举起一子，缓缓落于棋盘，将庞涓的一条大龙彻底围死。

庞涓投子："王上，臣认输。"

"爱卿弈得好棋啊！"魏惠王鼓励道，"不瞒爱卿，寡人弈棋无数，唯赢爱卿一局，实属不易！来来来，再开一局！"

庞涓拱手道："王上，恕臣无礼，臣连输三局，无心再战了！"

"嗯，"魏惠王点头，"寡人也观你精神恍惚，不似往日。爱卿可有心事？"

庞涓起身，叩首："我王圣明，臣之心的确在感念一事。"

魏惠王将棋局推到一侧："爱卿有何感念，可否说给寡人听听？"

"昨日清晨，臣正欲出门，忽见院中落下雏鸟一只。臣玩心忽起，将其捕捉，关入笼中。晚上回来，臣想起雏鸟，便去观看，却见两只老鸟绕笼而飞，一鸟鸣声凄惨，另一鸟吃力地将尖嘴伸进笼中，一点点地给雏鸟喂食。臣动下恻隐之心，放走雏鸟。雏鸟出笼，小鸟一家三口欢叫蹦跳，绕房三周，方才飞离，场面令人泪出！"

庞涓前往龙山探望公子卬之事，魏惠王早得密报，知他是在为公子卬求情，长叹一声："唉，庞爱卿，你不必说了。逆子之事，实属罪有应得，寡人这般处治，已是从轻发落了！"

"王上，"庞涓再叩，"安国君之错，多是受到奸贼陈轸蒙蔽。今无陈轸，安国君必会明辨是非，重新做人。"

这么解释再合情不过了。想到自己也曾受那陈轸蛊惑，魏惠王长叹一声，点头应道："唉，爱卿所言亦是在理。依爱卿之意，如何处置逆子方为合适？"

"回禀我王，"庞涓抱拳应道，"安国君武功高强，善于战阵，更是治军大才，勇名远播列国，臣是以斗胆恳请我王赦免安国君之罪，复安国君大将军职爵，臣愿为安国君副将，助安国君治军教战，重树大魏武卒雄风，横扫列国，辅佐我王成就王业。"

"不成不成，"魏惠王连连摆手，"这个绝对不成！"

庞涓再叩："恳请我王准允臣涓所求！"

"庞爱卿既有此求，"魏惠王略一沉思，应道，"寡人可以赦免这个逆子，至于职衔，就让他出任中军参将，跟从爱卿学习治军，戴罪立功！"

其实，这也是庞涓早就预知的安置，但他口中仍在坚持："王上？"

"爱卿不必再言！"魏惠王语气决绝，"让他做中军参将，寡人也是看在爱卿的面子上！"

庞涓略略一顿，又是三拜："臣谢我王厚爱！王上万安，臣告退！"

望着庞涓渐去渐远的身影，魏惠王身子微微后仰，长出一口气，对毗人不无感慨道："此人既能想寡人之所想，又无贪心，真是一个纯臣啊！"

毗人赞道："是王上慧眼识才！"

"就你会说话！"魏惠王笑了，"你走一趟，带那逆子回来。寡人不想见他，你可叮嘱他，让他跟从庞爱卿，好好习练治军之术。"

"臣领旨。"

毗人手持魏惠王的金牌令箭赶赴龙山，为公子卬解除圈禁。在公子卬再三要求下，毗人透露，为他求情的是大将军庞涓，并说庞涓不但在王上面前为他求情，且还自愿将大将军之位让出，愿为副将。

毗人的披露使公子卬心潮难平。这些日来，他一直记恨庞涓，以为是庞涓夺了他的主将之位，此番救他是别有用心，听闻此话，方知是自己想多了。

回至府中，公子卬顾不上梳洗，也顾不上更衣，即召车驾去大将军府中答谢，谁想刚刚出门，竟见庞涓的车马照面赶来。

看到公子卬，庞涓跳下车，跪地叩道："臣涓叩见公子！"

公子卬急急迎上，将庞涓一把扶起，朝他深深一揖，声音哽咽："大将军大恩，魏卬终身铭记！"

庞涓还礼："公子说哪儿话！臣闻知公子回府，即刻赶来为公子压惊！"

"魏卬回来，第一要事就是登门拜谢将军，谁知刚一出门，将军却先一步到了，这……这叫魏卬如何是好？"

"呵呵呵，"庞涓笑道，"公子与臣，是心想一处了！"

公子卬也笑起来，伸手让道："大将军，府中请！"

庞涓转身，摆手，庞葱与一仆从抬下一只箱子，走过来。

公子卬以为是贺礼，急道："这这这……照说是魏卬谢将军才是，你这……"

庞涓又是一笑，指着箱道："这点薄礼是臣特为公子备下的，待会儿公子验过，自会收下。"

公子卬的胃口被庞涓吊起，急不可待地携庞涓之手步入客厅。

庞葱二人抬箱子跟在身后。

看到箱子在厅中摆好，庞涓跨前一步，亲手打开，指着箱中道："公子请验看。"

公子卬走过来，伸头一看，箱中别无他物，只有一件带血污的甲衣和一柄宝剑，依旧散发出一股隐隐的臊臭味。

看到公子卬又是捏鼻又是皱眉，庞涓笑问："公子可识此物？"

公子卬摇头。

"公子难道连田忌的披挂也记不起了？"

公子卬惊道："这是田忌的？"

"哈哈哈哈，"庞涓长笑数声，"前次黄池大战，田大将军一不小心，竟然掉进公子爱将范梢布下的陷阱里，滚出一身屎溺不说，还想拿这把破剑自杀谢罪。幸亏范将军眼疾手快，以钩打掉此剑，将他钩出陷阱，救下他一条小命。"

黄池大战的故事，公子卬早就听说了，只是庞涓在讲述此事时，转弯抹角地将擒获田忌的功劳记在他头上，却让他大感意外，甚至多少有些尴尬，点头道："好好好，你这两件大礼，魏卬全部收下！"话锋微转，拱手，"田忌这厮诡计多端，害魏卬不浅，谢大将军替魏卬出了这口恶气！"

庞涓连忙摆手，真诚说道："此功属于范将军，范将军又是公子亲手栽培出来的，涓不敢居功！"

公子卬听出庞涓是出自真心，非故意搪塞，抑或逢迎拍马，真正服了，吩咐仆从抬下礼箱，摆上铜制茶具，亲手沏茶，正欲请庞涓品尝，大门外面一阵车马声响，门人奔至，高声唱报："瑞莲公主驾到！"

听到"瑞莲公主"四字，庞涓怦然心动，正欲说话，公子卬已经起身，略显抱歉地朝他微微笑道："胞妹光临，庞将军稍候片刻，待魏卬迎接。"

公子卬刚刚步出厅门，一位少女已是风一般卷进院子，二话不说，一头扎入他的怀中，伏肩泣道："二哥……"

公子卬将她轻轻抱住，抚摸她的头，喃喃说道："莲妹……"

二人相拥。

亲热过后，公子卬松开瑞莲，牵着她的纤手走进客堂，指着躬身相迎的庞涓道："莲妹，来，二哥给你引见一个盖世英雄，威震列国的庞大将军！"

庞涓就势叩拜于地："臣涓叩见公主！"

瑞莲公主显然没有料到这里还有其他男人，脸颊绯红，欠身还礼："大将军免礼！"

庞涓再叩："臣谢公主厚爱！"起身站定，二目如炬，直视瑞莲公主。

瑞莲久居深闺，除宫中太子与诸公子之外，很少接触其他男人，自是抵不住庞涓火一样的目光，顿时两颊绯红，低头不语，发育成熟的浑圆玉体不无胆怯地靠向公子卬，娇羞之态惹人怜爱。

庞涓收住目光，揖道：“公子、公主，你们兄妹许久未见，慢慢叙谈，臣涓告辞。”

“庞将军，这……”公子卬急道，“总该喝口茶吧！”

“来日方长，公子不必客气。”庞涓又是一揖，大步走出厅门。

公子卬送到院中，庞涓回头，再度看向瑞莲公主，见公主也在偷眼看他，便给她一个笑，再次揖过，大踏步离去。

公子卬又送一程，在大门外面与庞涓作别，转身回至厅中，对瑞莲道：“你看这人，说走就走，怎就如此见外呢？”

瑞莲公主脸色一红，似是自语，又似是说给公子卬：“宫里风传庞将军神武，我还以为他是铜头铁身的汉子呢，不想这看起来像是一个书生。”

公子卬笑道：“莲妹要是相中庞将军，二哥为你保媒！”

瑞莲公主脸色顿红，跺脚嗔道：“二哥，人家好心望你，可你……”

“好好好，”公子卬笑道，“算二哥多嘴。来，看二哥给你带回什么宝贝了？”叫仆从提上一只木桶。

瑞莲朝桶中一看，惊喜道：“鲜鱼？”

“呵呵呵，”公子卬得意地笑了，“是二哥看着渔人从大泽里钓上来的。莲妹是只狸猫，二哥还能不知道？”又转对仆从，“交给膳房，清蒸两条，其余的火炙。”

瑞莲急补一句：“清蒸时，莫忘姜葱。”

见过瑞莲公主，庞涓竟又多出一桩心事。回到府中，庞涓谢绝任何访客，闭目端坐半日，召庞葱备上车马，投相国府而去。

惠施得报，迎出大门。

庞涓长揖至地：“晚生庞涓有扰先生了！”

自凯旋之后，庞涓这是第一次拜访相府。庞涓见面即以晚生自居，不称相国而尊先生，倒让惠施颇觉意外，抱拳还礼道：“大将军是稀客，惠施请还请不到呢，何谈打扰！”

庞涓谢道：“那日在朝堂，若不是先生出言搭救，晚生几成刀下之鬼，何有今日之荣？先生活命大恩，晚生无以为报，今日上门，但求先生受晚生一拜！”

庞涓跪叩于地。

惠施扯起他道：“大将军，使不得！”伸手礼让，“大将军，府中请！”

庞涓拱手让道："先生请！"

二人携手入府，在厅中分宾主坐下。

庞涓打探四周，但见恬淡雅致，无一丝儿珠光宝气，顿生敬意。不一会儿，婢女沏好清茶，叩跪于地，举案齐眉。

惠施端起一杯，呈递庞涓："大将军，请用茶。"

庞涓谢过，双手接过，轻啜一口，品之，别是一番滋味，啧啧数声："观先生雅室，如至鬼谷草堂；品先生香茶，如品鬼谷先生清茗。"

"大将军言过了！惠施乃尘世粗俗之人，何敢望鬼谷先生项背？"

"先生不必过谦。先生大名，晚生久闻。先生远见卓识，晚生由衷敬服。别的不说，先生至魏之后，如春风化雨，于无声处使国家大治。今日我王远小人，近贤臣，定新都，行新政，皆是先生之功啊。"

"呵呵呵，"惠施浅笑几声，摆手道，"大将军越说越过了。若论本领，惠施何及大将军哪。回头思之，大将军出山之后的这一局棋，当真是步步精妙啊！"

"晚生不才，谢先生褒奖！"

"听说这几日，大将军就又落下一枚妙子。"

庞涓忖知惠施是在暗指他攀结公子卬之事，稍显尴尬，干笑道："晚生拙劣，做什么都瞒不过先生。"

"唉，"惠施轻叹一声，微微点头，"老朽看得出来，大将军这也是无奈之举。魏国不同于秦国，要想成就大业，若无根基，单凭本领，真也是行不通呢。"

庞涓亦叹一声，拱手道："自出鬼谷之后，能知晚生者，唯先生耳。"略略一顿，起身至惠施前面，叩拜于地，"先生在上，请受晚生一拜！"

惠施非但没有拦他，反倒微闭双目，坦然受之："要惠施做什么，大将军可以说了。"

庞涓拜过三拜，方才说道："恳求先生为晚生玉成好事！"

"玉成好事"四字，显然出乎惠施的意料。

惠施微微睁眼，看一眼庞涓，点头应道："嗯，大将军事业有成，是该立室了。这是人生美事，本相愿意效劳。请问大将军看上的是哪家女子？"

庞涓一字一顿："瑞莲公主！"

惠施圆睁两眼，将庞涓凝视良久，重又缓缓闭上："我听到了。"

庞涓再拜："晚生谢先生成全！"

第 046 章 | 庞涓乘龙喜连喜 魏王贪才礼聘贤

初秋时节，微风徐来，吹动一池荷叶。

荷花池边的凉亭下，魏惠王躺在一张摇椅上，双眼闭合。毗人守在一边，也在打盹。两个宫女侍奉于一侧，一个轻轻晃动摇椅，另一个手拿蒲扇，一为扇风，二为驱赶可能骚扰的飞虫。

迷迷糊糊中，魏惠王乍然看到庞涓走过来。

魏惠王欠身，笑道："庞爱卿，来来来，坐寡人身边。"

庞涓一句话不说，脸色阴郁地走到跟前，两膝跪地，两眼泣泪："臣叩见王上！"

魏惠王惊道："庞爱卿，你……你为何流泪？"

庞涓再拜后泣道："王上，臣是……是来向王上辞……辞行的……"

魏惠王大急，一把扯住庞涓衣角，声音都变了："辞行？爱卿欲至何处？"

"秦国。"

魏惠王震惊："这……这如何能成？庞爱卿，寡人待你不薄，爱卿为何心存二志呢？"

庞涓应道："常言说，凤凰栖高枝，蛟龙归大渊。王上虽然待臣不薄，可魏国已如强弩之末，难成大事。秦国如日中天，将来必成王业。秦公多次使人求聘，王上所赐，秦公不仅一样不缺，且还承诺封疆分土。在臣来说，封疆分土倒在其次，成就王业，才是臣此生所愿哪。"

魏惠王急道："寡人也想成就王业，爱卿不能走，寡人也想成就王业啊！"

庞涓几番摇头："王上想高了。王业上秉天命，下合地理，中承民意，非王上所能成就。"再拜三拜，缓缓起身，"这些日来王上对臣多有恩宠，臣只有来世再报了。”言讫，拔腿就走。

魏惠王大急，死死扯住庞涓衣袍，大叫道：“庞爱卿，你不能走哇！庞爱卿……”

庞涓拔出宝剑，割断衣袍，两腿一纵，腾空而起，飘然西去。眼见庞涓越飘越远，魏惠王急出一身冷汗，拔腿狂追，边追边喊：“庞爱卿，庞爱卿，庞爱卿——”

魏惠王紧追不舍，不防脚底一滑，一跤跌地。魏惠王挣扎欲起，却怎么也爬不起来。魏惠王无望地看着渐成黑点的庞涓，声嘶力竭地大叫：“庞爱卿——”

魏惠王正自绝望，忽听有人叫他：“王上！王上！”

魏惠王睁开眼睛，忽见眼前并无庞涓，只有毗人与两个宫女跪拜于地，模样惶急。魏惠王打了个怔，朝四周巡看一遍，缓缓嘘出一口长气。

毗人小声道：“方才王上一直呼叫庞爱卿，庞爱卿怎么了？”

魏惠王拿衣袖擦拭一把额上的汗珠，再次闭目：“没什么，寡人梦到他了。”

宫女起身，再次轻轻摇动躺椅。

魏惠王又躺一时，不敢再睡，抬头问道：“后晌可有大事？”

毗人应道：“王上原说去东湖荡舟，臣已安排好了。”

魏惠王摇头：“不荡舟了。摆驾相国府。”

“臣领旨。”

一个时辰之后，魏惠王摆驾出宫，一行人马前呼后拥，浩浩荡荡，径至相国府门前。早有使臣报信，惠施迎出府门叩拜，被魏惠王一把扯起，携手步入客堂，见过君臣之礼，各自入席。

魏惠王轻啜几口清茶，不由得将午后之梦从头至尾细述一遍，末了叹道：“唉，惠爱卿，你说这……寡人怎会做此噩梦呢？庞爱卿也是，说走就走，竟是一点儿也不顾念君臣情分。寡人拉他衣袍，他还割袍断义。”

惠施正襟危坐，微闭两眼，静静倾听。

魏惠王一口气讲完，见他仍旧一言不发，急道：“惠爱卿，你倒是说话呀！寡人常听人说，梦是先兆，你说这……有朝一日，庞爱卿会不会真的学那公孙鞅和公孙衍，辞别寡人，投奔秦人呢？”

惠施微微一笑，轻轻摇头。

魏惠王长出一口气，仍有点儿放心不下，眼望惠施：“庞爱卿之才，可追吴起。先君文侯自得吴起，雄霸天下数十年。寡人好不容易得到庞爱卿，无论如何，不能让他生出二心才是。惠爱卿，你抽空可去望望庞爱卿，探探他的口风。无论庞爱卿有何要求，你都要奏报寡人。”

惠施睁开眼睛，盯住惠王：“我王真想留住庞涓，使他不生二心吗？”

魏惠王急道：“这能有假？没有惠爱卿，寡人食不甘味；没有庞爱卿，寡人睡不安稳哪！”

“既然如此，臣有一策，可留庞涓之心。”

魏惠王喜道：“哦，爱卿快说，是何良策？”

“招他为婿。”

魏惠王一愣，似是没有反应过来。

“王上若是以公主赐婚，庞涓就是王室贵婿，跃身国戚。秦公纵使金玉满堂，想必他也不会动心了。”

魏惠王总算明白过来，重重点头：“爱卿此策，倒是绝妙。只是，按照惯例，公主当嫁君侯，庞涓虽说有才，出身却贱，这……”

惠施笑道：“周室礼乐早已崩溃，王上不必因循守之。再说，王上已经守制了呀。如果臣没有记错的话，王上在出招贤榜时，曾明诏天下，凡能退敌者，封大将军，封万户。依庞涓之功，当有此封，王上何不……”

惠施打住话头。

魏惠王沉思良久，拍脑门道：“怪道有此惊梦！是哩，公孙鞅建下尺寸之功，秦公却封以商地。庞爱卿有大功于魏，寡人何吝之有？惠爱卿，你看这样如何，寡人明日即颁诏令，封庞涓为武安君，食邑黄池，赐婚公主，择日成亲。”

“王上圣断。”

魏惠王低头思虑有顷，越想越觉顺畅，咧嘴笑道：“嗯，上朝一家人，上阵父子兵。寡人有此爱婿在侧，何忧天下刀兵？”

惠施眉头微皱，正欲劝谏，猛见惠王沉住面孔，若有所思地望过来：“惠爱卿……”

惠施抬头：“臣在。”

“这桩好事，不过是寡人一厢情愿，不知庞爱卿可有此意？”

惠施笑道：“此等美事，庞涓身为人臣，焉有不从之理？”

惠王连连摇头：“话不能这么说。寻常姻亲，不算大事，庞爱卿却是不同。万一庞爱卿另有所爱，寡人岂不是强人所难了吗？”

“王上既有此意，臣保媒。”

“好好好，”魏惠王连说三个好字，“此事托给爱卿了。”略顿一顿，“只是……”

“王上还有何虑？”

“寡人身边，及笄公主有两个：一是瑞梅，夫人所生，年方二八；二是瑞莲，妃所生，年方十五。依爱卿之见，寡人赐婚何人，方为合宜？”

“王上可赐婚瑞莲公主。”

魏惠王略显惊讶：“两位公主皆是寡人心肝，爱卿为何嫁幼不嫁长？”

“回禀王上，公主有莲，庞涓有水。莲得水而生，水因莲而贵。涓莲婚配，相得益彰，是天作之合。”

魏惠王美美地捋了一把胡须：“嗯，此事可以定下，烦劳爱卿张罗。”

“臣领旨。”

接下来的半月里，魏惠王连颁两道诏令，庞涓如同做梦一般，先是封疆晋爵，庞府改换门庭，成为魏国第一个异姓君侯，后是魏王赐婚瑞莲公主，惠相国保媒。

庞涓大婚之日，莫说是大梁，整个魏国也都震动了。各邑守令、诸府官员、世族大户、豪强大贾等，无不收到一张由庞涓亲自签具的丝缎请柬，纷纷具礼致贺。武安君府前锣鼓喧天，车马如流，更有看热闹的，送礼的，帮忙的，维护秩序的，将远近几条大街堵了一个严实。

却说淳于髡辞别陈轸，渡河水来到宿胥口，在老镇上游玩几日，偏巧遇到卫国一个相识，受邀又至帝丘小住月余，又到宋地定陶赏玩一些奇珍，方才重返魏境，自大梁东门入城。

适逢庞涓大婚。

淳于髡行至宫前街，越走越是艰难，后来竟是动弹不得。

淳于髡跳下轺车，拦住一个老人：“请问老哥，发生何事了？”

老人将淳于髡上下打量一番，连连摇头：“唉，连这等大事你也不知，看来客官必是外地来的！告诉你吧，今日武安君大喜，整个大梁连地皮都动了，好个闹猛哟！客官要想看热闹，这就赶去。客官若要赶路，还是趁早掉头，绕道走吧！”

“武安君？”淳于髡颇是惊讶，“魏国不是只有安国君吗？”

“呵呵呵，”老人笑道，“你说的是老皇历喽！陛下刚刚颁下诏命，晋封大将军为武安君，今又赐婚，武安君府，双喜临门，整个大梁都动起来了！”

“再问老哥，武安君新妇是哪家女子？”

“哪家女子？”老人慨叹一声，“哪家女子能有这般洪福？”

淳于髡笑道：“难道他娶了天仙不成？”

老人也笑出来：“不是天仙，也差不多哦。”凑近一步，“武安君所娶新妇，不是别个，乃当今陛下的千金公主！”咂舌几声，“啧啧啧，老汉我七十有三，也算是年逾古稀，似今日这种排场，真还是第一次遇上！”

淳于髡点点头，冲老人抱拳道：“谢老哥喽！”

别过老人，淳于髡将轺车赶至街边一家客栈，让小二安排一间房舍，略一思索，脱下游士衣冠，从随身箱包中取出一套叫花子衣穿上，亮出油光可鉴的大脑壳子，空了两手来到街上。

淳于髡随人流走到武安君府前，见新人早被迎入府中，看热闹的人流开始消散，各路贺客纷至沓来，在府前停车卸马，手持请柬，箱抬贺礼，熙熙攘攘，嘻嘻哈哈，相跟着走进府门。

淳于髡跟在两个贺客后面径走过去。府门两侧各站几个负责礼仪的门人，但有客来，就将腰身弯成九十度，笑脸迎送，同时验看请柬和礼单，唱报：“马空大人贺金二十，白璧一双；黄池令夜明珠一颗；御史大人珍珠一串，玛瑙手镯一对；太史大人青玉独角兽一只；郧城令贺金五十两……”

府门后面摆着两张黑漆几案，后面各坐一位主簿，一边听着门人的唱报，一边在竹简上轮流书写。因贺喜者太多，他们的两手几乎是一刻不停，连额角上的汗珠也顾不上揩去。

淳于髡大摇大摆地抬脚就进，却被站在首位的门人拦住。

门人小鞠一躬，客气地笑道：“老丈留步。”

淳于髡圆睁两眼，似是不解地瞪着他：“留步？留步如何吃到喜酒？”

门人又是一笑，从袖中摸出一枚铜币，递过来道：“前面有家客栈，老丈可将这枚铜币拿去，若要吃酒，就到那儿吃去。”

淳于髡接过铜币，反复验看半日，冷笑一声：“真是狗眼看人低。老朽要吃的是喜酒，你却拿这个打发，当老朽是叫花子呀！”说着随手一抛，将那枚铜币扔在一丈开外的砖地上，“啪”地发出一声脆响。

淳于髡一惊一乍，呵斥门人，顿时引来一群看客。前后赶到的贺客也都纷纷止步，观望这场热闹。

因是大喜之日，门人虽遭辱骂，却也不敢还口。众门人见状齐围上来，将淳于髡上下左右又是一番打量，确认他是赶来闹事的乞丐，遂有门人阴起面孔，不冷不热道："老丈既是来吃喜酒的，可有请柬？"

淳于髡白他一眼："老朽不远千里赶来贺喜，何来请柬？"

那门人微微拱手："武安君有令，无论何人，若无请柬，皆不得入内。老丈既无请柬，就请离开此地，免得闹出尴尬。"

"哈哈哈哈，"淳于髡仰天大笑数声，"尴尬？老朽走南闯北，什么怪事都曾遇到，唯独不知何为尴尬，今日有幸，倒是要见识见识喽！"

听他言语托大，众门人又都吃不准了，一时僵在那儿，不知如何收场。早有门人报知家宰庞葱。庞葱一路小跑过来，将淳于髡一番打量，见他气沉心定，断非一般人物，遂趋前一步，揖道："晚生庞葱见过先生。请问先生尊姓大名？"

淳于髡也将庞葱一番打量，眉头一挑："小伙子，老朽是谁并不重要。武安君今日大喜，老朽本欲讨杯酒喝，却被这帮门人拦住，扫去雅兴，却是可恼！"

庞葱赔上笑脸："这些下人有眼无珠，先生高人雅量，权且饶恕他们这次。但有得罪之处，晚生向先生赔罪，望先生莫与这些下人一般见识。"

"嗯，"淳于髡微微点头，"你年纪轻轻，嘴巴倒是乖巧。看在你的面上，老朽暂不与这帮下人计较了。至于喜酒，老朽这也无心喝了。不过，老朽有一句话，你可捎给武安君。"

庞葱赔笑问道："先生有何指教，晚生一定捎到。"

"不不不，"淳于髡连连摆手，"此话与老朽无关。不久前老朽在宿胥口遇到武安君的一个故人，是他托老朽捎来的。"

"一个故人？敢问先生，他是何人？"

"陈轸。"

"陈轸？"庞葱心里一揪，急问，"他说什么了？"

淳于髡晃晃光脑壳子："此人说：'早晚若打喷嚏，便是陈轸惦念着你呢。'"

话音落处，淳于髡一个转身，晃着光头，大步远去。庞葱惊愣有顷，似乎想起什么，急追几步，扬手叫道："先生留步！"

淳于髡顿住步子，转过身来："小伙子，你还有何事？"

庞葱拱手道："敢问先生如何称呼？"

淳于髡微微一笑："你可对武安君说，老朽是他朋友的朋友。"略顿一下，抬手指指光亮的秃顶，"还可告诉他这个。"

是夜，长庚西挂，玉兔东升，客人渐退，洞房花烛。庞涓喝高了，在白虎、庞葱的架扶下摇摇晃晃地走进新房。

白虎扶庞涓席地而坐，揖道：“恩公晚安，白虎告退。”

庞涓一把扯住白虎的衣袖：“白……自兄弟，别……别走。”

“恩公有何吩咐？”

“什么恩公？”庞涓喷着酒气大声呵斥，“我庞涓在这世上只有两个亲人，一个是你，白虎兄弟，另一个……”手指庞葱，“是我葱弟。”略顿一顿，盯住白虎，“白虎兄弟，从今往后，你我之间没有恩公，只有哥，只有弟。你是我的小弟，我是你的大哥，”又转向庞葱，“还有你，你俩都是小弟，一个是堂弟，一个是义弟。堂弟、义弟，都是庞涓亲弟，武安君府就是两位小弟的家。庞葱不说了，白虎兄弟何时若来，拔腿只管来。何时要走，抬脚尽管走，不必拘礼。大哥心里有苦，先找你们诉。大哥若有好事，先与你们分享。”

白虎、庞葱双双跪下，泣道：“大哥……”

庞涓一手拉起一个：“看看看，都是爷们儿，哭个什么？来来来，今日大哥人生得意，当与二位兄弟分享。”转对侍女，“拿酒来，我们兄弟三人再饮一坛。”

白虎看一眼庞葱，揖道：“大哥，来日方长，这一坛美酒，且待明日再饮。今日是大哥良宵，花好月圆，我们做小弟的就不打扰了。”

庞葱小声道：“大哥，夜已深了，嫂夫人还在洞房里候着呢！”

听到嫂夫人，庞涓点头：“好好好，两位小弟既有此说，此酒留待明日。”

二人再次揖过，转身退出。

庞涓起身，歪歪斜斜地送出几步，又被白虎、庞葱扶回，强按他坐下，再次退出。

庞涓似是想起什么，抬头叫道：“葱弟，听说下午有人在门口闹腾，可有此事？”

这个大好时辰，庞葱哪里肯说实情，随口支吾道：“哦，没……没什么，不过是个秃顶老头。大哥晚安，小弟告辞。”

庞葱转身欲走，庞涓却道：“慢！”挠头思索一阵，转向白虎，似是自语，又似是问他，“秃顶老头？会是谁呢……”

白虎转问庞葱：“此人可是五十多岁，身材高大，方脸，高鼻梁？”

庞葱点头：“正是。穿一身丐服，想来讨盏喜酒。”

白虎转向庞涓，笑道：“小弟认识此人，复姓淳于，单名髡，是闻名列国的滑稽游士，多年前曾被聘为稷下先生，这种事情，也只有他干得出来。”

“呵呵呵，”庞涓笑道，“若是此人，大哥也曾听人说起过。几年前他替燕公求聘大周公主，在洛阳斗败奸贼陈轸呢！这是高人，待过几日，白兄弟邀他来府，大哥请他将这喜酒喝个够。”

白虎答应下来，与庞葱再次别过。

庞涓回到内室。两名侍女过来，为他脱去新郎服，换上亵衣。许是酒精仍在作用，庞涓感到胸中一阵燥热，吩咐侍女打开窗户。

秋夜清凉，仅穿一袭亵衣的庞涓被外面的冷风一吹，情不自禁地打个寒战，继而是一声响亮的喷嚏。

走出数十步开外的庞葱听到这声响亮的喷嚏，心头一凛。

大婚之后的第三日，庞涓召来庞葱，将大婚之日所收礼金细细盘点，共得一千二百金，余为玉石珍宝。庞涓吩咐庞葱，将所有珍宝变卖，又得千金。庞涓留二百金交给庞葱，让他照管府中日用，将余金再次转交李将军，令他向列国购买军粮。

庞涓趁大婚之机广发请柬，大收贺礼，早在朝野引起非议。然而，当大家得知所收贺礼悉数用于军饷时，朝野无不震动。这日散朝，魏惠王特别留住惠施，邀他来到后花园中，在他最是喜爱的凉亭下相对而坐。

“惠爱卿，”魏惠王不无感叹道，“听闻庞涓将大婚贺礼用于军饷，寡人这心里五味杂陈哪，寡人乐呀！不瞒爱卿，前番寡人赐他五百金，被他用去购买粮饷，寡人心里还在打鼓，以为他不过是做做样子，收买人心。现在看来，庞爱卿才是真心爱军之人哪，当年吴起也不及呀，寡人错看他了！”

“是王上鸿福！”惠施也是赞叹，“武安君治军有方，一心为国，确为大将之才。只是，眼下国库无存，民心不稳，军饷一事关系重大，单靠武安君一人东拼西凑，不为远谋。”

“爱卿所言甚是。”魏惠王收住笑，点头应道，“寡人特别留你，为的也是此事。寡人问你，可有长远之计？”

“长远之计在于农桑，但兴农振桑，非一日可成。今年大灾，民无所积，国无所储，臣以为，权宜之计是举国节俭，诏令大户人家仿效武安君，有款捐款，有粮捐粮，举国一心，共渡国难。”

“爱卿此策甚好！”魏惠王略一思忖，转对毗人，“毗人，节俭之事，就从寡人做起。自明日始，寡人每日减去一餐，每餐一荤一素。王后及所有嫔妃，膳食比照寡人，月供减半。”

惠施起身叩道：“王上身先，臣民必起而效之，难关可渡矣！”

“唉，”魏惠王长叹一声，“回想过去那些时日，寡人如同做梦一般。自得爱卿，寡人也似心明眼亮，不再糊涂了。爱卿治国有术，却不能治军，寡人为此夜不成寐。不想天佑寡人，恰在此时，庞爱卿揭榜应聘，使寡人得偿所愿，尽揽天下能臣。寡人虽得庞爱卿，但仍有担心，惠爱卿此番保媒成功，寡人才算卸去心事，高枕无忧矣。”

惠施正欲说话，当值内臣走过来，叩道：“启禀王上，游士淳于髡求见！”

“淳于髡？”魏惠王略怔，“这个老滑稽不是在为老燕公跑腿吗？传话给他，就说寡人正在议事，让他改日觐见。”

“臣领旨！”

惠施伸手止住，抬眼望向惠王：“王上，据臣所知，淳于子已于去岁离开燕国，游乐于邯郸。今日到此，想必是受赵侯所托，为睦邻而来。”

“哼，”魏惠王脸色陡变，“这个赵语，寡人一向对他不薄，他倒是好，看起来唯唯诺诺，关键时刻却是歹毒。寡人袭卫，他结齐联韩，与寡人作对；秦、齐来袭，他趁火打劫，兵犯朝歌。仗打败了，他又想着求和。天下的便宜事，全都让他算计尽了！”

“王上息怒，容臣一言。”

“爱卿请讲。”

“王上，上述诸事怨不得赵侯。据臣所知，赵国实权尽在奉阳君手中，奉阳君与秦人关联甚密，此番兵犯朝歌，必系奉阳君之意！臣请王上斟酌。”

魏惠王沉思有顷，转对毗人：“宣淳于髡书房觐见！”

毗人叩道：“臣领旨！”

送走惠施，魏惠王即到御书房，屁股刚刚落席，又觉不妥，起身到铜镜前正了正衣襟和王冠，走出大门，站在门前台阶上，抬头望向门前花径。不一会儿，就见毗人引淳于髡穿过林子，径走过来。

看到淳于髡的鲜亮光头，魏惠王心里一乐，呵呵笑着步下台阶。

见惠王降阶相迎，淳于髡跪地叩道：“草民淳于髡叩见魏王！”

魏惠王疾步上前，扶起他道：“淳于子请起！”

淳于髡拱手谢道：“草民贱躯，何劳魏王远迎！”

“呵呵呵，”魏惠王笑过几声，“淳于子大名，寡人久闻。淳于子光临，寡人闻报已迟，仓促之间，未及远迎，还望淳于子海涵！淳于子，请！”

“魏王先请！”

魏惠王携住淳于髡之手，并肩走上台阶，步入书房，分宾主坐定。

毗人沏茶后退出。

魏惠王指茶礼让：“淳于子，请用茶。”

“谢魏王香茗。”淳于髡端茶杯轻啜一口，惊道，“敢问魏王，此谓何茶？”

魏惠王亦啜一口，缓缓说道：“此茶产于王屋山断肠崖，每年清明时节，由寡人亲使玉女百名，启朱唇含之，是谓玉女茶。”

“啧啧啧，”淳于髡忙将鼻孔凑近茶杯，连嗅数下，慨叹，“如此香艳之茶，草民一气牛饮，岂不是暴殄天物了。”

“呵呵呵，”魏惠王乐了，“骏马当配金鞍，名士当喝香茗。淳于子乃天下名士，非此茶不能般配也！”

“魏王羞杀草民了！”

魏惠王直奔主题：“听闻淳于子学识渊博，智慧过人，这些年来游走列国，救急解难，美名播扬天下，此番不辞劳苦，奔波至魏，可是受人所托，解人所难来了？”

“魏王圣明，”淳于髡捋下胡须，晃起光头，“草民两条贱腿，一日不走路脚底就会发痒，是以草民要不断游走；草民这张笨嘴，一日不说话舌根就会发僵，是以草民要不停说话；至于有人传扬草民救急解难，纯属溢美之词，草民因要仗之混口饭吃，也就听凭他们说去。”

“哈哈哈哈，”魏惠王大笑几声，“好说辞啊！早闻淳于子言辞幽默，是滑稽游士，今日一见，实非虚传哪！”

淳于髡又啜一口香茶，抬头道：“是草民口无遮拦，让魏王见笑了。”

“呵呵呵，”魏惠王笑道，“还是口无遮拦的好！寡人耳边不缺唯唯诺诺，缺的就是先生这口无遮拦。淳于子，你还没回寡人的话呢。此番使魏，可是受人所托，解人所难来了？”

“不不不，”淳于髡连连摇头，“眼下并无战事，天下太平，各家宫廷莺歌燕舞，何人有难？不过，草民来此，受人所托却是真实。”

“敢问淳于子受何人所托？”

“赵侯。”

“呵呵呵，”魏惠王不无得意地扬下手，“寡人早就料到了。说吧，既然不为求情而来，赵语还有何事劳动淳于子？”

“赵侯感激魏王大恩，托草民致谢来了！”

“致谢？”魏惠王怔了，“寡人败他于朝歌，斩他万余，俘他数千，他不来复仇，倒还致谢？”

“对对对，”淳于子连连点头，“赵侯正为此事致谢。”

“请言其详！”

“魏王有所不知，当初奉阳君请旨出兵，赵侯一千个不乐意。可奉阳君一意孤行，咆哮朝廷，赵侯出于无奈，这才准奏。魏王大败奉阳君于朝歌，差点儿擒他于马下。奉阳君灰头土脸，一路逃回邯郸，连续数日不敢上朝。赵侯心中窃喜，却又不便表露，只好暗托草民向魏王致谢。”

“哈哈哈哈，”魏惠王又是几声笑，“听你这么说来，是寡人错看赵语了。淳于子何时回去，请转告赵侯，就说寡人说了，前面旧账一笔勾销，他那几千残兵败将，也请淳于子一并捎回。”

淳于髡起身，行三拜大礼：“草民代这些被俘的赵人妻女，叩谢魏王体恤大德！”

“好吧，”魏惠王正正衣襟，“你这几拜寡人收下。淳于子请起，寡人还有大事请教。”

淳于髡再拜后起身，重回几前坐下，抱拳道：“魏王有何大事，尽可告知草民，草民知无不言。”

魏惠王抱拳还礼，缓缓说道：“魏国地处中原，西有强秦，东有富齐，北有悍赵，南有蛮楚，更有韩、燕、中山、卫、宋环伺于侧，处境尴尬。寡人自承大统以来，食不甘味，夜不安寝，战战兢兢，如履薄冰，唯恐有所闪失，辱及列祖列宗。淳于子是大贤之才，定有良策兴我大魏，寡人恳请淳于子赐教！”

“赐教不敢。草民以为，魏王所虑，无非二字。”

魏惠王身子趋前：“什么字？”

“人才！”

魏惠王微微点头：“请淳于子详解！”

“自古迄今，得人才者，得天下。治国安邦，首在人才。昔日文侯之时，文用翟璜、魏成子，武用吴起、乐羊，更拜卜子夏、段干木、田子方为国师，朝堂之上，名士济济，数年而有大治，独霸天下数十载，列国无与争锋。”

“先生所言极是！”魏惠王连连点头，“不瞒先生，徐州相王时，田因齐羞辱寡人国无贤才，后又引兵犯境，也是欺寡人朝中无人。不想寡人身边也有二人，一是惠子，一是庞子，反倒令他田因齐引火烧身，自取其辱。先生游历列国，所见甚广，不知寡人身边这二位爱卿，可算人才？”

“哈哈哈哈！”淳于髡爆出一声长笑。

“哦？”魏惠王大是惊愕，“淳于子何故长笑？”

“草民非笑二人，是笑大王！”

魏惠王心头一沉，面上依旧挂笑，只将身子略向后仰：“寡人有何好笑之处？”

“大王久居深宫，不知外面变化。若此二子也算人才，天下岂不是人才泛滥了吗？”

两位大贤遭他这般蔑视，魏惠王脸上挂不住了，敛起笑容，咳嗽一声，语气严厉许多：“听闻淳于子是天下名士，寡人这才洗耳恭听。不想淳于子并无名士风范，满口乱语，辱我朝中大贤，却是可叹！请问淳于子，天下学问过惠子者，可有几人？”

“就草民所知，”淳于髡侃侃言道，“天下士子贤过惠子者，比比皆是。惠子持名实之论扬名于外，但他在游历稷下时，竟被一个叫公孙龙的后生驳了个哑口无言。在稷下学宫，学问如公孙龙者数以百计。纵观天下，大贤之才并不在稷下，而在乡野僻壤。宋有庄周，邹有孟轲，齐有随巢子，此三子，皆为饱学之士，各有建树，可称天下大贤。名山大川之中更有隐士、高人不计其数。别的不说，单是终南山的寒泉子、云梦山的鬼谷子，皆有扭转乾坤之才，比惠施不知高出多少！”

魏惠王心头冷冷一笑，暗自忖道：“哼，天下之才，若论学问，胜过惠子者，自有许多。可这老滑稽有所不知的是，公孙龙之流，只会夸夸其谈，孟轲、随巢子学问虽大，志向却远，所论过于空泛，于寡人并不实用。庄周之才，多为养生之论。至于高人、隐士，无不以修仙炼道为毕生所求，纵有才识，也只想付诸山林，不肯予我。唯有眼前这个惠子，既能讲学问，又能切中时弊，颇称我心。也罢，此话且不点破，看这光头还有何语？”想到此处，抬头再问，“天下善战过庞子者，又有几人？”

淳于髡再爆一声长笑，身子前趋：“草民敢问大王，庞涓师从何人？”

“云梦山鬼谷子！”

“大王可知鬼谷子身边尚有多少学生？”

这倒是魏惠王未曾想过的，当即摇头：“寡人不知。”

“这就是了。”淳于髡晃几晃光头，“别的不说，单是修习兵学的亦非庞涓一人。据草民所知，庞涓师从鬼谷子仅三年，所学不过皮毛而已。”

魏惠王倒吸一口凉气：“听淳于子之言，云梦山中难道还有胜过庞爱卿的？”

“这个自然。别的不说，天下兵圣孙武子的六世玄孙孙宾，此时就在山中，与那庞涓一道修习兵学。据草民所知，谷中诸人，唯有孙宾得到鬼谷子绝学，是横扫千军之才！”

魏惠王朝淳于髡拱手揖道：“闻先生之言，魏罃眼界大开。魏罃孤陋寡闻，适才冒犯先生之处，还望先生海涵！”

淳于髡还揖：“是草民妄言犯上，大王不加责罚，草民已知足了。”

“先生也是大贤，如蒙不弃，魏罃愿拜先生为国师，早晚聆听教诲！”

“草民身贱，只爱游玩，不习衣冠，还望大王成全！”

魏惠王略想一下：“来人！”

毗人走进：“臣在。”

“赏淳于子足金三十两，锦缎二十匹，轺车一辆。”

淳于髡起身叩道：“草民谢大王重赏。”

自淳于髡来过之后，魏惠王像是换了个人，一连几日，茶饭不思不说，连正常的上朝也免了。

膳食房中，几案上摆着一荤一素两个菜肴，是毗人在传旨节俭时特意吩咐厨师做的。一荤是熊掌、豹心，做一盘，一素是百菇山珍，亦做一盘。旁边摆着一碗羹汤，是燕窝炖山参。

魏惠王在几前端坐，拿起箸子，夹起一块熊掌，放进口中，咬嚼几下，吐出来，转夹一块豹心，放到唇边，既不吃进去，也不弃掉，只是僵在那儿，心底里仍在回荡淳于髡的声音：“据草民所知，庞涓师从鬼谷子仅三年，所学不过皮毛……谷中诸人，唯孙宾得鬼谷子绝学，是横扫千军之才。”

魏惠王忖道：“淳于髡名噪列国，所言一定不虚，想必孙宾之才，真在庞涓之上。我有庞涓，已是天下无敌，若是再得孙宾……”

想到这里，魏惠王“啪”地扔掉箸子，吓得在一侧侍奉进膳的几个宫女扑通扑通全跪在地，花容失色，瑟瑟发抖。

毗人急走过来，小声问道：“王上有何吩咐？”

“召武安君！”

“臣领旨！”

张猛依庞涓所嘱，从各地军卒中精选出三千奇能之士，列作名册呈报庞涓。

庞涓一一审毕，不无感慨地对张猛道："不瞒张将军，在涓小时，大魏武卒是多么神圣，身为大魏武卒又是多大的荣耀啊！然而，所有这一切，在涓亲历平阳屠城之后，灰飞烟灭。张将军哪，作为军人，涓渴望杀戮，涓渴望喋血，但那一定是在战场上，一定要让对手拿起枪！可那时，在平阳，唉，光天化日，杀孺奸女，禽兽不如啊！涓看得心寒，涓为大魏武卒沦落至此而痛心不已。就在当日，涓脱下甲衣，涓暗下决心，有朝一日，涓若有缘再穿甲衣，一定要整顿武卒，再建铁军，树吴起时代的大魏武卒雄风！"

"这个日子，末将看到了！"张猛心情激动，"能在将军麾下，是末将此生之幸！"

"在下依据吴起将军梦中所嘱，详细列出大魏武卒的军风军纪、作战奖惩诸项行为要则，请将军作为命令宣示三军，照此整顿，严格训练，凡违规则者，以军法处置！"庞涓从案下拿出一册厚厚的竹简，递给张猛。

张猛双手接过："末将得令！"

外面一阵脚步声急，宫中来人宣召庞涓。

庞涓赶到御书房，叩首："儿臣叩见父王！"

"贤婿平身。"惠王朝他笑笑，指向旁边的席位。

"谢父王！"庞涓起身坐于席位。

"听闻孙武子后人孙宾与爱卿同在鬼谷修习兵学，可有此事？"惠王紧紧盯住他，劈头问道。

庞涓一下子蒙了。他做梦也没有想到惠王会突然问出这个。

"贤婿？"惠王倾身，目光征询。

"回禀父王，"庞涓回过神来，拱手禀道，"确有此事。孙宾与儿臣于同日进谷，同随鬼谷先生修习兵学。"

魏惠王又问："贤婿出山，孙宾为何仍在谷中？"

庞涓心头又是一怔，眼珠子一转，顺口应道："孙宾年齿长于庞涓，虽肯用功，记忆却差，在学业上稍逊儿臣一筹。同一篇文章，儿臣咏读三遍即可熟记，孙宾却要咏读十遍，是以先生准允儿臣下山，独将他留于谷中。"

庞涓此说与淳于髡所言相去甚远，魏惠王眉头微皱，略顿一下，直言道："寡人听说，孙宾已得鬼谷子绝学，是横扫千军之才呢。"

庞涓心头收紧，眼珠子又是一转，从容应道："士别三日，当刮目相看。

儿臣下山已满一年，孙宾是否长进神速，儿臣委实不知。”

“嗯，”魏惠王脸色稍缓，点头，“贤婿所言也是。”目光热切地盯住庞涓，“寡人欲得孙宾，贤婿意下如何？”

“父王所欲，亦为儿臣所愿！”庞涓郑重应道，“儿臣与孙宾有八拜之交，亲如兄弟；儿臣下山之时，曾与孙宾有约，如果儿臣得意，就邀请孙宾一同下山，共事父王！”

“呵呵呵，太好了！”魏惠王面色大悦，半是责怪道，“贤婿既有此愿，早该奏报为父才是！”

“儿臣未奏，原因有二，”庞涓沉下气来，缓缓回道，“一是儿臣刚刚用事，贸然举荐，恐人议论儿臣结党营私；二是孙宾本为齐人，家庙皆立于齐。在鬼谷之时，孙宾曾多次对儿臣提及此事，说他有朝一日学有所成，想回齐国效力。如今齐、魏交恶，儿臣担心他身在魏地，心念齐国，于国家或有不利……”本欲再说孙门与魏有血仇之事，话至口边，又吞回去。

“嗯，”惠王微微点头，“贤婿所虑甚是。不过，国家正值用人之际，如果孙宾能助贤婿一臂之力，当是国家大幸。至于孙宾心念齐国，也是常情。士为知己者死，女为悦己者容。孙宾若来，只要寡人待以诚心，想必他也不会负寡人。”

“父王宽仁纳贤之心，儿臣已知。儿臣明日即别大梁，赶赴鬼谷，邀请孙宾共谋大业！”

惠王闭目沉思，有顷，摆手止道：“眼下国事繁多，朝中不可没有贤婿。再说，贤婿与莲儿新婚燕尔，尚有许多俗礼不可省却，眼下不宜远行。这样吧，贤婿可修书一封，由寡人使申儿前去鬼谷，一是迎聘孙宾，二是代寡人答谢鬼谷先生！他为寡人培育两位大贤之才，功莫大焉，寡人请以国师之礼待之。”

庞涓起身叩道：“儿臣代恩师鬼谷先生、师兄孙宾叩谢父王隆恩！”

“呵呵呵，”惠王摆手笑道，“去吧。若有空闲，叫莲儿回宫看看。几日不见，寡人甚是想念她！”

庞涓再拜：“儿臣代内子叩谢父王记挂！”

庞涓辞别惠王，回至府中，也如魏王一般茶饭不思，独坐于书房，越想越是烦闷，干脆起身，在厅中踱来踱去，自语道：“真是蹊跷！鬼谷子择徒授艺之事，天下鲜有人知。我虽说过师从于鬼谷子，可从未提及另外三人，王上如何知道孙宾的？这且不说，王上非但知道，且肯定孙宾已得鬼谷子绝学，是横扫千军之才。细听话音，王上深信孙宾之才优秀于我。这就怪了，孙宾所学，比我庞涓相差甚远，料定他再学三年，也不及我。难道先生另有绝学，只在我走之后独传孙宾，使他顿悟……”

庞涓沉浸于思虑之中，没有注意到悄悄进来的瑞莲公主。新婚燕尔，蜜月初度，公主一时也离不开夫君。前面见他突然被召，这又见他心情郁闷，眉头不展，瑞莲以为有大事了，到他跟前，不无关切道：“夫君？”

庞涓吓了一跳：“夫人？”

瑞莲的纤手搭在庞涓身上，柔声问道：“夫君在此走来走去，自言自语，有何心事，能否说予臣妾？”

“谢夫人挂记。”庞涓淡淡一笑，“其实也无大事。适才父王召涓，问及鬼谷诸事，涓向父王推荐师兄孙宾。父王爱才心切，要涓礼聘孙宾下山，共创大业。此为涓之心愿，涓心激动，是以自语。”

瑞莲嘘出一口气，顺口说道：“这是喜事，值得庆贺呢。”

“呵呵，”庞涓心不在焉，“是个喜事，值得大贺。”

瑞莲像个淘气的孩子，缠住这个话题不放：“你们师兄弟，也有一年没有见面了吧？”

“是啊是啊，是有一年了。”庞涓随口应一句，陡然意识到他所面对的是大魏公主，旋即轻叹一声，“唉，不瞒夫人，涓自离鬼谷，就如一个迷途的稚子。所幸得遇父王和夫人，才算有所傍依。”

瑞莲感动，埋头于庞涓怀中：“夫君……”

“唉，”庞涓又叹一声，“若得孙兄在此，涓就多了一个手足兄弟。不瞒夫人，得此佳音，庞涓真是喜不自禁哪！”

瑞莲抬起头来，扑哧笑道：“夫君跟旁人就是不一样！”

庞涓一愣：“有何不一样？”

“别人遇到喜事，总是眉开眼笑；夫君遇此喜事，却是眉头紧皱，连声叹气，似有浩茫心事。”

“夫人真会说笑。”庞涓也笑起来，“常言道，物极必反，涓是喜极而叹了。”

二人说笑一阵，瑞莲转换话题：“方才夫君叩见父王，父王没说别的？”

“父王说，他和母后甚是想念你，要你得空回宫一趟。”

瑞莲泣下：“几日不见父王和母后，臣妾也是挂念。明日臣妾回宫看看，夫君意下如何？”

“好好好！涓与夫人同去。涓早就想去后宫探望母妃，叩谢她的大恩大德！”

“咦，”瑞莲目光诧异，“母妃有何恩德于你？”

庞涓眼望瑞莲，微微笑道：“母妃为涓生出如此贤惠、娇美的夫人，恩德当比天大，比海深！”

瑞莲再次将头埋进庞涓怀里，不无娇羞：“夫君……”

庞涓性起，将她搂紧，解她衣带。

二人正要缠绵，庞涓猛又想起一事，一把推开瑞莲：“夫人，有个小事，涓去去就来。”

瑞莲点头，松开他，将松下的衣带扣上，抬起一双妙目：“夫君只管忙去，臣妾候你就是。”

庞涓来到前院，找到庞葱，小声问道：“葱弟，方才想起一事，大婚那日，有人上门闹事，似听白虎说是淳于髡。那日大哥喝多了，不及细问，究竟怎么回事？”

“那日下午，”庞葱应道，“门人急报，说有人在门口闹事，想吃喜酒。小弟赶去，见是一个光头，后来才晓得他是淳于子。小弟观他相貌，知他断非寻常人士，邀他赴宴，他却不肯，只说有人托他捎话给大哥。因是大哥喜日，小弟不能扫兴，就把那话压下了。”

庞涓心头一沉：“何人捎话？所捎何话？”

“是仇家陈轸，他捎的话是：‘早晚若打喷嚏，便是陈轸惦念你呢。’”

庞涓牙关咬起，拳头捏成一团，之后慢慢松开，爆出一声冷笑：“嘿嘿，奸贼敢说此话，还算一个男人！”

“大哥，让奸贼溜掉，是个祸害，我们得防着他一些！”

“溜掉也好！”庞涓鼻孔里轻哼一声，“人生在世，若无对手，活着也是无趣。只是与他相斗，脏了大哥的拳头，却是可惜！”略顿一下，话锋陡转，“那个秃头哪儿去了？”

“近些日来，小弟使人盯他来着，得知他于前日觐见王上，听说王上赏他不少黄金、丝帛等物，赐轺车一辆。”

庞涓一拳砸于几上：“这就是了！”

庞葱诧异道：“就是什么？”

“陈轸让大哥打的喷嚏！”

翌日，魏宫大朝，魏惠王的目光落在庞涓身上：“庞爱卿，礼聘孙宾之书，可否修好？”

“回禀王上，”庞涓跨前一步，“臣已修好，请我王御览。”说着从袖中取出竹简，呈给惠王。

惠王细阅一遍，颇为满意，转向太子申：“申儿。”

太子申出列奏道：“儿臣在。”

“鬼谷先生居于荒山野岭，竟为寡人育出庞爱卿、孙爱卿这样的大贤之才，甚是难得。寡人本欲亲往谢之，因国事烦冗，无法脱身。你代寡人前去，赐鬼谷先生黄金百两，丝锦五十匹，礼聘孙宾，拜谢鬼谷先生的育英之恩。”

太子申叩道：“儿臣领旨！”

退朝之后，太子申叫住惠施，拱手道：“先生留步！”

惠施顿步，抱拳还礼：“臣见过殿下！”

“魏申觉得此事怪异，特向先生求教。”

惠施问道：“何处怪异了？”

“父王用士，向来没有如此主动，为何独对孙宾行此大礼？”

“王上自比文侯，毕生之愿是称霸列国，南面而王。河西一战使王上之梦几乎破灭，所幸得到庞涓，雄心再起。听闻孙宾之才更胜庞涓，自然是心向往之。”

“这个倒是。”太子申点头，“魏申还有一事不明。孙宾为庞涓师兄，礼聘孙宾，当由庞涓前去才是，父王为何不差庞涓，反使魏申躬身前往呢？”

“这正是王上的高明之处。”

太子申一怔：“高明之处？”

“庞涓一战成名，封侯拜将，权倾朝野，贵为国戚，又与公子卬结在一起，在朝形成势力，必对殿下不利。而未来继承大统的，只能是殿下。王上不善识人，却善权术，此举正是给殿下机会。假使孙宾才具胜过庞涓，王上自会重用。孙宾是殿下礼聘来的，于殿下就有知遇之恩，其中利害，不言而喻。”

太子申大是叹服，拱手道：“先生一语道破玄机，魏申茅塞顿开！”

太子申一行车马浩浩荡荡，径投云梦山而去，一路晓行夜宿，三日之后抵达宿胥口，早有地方官员安排客栈住下。歇过一日，太子申随带亲信数人，渡河前往鬼谷。

因有向导领路，不消多时，太子申一行赶至鬼谷。行至谷口，太子申吩咐众人守在谷外，仅带四个抬谢礼的随员，毕恭毕敬地走进谷中。

谷中热闹早被童子发现。看到太子申数人走近草堂，童子迎上，当路而立。

太子申揖道：“请问童子，鬼谷先生可在？”

童子打量他一番，还礼道：“请问客官，为何欲见家师？”

“请童子转告鬼谷先生，就说魏国太子魏申求见。”

“请太子稍候。”童子返回草堂，报告玉蝉儿。

玉蝉儿入洞，小声禀道：“先生！”

“可是有客人了？”

“是魏国太子，抬着礼箱，求见先生。”

“非来求见老朽，是来求聘孙宾的。”

“先生之意如何？”

“这是孙宾之事，让他与孙宾谈吧。”

“蝉儿知了。”

玉蝉儿款款走出草堂，距太子申五步停下，揖道：“小女子见过魏国太子殿下。”

想是未料深山野谷里竟然有这么一位绝世美女，太子申一下子愣了，痴痴地站在那儿。

玉蝉儿再次揖礼：“小女子见过太子殿下！”

太子申醒神，急急还礼：“魏申见过仙姑。请问仙姑，鬼谷先生可在？”

“先生闭关潜修，恕不见客。”

“这……”

“殿下一路辛苦，如蒙不弃，请至草堂喝杯清茶。”

“魏申谢仙姑款待。”

“殿下，请。”

“仙姑，请！”

二人一前一后步入草堂，童子沏好茶，摆上几案，候立于侧。

太子申抱拳：“敢问仙姑芳名？”

玉蝉儿回揖：“殿下可叫小女子玉蝉儿。殿下，请用粗茶。”

太子申略品一口，盯住玉蝉儿，赞道：“青山绿水，佳人香茗，好一处洞天福地！”

玉蝉儿脸色微沉，缓缓起身：“殿下若为游山玩水而来，茶后可登前面山巅，那里风景更佳。小女子有事要做，恕不奉陪了。”说毕略略一揖，转身就走。

太子申自觉失言，起身急道：“仙姑留步！”

玉蝉儿停步，转身：“殿下有何吩咐？”

太子申揖道：“前些时日，魏四面受敌，情势垂危。先生爱徒庞涓力挽狂澜，使魏转危为安。父王感念先生教化之恩，特使魏申进谷面谢！”说着，朝外击掌，几位随员抬着两只装满黄金等物的礼箱进来，放置地上，打开箱盖，退出。

太子申指向两只箱子：“父王赐鬼谷先生黄金百两，玉璧两双，夜明珠一颗，珍珠十串，锦缎五十匹。些微薄礼，不成敬意，望仙姑笑纳！”

玉蝉儿看也不看两只礼箱，敛神正色：“小女子代先生谢过你家父王美意。鬼谷本是清净之地，盛不下这等贵重物品。先生有言，庞涓既已出山，就与鬼谷无涉。请殿下带上这些宝贝，回去转呈你家父王。”

见玉蝉儿一口回绝，太子申急道：“此为父王心意，姑娘执意不收，倒叫魏申为难！”

玉蝉儿冷冷接道：“请殿下转告你家父王，为君之道，当与民相安。财物取之于民，亦当用之于民。这些金子，这些珠宝，皆为民脂民膏，来之不易，自当用于该用之处，莫要随意抛撒。”

太子申肃然起敬：“仙姑玉言，振聋发聩，魏申一定转禀父王。魏申还有一事恳请姑娘！”

“殿下请说。”

太子申从袖中摸出魏惠王的诏书和庞涓的书信：“此为父王亲写诏书，烦请姑娘转呈先生。此为庞将军捎给孙宾的书信，烦请姑娘转呈孙宾。庞将军还有一些叮嘱，魏申须当面转告孙宾。”

玉蝉儿微微点头：“魏君写给先生之信，小女子代收了。至于庞涓之信，殿下还是当面交给孙宾吧。”转对童子，“童子，带殿下去见孙宾。”

“好咧！”童子应过，转对太子申微微一揖，“殿下请！”

太子申还一揖：“童子请！”

童子领着太子申走到四子草舍前面，大声叫道：“孙师弟，有人寻你！”

孙宾刚好在家，应声走出，见到太子申等，怔在那儿。

太子申揖道：“魏申见过孙子！”

孙宾还礼：“孙宾见过魏子！”又指向草地上的几只石凳，“魏子请！”

“孙子请！”

二人分别坐下。

太子申取出庞涓书信，呈给孙宾：“庞将军托魏申捎给孙子书信一封，请孙子惠阅！”

孙宾双手接过：“有劳魏子了！”

孙宾展开庞涓书信，只见信中写道：

> 孙兄，涓仓促下山，步履艰难，幸蒙魏王厚爱，终得驱用。弟时刻未忘临别之言，今立足已稳，特荐兄于王上。魏王闻兄之贤，食不甘味，寝不安枕，特使殿下奉诏入谷，邀兄共赴大业。此等恩宠，堪比太公渭水之遇。望兄莫失良机，奉诏下山，与弟并肩齐驱，共辅明主。
>
> 弟涓 拜上

孙宾读毕，方知对面而坐的是魏国殿下，叩道：“孙宾不知殿下光临，失礼之处，还望海涵！”

太子申扶起他道：“孙子不必拘礼！申奉父王诏命，驱驰至此，只为迎聘孙子，望孙子成全父王美意，即刻下山，与申同赴大梁，建功立业。”

“魏王美意，殿下盛情，孙宾受之有愧！”

“孙子不必客气。时辰不早了，不知孙子何时可以下山？”

“这是大事，宾难以自决。山中苦寒，殿下请先下山安歇，待我禀过先生，回复太子如何？”

“也好。”太子申略一沉思，点头，“申在宿胥口恭候孙子，三日之内若是不见孙子前来，申就再次进谷恳请。”

“三日之内，孙宾一定回禀殿下。”

太子申揖道：“魏申告辞！”

孙宾回揖：“宾恭送殿下！”

是夜，鬼谷草堂里，张仪连点六根松明子，照得满堂光亮。张仪、苏秦、孙宾、玉蝉儿、童子五人齐集于堂。太子申送来的两个礼箱赫然摆于堂中，童子将两只礼箱打开，苏秦、张仪伸头看去，但见一只箱中黄澄澄的满是金锭，另一箱现出珠玉和锦缎，码得甚是齐整。

童子见过铜币，也见过小块金子，未曾见过码成堆的金锭，更未见过这么多的锦缎，遂指箱中之物望向苏秦：“苏师弟，此为何物？”

苏秦平生第一次见到如此之多的金子，早已两眼发直，见童子问他，回过神来，说道："回师兄的话，这些是金子，那些是珠宝和锦缎。"

"这些金子好做什么？"

众人皆笑起来。

"回禀师兄，"张仪笑道，"在这天下，金子所向无敌，没有它做不成的事。"

童子从箱中拿出一只金锭，左看右看，又在手中掂了几掂，将头转向玉蝉儿："蝉儿姐，难道此物比先生还要厉害？"

众人又是一番大笑。

玉蝉儿止住笑，拉过童子，悄声说道："别听张仪瞎扯。在这谷里，此物一无所用，还不如溪水里的卵石呢。"

"什么殿下！"童子随手将金锭扔回箱中，扑哧笑道，"真想感谢先生，就该拿些好东西来，拿来这些，吃不能吃，用不能用，掂起来分量却重。"

众人越发笑得厉害。

孙宾却是蹲在地上，自始至终未能笑出。

见大家笑够了，孙宾起身，朝大家拱手道："大师兄、师姐、苏兄、张兄，请诸位莫谈金子了。在下千思万想，是去是留，实无定见，恳请诸位拿个主意。"

张仪应声叫道："没什么好说的，依张仪之见，孙兄只管前去。"

孙宾望向张仪："张兄何说此话？"

"就凭这堆金子。"张仪手指箱子，"魏王重金求士，殿下亲迎，足见魏国重视人才。庞涓那厮算什么玩意儿，可魏王不但封将拜爵，还将宝贝女儿嫁他。看来，前番河西一战，真将老昏君打醒了。魏国地处中原，若能振作，或如庞涓那厮所说，真能够左右腾挪，是孙兄的用武之地呢。"

苏秦连连摇头："依在下之见，魏不可去。"

孙宾扭过头来："请苏兄详言。"

"也凭这堆金子。"苏秦看向金子，"这些年来，魏国大兴土木，连年征伐，国库早空，民不聊生，魏王却视而不见，出手这般阔绰，依旧是挥金如土，可见其不察民情，不恤民生。君不知民，必困。君不恤民，必窘。由此看来，此君不可辅也。"

苏秦竟然说出此话，倒让玉蝉儿内中一动，不由得看他一眼，目光赞赏。

孙宾点头，看向玉蝉儿："师姐可有定见？"

玉蝉儿笑道："刚才张公子、苏公子之言，各有道理。以孙公子之才，无论辅佐何国君主，均会有所成就。只是……"略顿一下，"孙公子若去魏国，蝉儿唯有一虑。"

孙宾急问："师姐是何忧虑？"

玉蝉儿迟疑一下，再笑一声："也没什么，蝉儿是说，孙公子过于仁厚，若与庞公子同朝为官，只怕难有出头之日。"

"对对对！"张仪迭声急道，"师姐此言正中我心。方才在下只顾想大，未曾想小，将庞涓这厮的人品忽略了。庞涓这厮只可共患难，不可共富贵，孙兄还是莫去魏国为好！"

"呵呵呵，"孙宾笑道，"若是此说，倒不打紧。庞师弟与宾情义甚笃，至于名利，宾向无所争，相信不会与他为此生隙。"

"孙师弟，"童子插言道，"说来说去，你自己究竟是去还是不去？"

"这……"孙宾迟疑半晌，"回师兄的话，师弟实在无法决断，请师兄为师弟决之。"

童子两手一摊："这是大人的事，童子如何能断？"

众人皆笑起来。

童子扫他们一眼，一本正经地转对孙宾："既然诸位皆不能决，师弟也不知何去何从，依师兄之见，可以进洞求问先生。"

"回大师兄的话，"孙宾应道，"听师姐说，先生正在闭关潜修，师弟不敢打扰。"

张仪笑道："先生此说，必是打发那个太子的，孙兄只管去问。"

孙宾看向玉蝉儿。

玉蝉儿点头应道："张公子说得是，先生没有闭关。只是……眼下时辰已晚，先生当是入定了，孙兄若问，可于明日晨起再来。"

翌日晨起，孙宾走到草堂，玉蝉儿引他进门，见鬼谷子已在堂中端坐，看那样子，是在候他。

孙宾拜过，将庞涓之信双手呈上。

鬼谷子扫过一眼，随手丢在几案上，微笑着看向孙宾。

孙宾叩道："师弟下山之时，曾与弟子有约。今日师弟履约，特邀弟子前去，弟子若是不去，当是失信；魏王亲派殿下礼聘，待弟子以诚。弟子若是不去，当是失礼。魏人于数年前入侵卫境，血洗平阳，先父母、叔父全家及数万无辜百姓死于国难，弟子若去仕魏，就等于忘却前仇，当是不孝。今日之事，弟子反复思量，终难决断，只好烦扰先生。"

鬼谷子闭上两眼，半晌，慢慢说道："放下信、礼、孝不论，你的真心归于何处？"

“弟子愿随先生幽居鬼谷，修仙炼丹，潜心求道。”

鬼谷子凝视孙宾，有顷，点头道：“你忠厚质朴，心无杂念，有此愿心，必能成就。只是天下纷乱，战争频仍，众生犹在火海之中。你既习兵学，就当顺应天命，止乱解争。待天命有成，再来遂此愿心。老朽只在林深谷幽之处，候你功成归来。”

孙宾叩拜：“弟子唯先生之命是从。”

“你是否赴魏，尽在你心，老朽并无决断。至于朋友之信、君王之礼、事亲之孝，皆为个人恩怨，修道之人理应忘却，唯以天下大道为念。”

鬼谷子一番话如醍醐灌顶，孙宾豁然开朗，纳头叩道：“弟子明白了。”

鬼谷子眼望孙宾，脸上浮出慈爱的微笑：“你明白什么了？”

“弟子决定了。弟子这就下山，助师弟一臂之力。”

鬼谷子心头一颤，随即定下来，微微点头：“你既已做出决定，那就去吧。”

“弟子此去，是福是祸，还望先生点拨。”

鬼谷子盯他一时，吩咐道：“先圣曰：‘祸兮，福之所倚；福兮，祸之所伏。’是福是祸，皆由天命，非人力所能扭转。你可觅山花一束，老朽为你占之，或可有所警示。”

“弟子遵命！”

孙宾起身，正欲出门觅花，恰好看到玉蝉儿手提一罐清水进来，走至先生堂前靠墙处。那里摆着一只高脚铜鼎，鼎中插着一束她昨日所折的野菊花。

玉蝉儿换过鼎中之水，将花重新摆好。

百花之中，孙宾偏爱菊、梅，心里一动，径走过去，取出来，双手呈给鬼谷子，叩道：“先生，弟子就占此花，请先生验看。”

鬼谷子摆手：“放回去吧。”

孙宾谢过，起身将菊花复归入鼎，再至鬼谷子跟前，跪下。

鬼谷子双目微闭，运神发功，有顷，睁开眼睛，神色凝重，面呈忧容，两眼凝视孙宾，久久不语。

孙宾心头一沉，轻声道：“先生……”

鬼谷子盯住他道：“你可认定此花？”

孙宾应道：“弟子认定。”

“好吧，”鬼谷子闭起眼睛，缓缓说道，“你既认定此花，老朽就以此花占之。此花长于野谷，开于仲秋，不与百花争艳，喻你心志高远，与世无争；

此花生于磐石之间，清香怡人，经霜不落，喻你品性高洁，神定志坚；此花为玉女所爱，又为玉女所折，备受玉女侍弄，喻你将得美人真心；此花自在长于谷中，却横遭残折，喻你当有飞来劫难；此花虽经残折，却被供养于宝器之中，喻你虽有劫难，却无大碍；供养之器为青铜之鼎，供养之水为山中清流，喻你将来受到器重，可得善终！”

孙宾听到前景若此，愣怔良久，叩道：“弟子谢先生吉言！”

鬼谷子又叹一声：“既占此花，你的名字需改一字。”

“恳请先生为弟子改之！”

“将‘宾’字改为‘膑’字，或可使你有所进取。”

玉蝉儿纳闷，小声问道：“先生，‘宾’字改为‘膑’字，如何就能进取？”

“此为天机。”

孙膑再拜：“弟子谢先生更名！”

鬼谷子略顿一时，话中有话：“孙膑，你与庞涓同朝事主，凡事当要多个心眼！”

孙膑叩道：“弟子记下了！”

鬼谷子在几案下面摸出笔，玉蝉儿递上墨水。鬼谷子提笔在一块丝帛上书写一时，装入一只锦囊中，封好，递给孙膑：“老朽予你锦囊一个，垂危关头，当可启之！”

孙膑双手捧过锦囊，泣泪叩首：“弟子谢先生宝囊！”

鬼谷子凝视孙膑，良久，缓缓说道：“孙膑，你可以走了！”说罢起身，径入洞中。

孙膑朝鬼谷子的背影连拜数拜，失声泣道：“先生……”

第 047 章 | 议国策孙膑展才 抑魏势陈轸献谋

太子申与孙膑同乘一车，在护卫甲兵的前簇后拥下，奔驰在酸枣地界的宽阔官道上。

时值金秋，田野里却看不到丰收，唯见荒芜片片。

日头正值头顶，照理该是午餐时间。然而，放眼望去，官道两旁的远近村落，竟是看不到一缕炊烟。

一辆牛车从一条小道辚辚而来，走进官道。

拉车的是头瘦牛，车上装着他们的全部家当及耕具，几件破被褥上坐着一个老太，老太怀里抱着一个两岁大的女童。一个老人手持鞭子，走在瘦牛身边，一个四十来岁的壮汉跛着一条腿，与一个弱冠少年紧跟车后，各自将手搭在车厢上，似是在为老牛搭把劲儿。再后面，走着一个中年妇人和一男一女两个半大孩子。

无须再问，这是一家外出逃荒的人，且刚刚出门，因为赶车的老人几步一回头地看向官道附近的一个村落，其他诸人，无不频频回顾，眼圈红红的。

看到大队官家车马照面驰来，老人忙将牛车让到道边，家人也避道旁。

“殿下，”孙膑摆手道，“请停一下！”

“停车！”太子申叫道。

车队停下。

孙膑下车，走到老人车前，躬身揖道：“请问老丈，你们可是此地住户？”

老人回揖：“回官人的话，草民世居此处。”手指不远处影影绰绰的一片房舍，眼圈微红，“就是那儿，小梁村。”

孙膑的目光转向小梁村，凝视有顷，转对老人：“看样子，你们是一家人吧。”

老人点头，指点众人：“这是犬子，那是长孙，边上两个孩子是他的弟弟和妹妹，车上的是贱内和小孙女，低头的是儿媳。”

孙膑看看一家老小，又看向他们车上的破烂家当，心中一酸，声音几近哽咽：“请问老丈，你们欲去何方？”

老人长叹一声：“唉，这年头，又能到哪儿呢？还不是讨口饭吃！”

孙膑指着车上的耕具：“既然是去讨饭，老丈为何带着耕具？”

“官人有所不知，我们这些贱民，不种地谁给饭吃？”

“老丈是说，你们这是要外出种地？”

老人点头。

“敢问老丈，欲去何处种地？”

“远喽！”老人指着西边的天际，“就是那儿，河西，老魏地！听说那儿有活路，村里人都去了，草民这也过去看看。”

“这……”孙膑震惊，“河西离此隔山隔水，少说也有千余里，你们……你们为何不在此处耕种，要走那么远呢？”

老人上下打量孙膑，缓缓说道：“看来官人不是本地人，一点也不知情啊。不瞒官人，草民世居小梁村，今年却是住不下去了。近几年来，官家频出告示，家中壮丁，以前是三抽一，去年改作三抽二，田里所收，以前是十抽三，去年改作十抽五。今年大旱，颗粒无收，一家老小连吃的也没了，可官家仍出告示，赋税照纳。官人你说，这日子叫草民怎么过呢？”

“这……”孙膑心里一揪，“外出种地，赵地、韩地、楚地、燕地哪儿都可，你们为何偏去秦地？”

“官人有所不知，”老丈应道，“听人说，秦公诏令，垦荒归己，十年不抽丁，五年不纳税，逾过这一期限，丁四抽一，赋十抽一，小梁村四十多户，全都去了，没有一家回来的，草民是最后一家呀。唉，全怪草民恋窝，误了家人哪！”目光转向小梁村方向，“小梁村养我育我几十年，列祖列宗的尸骨皆在村头，一朝弃之，叫草民……如何舍得！”

老人泪如泉涌，扑通跪地，朝小梁村方向连拜数拜。

孙膑眼中噙泪，转对跟在身边的太子申：“殿下，请借二金一用。”

太子申转对军尉：“取五金来！”

孙膑接过，将五金双手捧予老人：“老丈，此行路途遥远，这点盘费您且收下，莫让家人途中饿了肚子。”

老人不可置信地看看孙膑，又看看太子申，抖颤着双手接过金子，连拜三拜："请问恩公高姓大名！"

孙膑扶起他："老丈不必问了，赶路要紧！"

老人朝众人大叫："来来来，快给恩公磕头！"

一家人全都过来，纷纷跪地，纳头叩拜。孙膑阻拦不及，只好将他们一一扶起。太子申又令车队避于路旁，让这一家人先走。

老人再三拜谢，方才赶起牛车，辚辚而去。

望着渐去渐远的这一家子，太子申轻叹一声："唉，再这样下去，老魏人真就走光了！"

想到车上的两箱聘礼及苏秦在草堂中的评议，孙膑轻叹一声，似是自语，又似是说给太子申："苏兄说得好哇，君不知民，必困！"

大梁城东南，在逢泽与大梁之间是大片略显起伏的丘坡地带，庞涓的中军屯扎于此。

辕门之内，旌旗猎猎，杀气腾腾。三千虎贲之士站成五个横排，个个膀圆腰粗，壮如铁塔，披甲执锐，目不斜视地望着从面前五步开外缓步走过的魏惠王。

大将军庞涓、中军参将公子卬一左一右，护卫于后。

魏惠王仪态威严，二目炯炯，两脚虎虎带风，从左端巡至右端，又从右端巡至左端，不无满意地欣赏着他的这支威武之师。

巡完一个来回，魏惠王走向中间一处高台，立于台上，大手一挥，声若洪钟："将士们，寡人看到你们了！"

三千壮士"唰"一声单膝跪地，齐吼："赴汤蹈火，誓死效忠陛下！"

魏惠王摆手："众将士平身！"

三千将士又是一声齐吼："谢陛下！""唰"一声起立，整齐划一。

魏惠王朝候立于一侧的庞涓点头："真是一支铁军啊！"

"回禀陛下，"庞涓跨前奏道，"这三千甲士是从大魏三军里一一挑选出来的，皆为力可抵牛、各怀绝技的虎贲之士，冲锋陷阵、折旗夺帅不在话下，小可慑敌心神，大可一战而定全局！"

"好好好，"魏惠王连声赞叹，"寡人梦中所想之事，今日总算看到了！"略顿一顿，似不相信，"你说他们力可抵牛，各怀绝技？"

庞涓看向公子卬。

公子卬跑步走至队列前面，朗声喝道："青牛，出列！"

站在队首的青牛应声而出，如铁塔般走到列前："青牛在！"

公子卬又道："牵牛来！"

早有军士牵着一头硕壮无比的犍牛走至列前。

看到犍牛，青牛径走过去，双手执牢牛角。犍牛见牛角被执，勃然大怒，奋蹄前冲。青牛死死执牢牛角，寸步不退。人、牛角力，犍牛不支，渐渐后退。青牛赶前一步，猛喝一声，两臂发力，犍牛号叫一声，歪倒于地。

众将士无不喝彩。

魏惠王张口结舌，好半天，方才手指青牛，脱口赞道："好壮士也！"

几名军士赶到，七手八脚地拉起犍牛，将它牵走。

青牛朝惠王拜过数拜，重返队首。

魏惠王转头看向庞涓："庞爱卿，三千军士皆有这等本事？"

"各有各的本事，我王若是不信，可以亲试！"

魏惠王走下观台，在队列前面再次巡视一遭，抬手指向最后一排的一名小个子兵士："你，出列！"

那名军卒应声出列，单膝跪地，叩道："一等甲士罗威叩见陛下！"

魏惠王听他声音洪亮，微微点头："你有何手段，示给寡人看看！"

"罗威遵旨！"

罗威起身，使人拿过几块青砖，摞在一起，略一运气，举掌劈下。一摞青砖从中间应声而断，众人又是一番喝彩。

之后，魏惠王随机指点几人，果然是各有能耐，有力举石磙的，有刀枪不入的，有攀爬旗杆的，有斧断巨石的，当真是力士云集，各怀绝技，看得魏惠王眉开眼笑，雄心勃起。

观摩完三千虎贲，庞涓引领惠王走进中军大帐，在一个巨大的木架前面停下。惠王正自诧异，庞涓伸手扯下罩在木架上的巨大锦缎，现出一架庞大的军用沙盘。沙盘以模具形式将魏国周边国家的形势军情逼真地缩微，上有明显的国界、城邑、山河、湖泽、守备、仓储、要塞、守军数量及守将等，均插有竹签标牌。

魏惠王未曾见过此等沙盘，惊喜交加，连声赞道："好宝贝，天下列国，一目了然哪！"又转对庞涓，"庞爱卿，你是怎么搞起来的？"

"回禀父王，儿臣使人四处勘察，比照列国形势，与工师一道设计出来的。有些地方还很粗糙，可能与事实有所出入，但大体如此，可用于教战。"

“好一个教战！”魏惠王大是感慨，“有爱卿这般用功，天下何愁不平？”

“父王！”庞涓看准时机，拱手奏道，“儿臣尚有一求，求请恩准！”

“爱卿有何要求，尽可言来！”

“父王若要平定天下，仅凭臣一人之力与三千虎贲远远不够。臣以为，当务之急是招募武卒，重建大魏铁军！”

“好好好，”魏惠王朗声应允，“此诚寡人夙愿也！”思忖有顷，“不过，这是一件大事，马虎不得。如何招募，如何重建，爱卿可先拟个奏本，回朝后廷议。”

“臣领旨！”

魏宫大朝。

看到众臣按班站好，魏惠王扬手说道：“诸位爱卿，寡人颁布两道诏书！”转对毗人，“宣诏！”

毗人跨前一步，摸出诏书，朗声宣道：“司徒朱威听旨！”

朱威跨前一步：“臣在！”

毗人宣道：“司徒朱威二十年如一日，勤勉朝政，忠诚可嘉，晋封上卿，统领司徒、司农、司空、司寇、司马、司工六府，辅助相国，统筹农商，改除政弊，固本强国！”

众臣皆吃一惊，即使朱威，也似没有准备。

大家面面相觑一阵，齐头看向相国。

谁都知道朱威是魏惠王最信任的臣属。自白圭辞世，六府权力实际上已在朱威手中，今日明旨下达，不过是名实相符而已，不算稀奇。稀奇的是，魏王突然封他为上卿，袭陈轸之爵。而在魏国，上卿就跟左师、右师、太傅、少傅一样，多年来一直是个虚爵，即使幸臣陈轸，也多是让他兼管外交斡旋，并未给他实权。魏惠王此时晋封朱威为上卿，又使他辖制六府，显然是将上卿用作实爵，等同于副相。这在魏国几乎就是改制，而能影响魏王改制的，眼下只有一人，就是惠施。

惠施站在百官之首，微闭双目，似在打瞌睡。

一阵惊愕过后，朱威叩道：“臣受命！谢王隆恩！”

毗人摸出又一道诏书：“司徒府御史白虎听旨！”

白虎应声而出：“臣在！”

毗人宣道：“司徒府御史白虎治狱严明，年无积案，民无沉冤，功绩卓著，晋封司徒，辅助上卿，统筹司徒府一切事务！”

白虎叩道：“臣领旨！谢王隆恩！”

魏惠王微笑，摆手：“二位爱卿请起！”

朱威、白虎再拜：“谢王上！”

二人起身，退于原位。

“诸位爱卿，”魏惠王扫视众臣一眼，缓缓说道，“寡人立位二十八年，唯有今年感觉畅快。畅于何处？畅于诸位爱卿同心协力，共赴国难。畅于惠爱卿高瞻远瞩，运筹国策。畅于庞爱卿治军有方，威服列国。畅于朱爱卿多方筹措，保障供给。”略顿一顿，“诸位爱卿，寡人何德何福，得蒙诸位鼎力加持？寡人何威何能，得蒙诸贤倾心辅佐？”

整个朝堂鸦雀无声，众臣皆将目光投在惠施、庞涓、朱威三人身上。

“诸位爱卿，”魏惠王缓缓站起身子，声音缓慢而低沉，“寡人明白过，也糊涂过；威风过，也失意过。河西惨败，列国围攻，大魏由盛而衰，其中原因，你们口中不说，心里却是明白。寡人口中不说，心里也是明白。这个原因，就在寡人身上！所有的过错，都是寡人一人之错。错在哪儿呢？错在亲小人，远贤臣。陈轸是小人，寡人亲之。白圭是贤臣，寡人远之。朱爱卿屡屡劝谏，寡人不听。事过境迁，寡人每思往事，心如刀绞。”略顿一顿，将声音提高，表情激动，“寡人有错，寡人知错，寡人今日在这里认错。寡人之所以认错，是寡人不想再错！今日上朝，寡人一吐心中块垒，一是希望诸位做个见证，二是恳请诸位荐贤举能，使大魏朝廷尽是惠爱卿、庞爱卿和朱爱卿，举座皆贤！”

魏惠王一番话情真意切，发自肺腑。朝堂上只听“扑通扑通”一阵乱响，满朝文武，包括惠施在内，无不跪倒于地，失声泣道：“王上……”

魏惠王猛然站起，声音清朗：“诸位爱卿，平身！”

众臣起身。

“诸位爱卿，”魏惠王慷慨激昂，“大魏要振作！寡人要振作！你们也要振作！大魏如何振作？富国强兵！寡人如何振作？洗耳恭听！诸位如何振作？直言敢谏，勇于承担！寡人承诺，当廷议政者，无论作何言论，寡人必倾心听之；直陈寡人之过者，无论作何言论，寡人必虚怀纳之。”

话音刚落，庞涓跨前叩拜，声音哽咽：“王上，臣有奏！”

魏惠王缓缓坐下，态度和蔼，面现微笑：“庞爱卿请讲！”

“王上虚怀若谷，海纳百川，可追上古贤王。臣为一介草民，蒙王上恩宠，得一隅驰骋。臣愿竭股肱之力，披肝沥胆，誓报王上知遇之恩！”

“爱卿免礼！”魏惠王褒扬道，“爱卿治军有方，御敌有术，是百年难遇的将才！寡人因有爱卿，方有今日之畅啊！不瞒爱卿，寡人阅军归来，思起三千虎贲，梦里也是笑醒啊！”

“三千虎贲谢王上勉励！”庞涓朗声接道，“臣以为，方今战国，如同林野，弱小必为强壮所食。自古迄今，不战而胜者无，不胜而王者鲜。我地处中原，强邻环伺，虽得一时之安，却不可高枕无忧。”

“爱卿所言甚是。爱卿有何良谋，但说无妨。”

“强国首在强军，强军却非三千虎贲所能成就。据臣所知，昔日吴起治军，有良将数百，车卒五万，武卒十万。军中之卒，皆可以一敌十，驱百里而能战。臣不才，愿为我王再建铁军，小可保家卫国，大可伐国谋天下。”庞涓从袖中抽出一捆竹简，双手捧起，“臣拟征募青壮八万，征购良马一万匹。臣坚信，只要教战得力，不出三年，大魏铁军当可横扫列国，威服天下。这是臣所拟表奏，请我王御览！”

听完庞涓的强军需求，众臣面面相觑。

毗人走过来，接过竹简，双手呈予魏惠王。

魏惠王展开，粗粗浏览一遍，看向庞涓：“爱卿所奏，亦为寡人近日所思。只是，征募如此之多，当是国家大事，容寡人细加斟酌，另行决断。”

“臣恭候我王圣裁！”

魏惠王再扫众臣：“何人还有奏本？”

“臣有奏！”朱威跨前一步，拱手奏道。

“爱卿请讲！”

“近年征战频频，今夏又逢百年大旱，多地秋粮颗粒无收，仓廪已空，库无存粮，民无隔夜之食。朝廷五年三次征丁加赋，地方府县加征暴敛，百姓不堪其苦，不少边民背井离乡，逃离魏地，致使大片田园荒芜，民间已无可征之丁！”

魏惠王眉头紧皱，沉思半晌，抬头望向朱威：“朱爱卿，有多少边民逃离？”

“回禀我王，约二十万众！”

“二十万众！”魏惠王忽地站起，神色大变，“有这么多？”

“王上，”朱威缓缓说道，“二十万只是各地府丞的统计。地方府丞惧我王责罚，想方设法隐瞒不报。据臣粗略估算，逃离边民当有五十万众，约占魏民十分之一成。”说着从袖中摸出一捆竹简，双手奉上，“臣阴使多人赴边地访查，据此写出奏本，请王上御览！”

毗人下来拿过，呈在魏惠王几前。魏惠王拿起竹简，匆匆浏览一遍，将竹简放下，神色黯然，沉默良久，抬起头来，声音沙哑：“诸位爱卿，退朝！”

下朝之后，庞涓回府闷坐有顷，使人召来庞葱，刚要吩咐什么，又摆手将他打发，起身径到前院，见自己的车马尚未卸套，不及召唤驭手，自己跳上，扬鞭出府。

庞涓驱车径至白虎府邸，门人报说白虎查看新府邸去了。庞涓问过新府址，驱车赶至，远远看到白虎正与头发花白的老家宰站在门外指指点点。

新府宅有十亩上下，亭台楼阁一样不缺，虽说赶不上安邑时的白府大院，也没有时下安国君府、武安君府奢华，但还算得上大梁城中屈指可数的几处豪宅之一。此宅原还轮不上白虎，是魏王特别赐给朱威做上卿府用的，朱威不想搬家，只将门前的匾额换过，禀过魏王，将府宅让给白虎了。

听到身后车马响，白虎回头见是庞涓，叩拜于地，“恩公”二字尚未出口，庞涓就已飞身下车，将他一把扯起，厉声斥道：“司徒大人，你这是干什么？”

白虎揖道：“下官白虎见过武安君！”

庞涓沉下脸，斥道：“白兄弟，你……叫我什么？”

白虎迟疑一下，轻声喊道：“大哥！”

庞涓转怒为喜，扑哧笑道：“这就是了！”又抬头打量宅院，微微点头，“嗯，此处宅院有点儿气势，与白兄弟般配！”

老家宰乐得合不拢嘴，感叹道：“唉，老奴万未料到白家还能有今日，苍天有眼哪！”

庞涓笑道：“白兄弟，如此豪宅，当领大哥观赏一番才是！”

“大哥请！”

庞涓将马鞭交给老家宰，与白虎走进大门，沿府中林荫小径走有一圈，对各处房舍评点一番，来到后花园中。

庞涓指着草坪上的几只石凳道：“此处不错，小坐一时如何？”

白虎看出庞涓心中有事，笑道：“大哥请！”

二人坐下，庞涓话入主题：“白兄弟，今日朝中之事，你不觉得有些怪吗？”

“是有些怪。”白虎点头，“小弟不过是司徒府御史，下大夫，照理上不得朝，昨晚内宰临时传旨，要小弟今日上朝。小弟不知何事，上朝路上心里一直打鼓，谁知王上竟将如此大任委于小弟，小弟实在……”

“不不不，”庞涓连连摇头，“大哥不是指的白兄弟。依兄弟才具、门第，即使去做上卿，也是该的。”

“大哥高抬小弟了。大哥既然不是指的这个，可为何事？”

“朱上卿与大哥素无瓜葛，大哥也甚佩服上卿为人，可他今日竟在朝堂之上突然向大哥发难，委实蹊跷！”

白虎笑道：“朱上卿没有别的意思，大哥怕是误会了。”

“误会？”庞涓冷笑一声，“大哥要征丁，他说边民流失，无丁可征！大哥要扩军，他说国库已空，赋税过重！这不是摆明与大哥过不去吗？”

“大哥有所不知，”白虎解释道，“数月以来，库无存粮，民无积粟，上卿一直苦恼不已，多次在小弟面前言及此事，断不是针对大哥发难的！再说，今日上卿所言，小弟也没有听出有丝毫贬损大哥之意！”

“白兄弟，”庞涓摇头，“你是好人，总是把人往好处想。库无存粮，民无积粟，大哥不是不晓得。可你知道，振农固本是远图，强军却是近忧，一时也迟缓不得。万一秦人乘我饥荒，兴兵伐我，我当何以应之？再说，即使上卿所奏只为流民，与大哥无关，那他也得选个机缘，为何偏在大哥奏请重建武卒这个节骨眼上起奏此事呢？”

“这……”白虎迟疑道，“别是凑巧了！”

庞涓重重地哼出一声：“就算凑巧，凑得也是太巧了！”

白虎的嘴巴张了几张，不再说话。

庞涓语气略略缓些：“许是大哥想多了！”站起身子，扑哧笑出一声，“白兄弟，今日是你大喜，走，大哥请你小酌一爵，也算庆贺！”

白虎亦站起来：“谢大哥美意！只是，昨晚犬子突发高热，折腾得绮漪一宵未睡，小弟放心不下呢。待过这几日，小弟定邀大哥来此新府，痛痛快快地喝上一爵压宅酒！”

“小白起病了？”庞涓急道，“这可是大事！走走走，大哥这也望望他去！”

二人回至门口，正要上车前去白虎的旧宅，一车驰至，近前一看，是庞葱。

庞葱跳下车，急急禀道：“大哥，太子回府了！”

庞涓一怔，急切问道：“孙兄可来？”

“来了，就在太子府中！”

“白兄弟，”庞涓朝白虎拱手道，“孙兄来了，小白起那儿，大哥只得改日探望，你要告诉他一声，就说庞伯惦记他呢！”

白虎亦拱手道：“小弟代犬子谢大哥惦念！大哥慢走！”

太子东宫，孙膑与太子魏申刚刚话及庞涓，内宰禀道：“启禀殿下，武安君求见！”

太子申起身笑道：“看，说到武安君，人就到了！”

孙膑与太子迎至门外。

见面礼毕，庞涓、孙膑各自退后，互相凝视良久，才冲到一起，紧紧相拥。

庞涓声音哽咽：“孙兄，一年未见，想煞小弟了！”

孙膑泪水盈出：“愚兄也是无日不在思念贤弟！一年未见，贤弟瘦多了！”

“唉，”庞涓长叹一声，“不瞒孙兄，出谷之后，涓每走一步，都是在登猴望尖哪！”

太子申笑道：“二位爱卿久别重逢，可喜可贺。来来来，府里说话！”

庞涓朝太子申深揖一礼：“臣有一请，恳求殿下恩准！”

太子申还过一礼：“武安君请讲！”

“殿下远行云梦山，旅途劳顿，臣就不扰了。臣与师兄经年未见，有万千话语待叙，恳请殿下准允孙兄暂住臣府，以叙别后之情！”

太子申微微一笑，目光转向孙膑：“孙子，我们路上早就说好了，你来之后暂住我府。这……”

庞涓急切看向孙膑：“孙兄！”

孙膑朝太子申揖道：“殿下盛情，膑心领了。膑恳求殿下准允贤弟所请！”

“呵呵呵，”太子申笑过几声，慨然允道，“何处安歇，孙子自便。明日待魏申禀过父王，当为孙子安排宅院。”

“膑谢过殿下！”

庞涓别过太子申，携孙膑之手登上马车，一路驰往武安君府。庞葱早率众仆恭候于院中，见二人进来，叩拜迎接。

庞涓携孙膑之手，引他观赏府宅，指点道：“孙兄请看，这一进是库房，共一十二间；这一进是客房，共一十五间；两边厢房是仆从居所；左边一排是膳食房，小弟的主房就在前面，是三进院子……”

孙膑频频点头：“贤弟府宅，果然雄伟！”

庞涓笑问：“孙兄可知此府原是谁的？”

“不会是陈轸的吧？”

“哈哈哈哈，”庞涓长笑数声，“真就让孙兄猜中了，此府正是陈轸宅邸！奸贼陈轸畏罪潜逃，王上震怒，凌迟了戚光和丁三，将此宅赐给涓弟。涓弟几经改造，去其奢靡，除其淫逸，方有今日模样。”又指主房，“主房到了，孙兄请！”

“贤弟先请！”

二人携手并肩，接连走过两重大门，方进客厅。早有侍女沏好茶水，迎跪于地。二人分宾主坐下，庞涓让道：“孙兄，请用茶！”

“贤弟先请！”

两人同时举杯，各啜一口，放下茶杯。

孙膑揖道：“临别之际，大师兄、师姐、苏兄、张兄他们，无不托膑问候师弟！”

“涓谢他们了。先生可好？”

“先生也好，就如贤弟在谷中时一样。”

“孙兄下山，先生没说什么？”

“先生将在下名字更改一字。”

庞涓大是诧异：“哦？更改何字？”

“改在下的‘宾’字为‘膑’。”

“这……”庞涓眼望孙膑，“‘膑’字不祥，孙兄可知先生为何改之？”

“在下不知。”孙膑摇头，“先生之言，在下不敢有违。”

“呵呵呵，”庞涓笑了，“既是先生所改，就有道理。不瞒孙兄，先生学问高深莫测，涓由衷敬服。涓下山之际，先生也曾送涓几字，叫‘遇羊而荣’，结果真还碰巧了，涓之得用，果真就与一只羊有关，哈哈哈哈……”

庞涓只提前面四字，将“遇马而绝”刻意隐去，孙膑自然不知，当下亦笑几声，不无叹服道：“先生堪称真人，但有所言，字字珠玑。”

庞涓附和一句，抬头望着孙膑：“说到这里，涓有一问，还欲请教孙兄。”

“贤弟请讲，膑知无不言。”

“传闻孙兄得先生秘传，可有此事？”

孙膑迟疑一下，点头。

庞涓面色有变，趋前问道：“请孙兄详言。”

“贤弟出山之后，先生使我们三人驱鼠，膑打死一鼠，得授一书。”

“哦？”庞涓眼睛大睁，“敢问孙兄，是何宝书？”

“是膑先祖孙武子的《孙武兵法》。”

庞涓深吸一口凉气，缓缓吐出，沉吟许久，方才叹道：“唉，先生之宝，层出不穷啊！敢问孙兄，先生可曾对你提及《吴起兵法》？”

孙膑摇头。

庞涓似已明白，复叹一声：“唉，小弟下山过早，与此宝书失之交臂了！”

孙膑劝道：“贤弟莫急，待有闲暇，膑必将胸中所知，一一讲予贤弟。”

庞涓跪叩于地，连拜三拜：“孙兄果有此意，于涓便是再生之德，涓没齿不忘！”

孙膑跪地对拜：“你我金兰结义，便如骨肉兄弟，贤弟何说此话？”

“好好好，涓弟不说。今日车马劳顿，孙兄还是早点儿安歇为好。来人！”

庞葱走进：“主公有何吩咐？”

“孙兄的馆舍安顿妥否？”

“回主公的话，安顿已毕。”

庞涓起身，转对孙膑：“孙兄，请！”

相国府中，惠施盘腿坐于池边草坪，正自打盹，太子申由花径走至，在他身边坐下。惠施微微睁眼，见是太子，起身叩道：“臣叩见殿下！”

太子申扶起惠施：“先生免礼，魏申有扰了。”

惠施重新坐定：“殿下几时回来的？”

“刚刚回来。”

“请问殿下，云梦山之行，感觉如何？”

“鬼谷果然是人杰地灵之处，即使一个童子，亦非寻常之辈。”

“哦？”惠施颇是惊讶，“这么说来，殿下见到鬼谷子了？”

太子申摇头：“鬼谷先生正在闭关潜修，申无缘拜见。”

“这就是了！”惠施微微一笑，缓缓说道，“莫说是太子，纵使陛下亲去，此人也是断不肯见的。孙膑可曾下山？”

“是的，魏申将他请回来了。”

“此人如何？”

“与武安君不同，为人谦恭，从不谈兵，乍看上去，不似习兵之人。”

“嗯，”惠施微微点头，“果真如此，当是大家。他现在何处？”

“原拟定歇于魏申府中的，武安君闻讯，将他请走了。”

惠施彻底闭目，半晌，微微睁开：“这个武安君，开始让人头疼了。”

太子申惊异：“先生何说此话？”

“此人要把魏国变作一座兵营。”

“这如何能成？”太子申急道，“此番前往云梦山，魏申一路所见，田园荒芜，百姓流亡，怎能再堪征战呢？”

“唉！”惠施沉默许久，长叹一声，“魏国多事啊！”

魏惠王正在用餐，毗人轻步进来，不无兴奋道：“王上，殿下回来了！”

“呵呵呵，回来就好。”魏惠王淡淡应一句，伸手提箸，夹牢一块肥肉送入嘴里，大口咬嚼起来，似乎这事儿平淡无奇，不值一提。

毗人略怔，悻悻地站在一边，脸上的笑容也僵起来。

魏惠王又嚼几口，似是意识到什么，猛然扭头，欲说话，满口肥肉，欲咽下，尚未嚼碎，也似等不及，急得唔唔几声，“呸”一声吐出，喷了毗人一脸一身。

毗人吃此一吓，擦不敢擦，躲不敢躲，怔在那儿。

魏惠王腾出口舌，急问：“你方才说什么？申儿回来了？”

毗人一时惶急，竟是说不出话来。

魏惠王两眼大睁：“孙子来了吗？”

毗人点头。

魏惠王忽地站起，几步走出御膳房，口中叫道：“快快快，宣他书房觐见！”不及毗人答话，就又停下步子，扭头，“孙子人在何处？”

毗人总算缓过神来，急上前一步，小声禀道：“孙子已去武安君府上。”

“备车，”魏惠王急道，“寡人亲去迎他！”

“王上，”毗人略加迟疑，“天已黑了，王上若是兴师动众，恐有不便。再说，孙子既来大梁，王上欲见，也不急在眼前一时，臣……”见惠王摆手，赶忙止住。

魏惠王似也冷静下来，缓步转回，点头道：“嗯，你说得是。贤婿与孙子也有一年未见了，让他们叙叙旧也好。你去安排，明日晨起，宣二人前殿觐见！召申儿来！”

“殿下已在书房外面，等候复旨。”

魏惠王大步走向御书房。

翌日晨起，庞涓奉旨引领孙膑驰往魏宫。

远远望见宫门，庞涓笑道：“孙兄你看，王上、殿下都在那儿迎你来着！”

孙膑看去，果见魏惠王、太子申、毗人及宫中近侍三十余人，站在宫门外面的台阶上，引颈候望。看到他们的车马，魏惠王迈步走下石阶，迎至阶下。

孙膑对庞涓道："贤弟，停车！"

庞涓叫庞葱停住车马，与孙膑下车，并肩迎向惠王。

双方在宫门外面约五十步处相遇，孙膑、庞涓屈膝跪下，各拜三拜。

庞涓再拜，叩道："臣叩见父王！"

魏惠王点点头，随口说道："爱卿免礼！"

孙膑亦叩："草民孙膑叩见魏王！"

魏惠王却不答话，只将笑意堆在脸上，两眼微微眯起，上下左右打量孙膑，好像他是来自异域的稀客。孙膑不见复话，只好五体投地，动也不动地叩在那儿。

过了片刻，魏惠王陡然意识到什么，急上前几步，伸出双手将孙膑扶起："孙子请起！"

魏惠王扶起孙膑，拉住他又是一番打量，点头赞道："嗯，好仪表，既有儒雅风度，又有轩昂气势，果是名家之后啊！"

孙膑揖道："王上褒奖，草民愧不敢当。"

二人顾自说话，不知不觉中，庞涓竟被晾在一边。

庞涓又跪一时，见惠王仍然没有记起他，只好悻悻爬起，不无尴尬地候于一侧。

听到惠王赞誉，庞涓偷眼望去，果见孙膑身上有股浩然之气，与在谷中时大不一样，心中微微一凛，跨前奏道："父王，此地风寒，莫要伤了龙体！"

魏惠王朝庞涓看一眼，呵呵笑道："爱卿说得是，此地不是礼贤之处。"又转向孙膑，拱手一揖，"孙子，宫中叙话！"

孙膑还礼："陛下先请！"

魏惠王一把携住孙膑之手，径自走去。庞涓悻悻一笑，与太子申并肩跟后。

来到前殿，分君臣坐定，魏惠王转向孙膑，拱手道："寡人望孙子之来，如渴思饮哪！"

孙膑抱拳回揖："草民初来乍到，无尺寸之功，却蒙王上如此垂爱，实在惭愧！"

魏惠王再揖："孙子为天下大贤，寡人本当亲去云梦山恭迎大驾，无奈国事烦冗，一时走不开，让申儿代劳，已是失礼了！今蒙孙子看重，躬身至魏，寡人未能郊迎三十里，这又失礼了！"

孙膑感动，起身叩拜，声音略是哽咽："王上……"

魏惠王再次起身，亲手将孙膑扶起，携他至席，按他坐下，复到自己席前坐定，目光慈爱地望望庞涓，看看孙膑，感叹道："不瞒孙子，寡人自得庞爱卿，国威大振。闻孙子与庞爱卿同窗共读，已有大成，寡人心中挂念，夜不成寐。《诗》曰：'青青子衿，悠悠我心。'此之谓也！今得孙子，寡人总算能睡个安稳觉了！"

孙膑抱拳道："王上知遇之恩，草民必结草以报！"

"孙爱卿，"魏惠王抱拳还礼，话入正题，"魏地处中原，有齐、楚、秦、赵、韩五大强敌环伺，堪称四战之地。寡人自承大统以来，东忧西患，无一宁日。前几年，秦人自西来，夺我河西数百里，占我函谷要塞，威逼我崤关和河东。前不久，齐人自东来，兵锋胁迫大梁。幸有庞爱卿中流砥柱，方使寡人转危为安。痛定思痛，寡人决定恢复先王铁军，重组大魏武卒，再振大魏雄威。这是大事，唯庞爱卿一人，独力难支，爱卿此来，适逢其时啊！"

庞涓从这几句话里探知惠王基本赞成自己的扩军奏案，心中大悦，面上却是声色未露，只将目光缓缓移向孙膑，希望他能推波助澜，尽快促成此事。

孙膑缓缓应道："王上壮志，草民不胜敬仰。草民有一言，不知当讲否？"

"爱卿但说无妨！"

"先圣老聃曰：'兵者，不祥之器，不得已而用之。'老聃又曰：'以道佐人主者，不以兵强天下……大军之后，必有凶年。'是以草民……"

孙膑接连引出老聃之语，庞涓已知话头不对，连使眼色，又打手势，不让他再说下去。孙膑看见，止住话头。

魏惠王身子微微前倾，盯住他："孙子，说下去！"

孙膑看一眼庞涓，迟疑有顷，继续说道："草民以为，先圣之言，不可不察。自古迄今，圣人治世，没有一人是靠兵强马壮打出来的。"

"这……"魏惠王略显不快，收回前倾的身子，"请问孙子，兵若不强，马若不壮，倘若有人打上门来，寡人何以拒之？"

"回禀陛下，"孙膑抱拳应道，"治国必以兵备，但兵备当以息争为旨，不宜恃强好战。草民先祖孙武子说过：'百战百胜，非善之善也；不战而屈人之兵，善之善者也。故上兵伐谋，其次伐交，其次伐兵，其下攻城。'"

魏惠王凝眉有顷，微微点头："听孙子之言，寡人耳目一新。关于治军用兵之法，寡人择日讨教。孙子听旨！"

孙膑起身，叩首："草民候旨！"

"封鬼谷士子孙膑为客卿，赐客卿府一处，仆从三十名，黄金一百两，锦缎三十匹。俟有功绩，另行封赏！”

孙膑再拜：“臣谢王上封赏！臣告退！”

“爱卿慢走！”

返回途中，庞涓埋着头，一句话不说。

快要走到武安君府，庞涓终于出声，摇头长叹：“唉！”

孙膑抬起头来：“贤弟，膑适才所言，哪儿不妥吗？”

“唉，”庞涓又叹一声，“孙兄如何能在王上面前说出不战之词呢？”

孙膑略怔一下：“贤弟，膑心有所想，口就……”

“孙兄啊，”不待孙膑说完，庞涓摆手打断，“身为将帅，若不征伐，王上养之何用？”

孙膑惊愕：“贤弟……”

“好了，好了，”庞涓再次摆手打断他，“小弟恳求孙兄，此等话语，今后莫要再说。否则，朝中就会有人将我鬼谷士子看作贪生怕死之辈，于先生面上无光。”

孙膑不无茫然地望着庞涓。

庞涓爆出一笑，朝孙膑肩上轻拍一掌，面色和悦起来：“好了，孙兄，莫提这些不快之事。明日若无大事，随涓弟大营里瞧瞧！”

孙膑点头：“唯听贤弟吩咐。”

翌日晨起，庞涓如约邀孙膑驰入城南中军大营，请来司徒白虎作陪。

如前番惠王视察一般，庞涓再次展示了三千虎贲的威势。

看过力士的表演，庞涓不无得意地望着孙膑和白虎：“这些将士，不知两位入眼否？”

白虎大是叹服：“看庞将军带兵，真是没个说的！有这样的勇士冲锋，何阵不陷？”

庞涓笑道：“三千虎贲各有所能，勇冠三军，皆为折旗夺帅之士！”

“嗯，贤弟此念甚好。”孙膑亦是赞道，“打蛇先打首，擒贼先擒王。这些勇士若能一举掳获敌方将帅，或可免除更多刀兵！”

“哈哈哈哈！”庞涓爽朗笑道，“承蒙孙兄夸奖！好一句‘擒贼先擒王’！小弟养他们，为的就是擒王！”略顿一顿，手指前面营帐，“孙兄，白兄弟，前面就是中军大帐，请！”

几人走进中军大帐，公子卬迎出，领他们走至一侧，伸手揭去罩于其上的锦缎，现出沙盘。

望着如此精妙之物，莫说是白虎，纵使孙膑，也是惊奇。

庞涓笑道："孙兄，此盘为小弟亲手设计，专供诸将教战之用！"

孙膑叹道："贤弟用心良苦，在下敬服！"

"唉，"公子卬长叹一声，半是讨好庞涓，半是遗憾道，"回想当年河西之战，魏卬若是有此沙盘，公孙鞅如何能胜？"

眼下的庞涓，跟一个月前已经不同，不仅身为主将，在军营里高出公子卬两头，且在爵位上也不逊色于他，因而言语举止早不似先前谦恭，听闻此话，非但不领情，反倒从鼻孔里轻轻哼出一声，阴阴笑道："河西之战当是败在本将身上，如何能怪安国君？"

白虎却未听出话音，盯住庞涓："河西之战与庞将军并无瓜葛，庞将军何有此说？"

"怎能与本将无关呢？"庞涓不无揶揄，"若是本将五年前就已摆出此盘，他公孙鞅如何能胜？"

公子卬面红耳赤，窘在那里。

庞涓似也觉得过分了，神色敛起，一本正经地对白虎道："司徒大人尽可放心，河西之仇一定能报！"又转向公子卬，"待本将征伐秦国，活擒嬴驷一事，就由安国君亲为！父仇子还，老秦公虽说死了，只要擒住小秦公，安国君照样解恨！"

公子卬借了台阶，勉强笑笑："大将军如果伐秦，卬愿为先锋！"

"不是如果，"庞涓脸色虎起，语气斩钉截铁，"在本将心中，伐秦只是迟早之事！"说着顺手抄起放在沙盘上的教战竹杖，指着沙盘，"诸位请看，从这里到这里，都是秦土。秦、魏本是天敌，这又多了河西之辱，这一战非打不可！不过，秦已夺占河西，据函谷、阴晋，尽取要塞，伐秦当是一场苦战！"看向孙膑，"为此，涓拟备战三年，征募大军二十万，决战秦土。秦人之中，司马错虽然善战，却是匹夫之勇，唯公孙衍是个对手。不过，有孙兄在此，你我联手，想他公孙衍……"顿住话头，冷笑一声，将杖头指向河西，"我可兵分两路，一路收复此地，擒住公孙衍，另一路直捣咸阳，使其首尾不能相顾。缚住嬴驷之后，我可将老秦人全部赶出关中，让他们扶老搀少，到西方戎狄的大草原上替我王牧羊去！"

庞涓一番大话出口，诸人面面相觑，公子卬更是大张嘴巴，目光呆呆地盯住沙盘上的竹杖。

“破秦之后，”庞涓陡然将竹杖划向韩地，“大军回师，顺手取韩。韩侯是只老狐狸，又有申不害在，实力不可小觑。前番四国谋魏，唯有韩人佯攻，可见其谋算之深。好在申不害已老，韩又无险可守，取韩当无大碍。”目光望向孙膑，“至于如何取韩，涓也想好了，首先卡断武遂之道，就是这儿，使韩南北不能两顾，分兵轻取上党、宜阳，活擒韩侯于此，就是新郑。不过，只要此人早晚听候我王差遣，涓也不想过分难为他。”

“取韩之后，”庞涓再将竹杖移向邯郸，“我可稍事休整，再取赵地。赵国权臣奉阳君有勇无谋，大权独揽，取赵当是举手之劳。”竹杖移向临淄，“齐公倘若仍无大才，依旧用那田忌，只怕此番他想做妇人，也没那么容易了！”

话及此处，许是想起田忌着妇人之装时的窘态，庞涓爆出一声长笑，笑毕，才又移动竹杖，朗声说道：“涓之大敌是这儿，楚国！孙兄请看……”将竹杖绕沙盘上最大的一块地盘画了一圈，“从这儿到这儿，楚地如此辽阔，纵使我有三十万大军，也显不足。然而，楚地虽阔，楚人却是不济，门阀林立，互相不和，正好我各个击破。如果不出意外，我可于五年之内，将楚人赶过江水。江水以南，多山地丘陵，虽然不富，倒也不缺山珍奇玩，楚王若有诚意，涓可奏请王上，许他在江南做个大王，让他每年进贡，娱乐我王。一旦大国慑服，燕、卫、宋及泗上诸国，皆会望风而降，无须再动刀兵！”略顿一下，扫视众人，踌躇满志，“回想吴起之时，在魏大小七十六战，无一败绩，拓地千里。涓虽不才，愿为我王拓地万里，使列国诸侯鱼贯而入大梁，北面而事陛下……”

庞涓越讲豪气越壮，众人目瞪口呆，孙膑眉头频皱。

公子卬听得激动，不无仰慕道：“父王若知大将军壮志，梦中不知笑醒几次。”

庞涓却不睬他，只拿眼睛望向孙膑。之所以邀他至此，之所以夸夸其谈地大讲自己的“凌云壮志”，庞涓只有一个目的，就是让孙膑明白自己的“志向”。志不合，必难共事。既已邀他至此，他庞涓已是别无出路，必须与他结为同盟。再说，眼下他还真的需要这个同盟。对他庞涓来说，当务之急是说服惠王重振武卒，扩军备战，偏又在这节骨眼上，朱威跳出来作梗。朱威一旦作梗，惠施、太子势必为他说话，而在魏王那儿，公子卬根本没有说话之处，真能帮上他的，眼下怕也只有这个孙膑。

孙膑回望他一眼，眼睛从沙盘上移开，嘴巴略动一下，又迅速封上。是的，站在面前的这个庞涓，仅一年之隔，于他已是陌生了。

“孙兄，”庞涓似已看出他的不快，补充道，“此为涓弟宏愿，能否实现，还要仰仗孙兄助力。只要孙兄助我，涓弟自信，天下无人可敌！”

孙膑淡淡一笑，扭头问道：“贤弟，营中可有方便之处？”

“哈哈哈哈，”庞涓略怔一下，大笑起来，“有有有，我道孙兄眉头频皱为哪般，却是内急呀，哈哈哈哈！走走走，涓弟陪你前去！”

安顿好孙膑，魏惠王返回御书房，从头翻阅庞涓的奏章。奏章由极薄的竹简串连而成，字迹小而工整，因而册卷看起来不大，读起来却是翔实，简直是对魏国未来军力、战力的综合预测，从战略到战术，从征丁扩军到整顿军力，重塑武卒，从收回河西到灭亡强秦，从顺手灭韩到三晋一统，从并齐吞楚到天下归一，直将魏惠王看得热血沸腾，几番拍案而起。

从前晌卯时到后晌申时，魏惠王未进午膳，未休午觉，一直手捧奏章，仔细审阅，闭目冥思，反复度量整体方案可行与否。

看到申时将过，毗人端来一碗羹汤，在他身边跪下。魏惠王也觉肚中饥饿，接过喝下。喝过几口，惠王指着庞涓的奏章不无兴奋道：“来来来，你也看看！”

毗人拿过奏章，翻看一眼，啧啧叹道：“武安君的字，写得真好！”

“你呀，”惠王白他一眼，“就看这些表象！你再看看，看细一点，寡人儿时的梦，都被庞爱卿写在这上面了！”

毗人又看几眼，放下卷册，望着惠王：“老奴只知侍奉王上，这些征呀伐呀，打呀杀呀的，老奴看不懂。”

魏惠王笑出几声，一气喝完羹汤，把空碗置于几上：“你呀，当然看不懂。要是你也能看懂，寡人身边就没有可意的人了！”

见几案上另外摆着朱威的奏章，毗人随手拿起，哗哗翻过几页，有意无意地品评道：“王上，要与武安君比起来，朱上卿这字可就逊上一筹了。”

魏惠王拿过朱威的奏章，随手翻开，看没几行，立时凝住笑容，屏气凝神，全心投入进去。毗人瞧见，悄悄拿走空碗，守在门外。

魏惠王又看一时，见天色昏黑，叫道：“来人！”

毗人走进，小声应道：“老奴在！”

“掌灯！”魏惠王的眼睛依然盯在竹简上，看也没有看他一眼。

毗人使人点亮六盏油灯，将书房照得如同白昼。

魏惠王复将庞涓的奏章移过来，与朱威的并排摆在面前，一会儿翻翻这一册，一会儿翻翻那一册，起身在厅中来回踱几遭，复坐下来再次翻看，凝眉苦思。

夜深了，毗人再次端来羹汤，站在门口，迟疑良久，近前说道："王上，再喝一盅热汤吧！"

魏惠王看他一眼，轻叹一声，摇头。

毗人手捧汤盅，跪下："王上……"

魏惠王接过，放在唇边轻啜一口，放下，长叹一声："唉，寡人喝不下啊！"

毗人扫一眼两卷奏章，小声问道："敢问王上，可是为这奏章烦心？"

魏惠王又叹一声，指着庞涓的奏章："庞爱卿奏请重振武卒，征丁十万！"又指着朱威的奏章，"朱爱卿却说，流失边民有五十万众，民无隔夜之粮！"动手将两卷奏章收起，堆在一处，缓缓站起身子，"二人所奏都是大事，都是刻不容缓，却又水火不能相容，叫寡人如何是好？"

许是坐得太久，魏惠王乍一站起，不由自主地打个趔趄，所幸毗人眼疾手快，一把扶住。

魏惠王苦笑一下，摇头："老喽，寡人老喽！"

二人走出御书房，沿外面的花径走向后宫。

走有十数步，魏惠王对毗人道："明日辰时，召惠相国、武安君、朱上卿、孙客卿，还有太子，前殿廷议！"

"老奴遵旨！"

翌日辰时，魏惠王在前殿与庞涓、惠施、朱威、孙膑、太子申等廷议朝政。

魏惠王一脸疲惫，指着几案上的两道奏章，缓缓说道："两道奏章，寡人全都看过了。"目光落在庞涓、朱威身上，略顿一下，"两位爱卿写得实在好啊。朝中有贤臣若此，可见上天是垂怜寡人的。"

众人互望一眼，谁也没有说话。

魏惠王拿起庞涓的奏章："大魏要振兴，没有武备万万不行！这些年来，强邻犯境，战事频仍，致使我武卒缺员，军备不整，马匹短缺，器械落后，实为国家大患。庞爱卿的治军方略切中实务，当是国之大急，刻不容缓！"

庞涓起身叩道："儿臣谢王上褒奖！"

魏惠王放下他的奏章："爱卿免礼。"

庞涓谢过，起身坐于原处。

"然而，"魏惠王话锋一转，"兵是要养的。但库无存粮，田无耕夫，寡人何以让众将士安心演武？又何以让他们舍命出征？"伸手拿起朱威的奏章，"朱爱卿的奏章数据翔实，栩栩如生，寡人每每读之，如至边陲，如闻边民抱怨之声，如睹边民失所之景，触目惊心哪！”

庞涓神色略变，扫视众人一眼，见朱威、太子端坐，两眼平视惠王。惠施双眼微闭，孙膑态度祥和，像是仍在鬼谷里听先生讲道一样。

魏惠王将奏章放回几上，出声赞道：“朱爱卿写得不错，边民流失，皆因赋税过重；赋税过重，皆因战祸迭起。无民则无赋，无赋何以养兵？”再顿一顿，轻叹一声，“唉，两件大事既水火不容，又都刻不容缓。如何决之，寡人苦思无解，请诸位爱卿议决。”

“王上，”庞涓决定先发制人，“列国边民相互流动，古今一焉，在所难免。至于上卿所奏的边民流失数量，是否确切，尚需详加核实。”

“启禀父王，”不及魏惠王回话，太子申缓缓奏道，“儿臣以为，朱爱卿所奏，当为实情。儿臣奉旨去云梦山迎请孙子，行至酸枣界内，沿途所见，令人心酸。田中不见庄稼，只见荒草。村中不见炊烟，只见野狗。边民拖家带口，背井离乡，一路西去，一步三回头，三步一拭泪，悲泣之声不绝于耳……”

太子申说得心酸，魏惠王听得泪出，伸袖拭之：“申儿，不要说了！”转对朱威，“朱爱卿……”

“臣在！”朱威双手抱拳，沉声应道。

“依爱卿之见，可有止民流失之策？”

“回禀王上，”朱威奏道，“当务之急是与民休息。依臣之见，王上应立即诏告天下，减少赋役，奖励耕织，复修水利，鼓励垦荒！”

魏惠王转向惠施：“惠爱卿意下如何？”

惠施见问，睁眼奏道：“臣游历稷下时，曾遇邹人孟轲。谈及治国之道，孟子说出一言，臣以为然。”

“哦，”魏惠王急问，“孟轲如何说？”

“孟轲说：‘民为本，社稷次之，君为轻。’”

魏惠王一怔：“此话可有解释？”

“臣就此请教孟子，”惠施应道，“孟子解释说：得民者，可做天子；得天子者，可做诸侯；得诸侯者，可做卿大夫。国不以民为本，就不能得民。国不得民，必危！”

“好好好，”魏惠王竖起拇指，迭声叫道，“孟轲说得好哇！”

眼见太子、上卿、惠施果如此前所料，结为一体，庞涓真正急了，拱手奏道：“王上，流民之事固大，军备之事更是不可松懈！河西失陷，数百里沃野一夜之间尽为秦地，王上所失之民何止五十万？王上，处战乱之世，无兵则无国，无国何以有民？”

庞涓这席话，魏惠王竟也无言以对，顾左右道：“这……”

庞涓向孙膑连递眼色，希望孙膑能顺着他的语意说下去。

孙膑却似没有看见，端坐依旧，一语不发。

庞涓大急，以肘顶他，小声催道：“孙兄？”

魏惠王听得真切，目光转向孙膑：“对了，孙爱卿，你还没有说话呢！”

“回禀王上，”孙膑抱拳应道，“据膑所察，边民流失，皆因赋税过重，役民过频。流民所去之处，多为秦地。秦公特别颁布法规，凡魏流民至秦，所垦之田全部归己，十年免丁，五年免税。逾越此期，丁四抽一，赋十抽一。膑又察知，此法是秦公专门针对魏国流民而立的。”

孙膑此言一出，众人皆惊。

魏惠王掏出丝绢，擦把冷汗：“嬴驷这是釜底抽薪哪！”

朱威也似恍然大悟，附和道：“王上，孙子所言，句句是实。前几年，流民多在西河以东、安邑以西诸郡，如今连酸枣、郧城、上党边民也都扶老携幼，不远千里赴秦，长此以往，后果不堪设想！”

“王上，”惠施微睁双眼，趁热打铁，“知魏者莫过于公孙衍，若是不出臣所料，此计必为公孙衍所出。王上若无应对，三年之后，流失的恐怕就不只是边陲之民了！”

魏惠王神色大变，连连点头，目光却没有离开孙膑。

孙膑正欲再说，庞涓连连咳嗽数声，孙膑打住。

魏惠王等得急了，催道：“孙爱卿，说下去呀！”

孙膑看一眼庞涓，缓缓说道：“王上，秦人欲争中原，必与魏战。秦民日多，秦粟日多，秦卒日多，如果大举东图，我一无可战之兵，二无可役之民，三无储备之粟……”打住不说了。

魏惠王听得毛骨悚然，脸上血色早无，两眼眨也不眨地盯住孙膑：“爱卿可有对策？”

“臣以为，”孙膑微微点头，“王上可以双管齐下，一手促军备，一手促农桑。”

众人无不盯向孙膑。即使庞涓，也不知孙膑这葫芦里所装何物，紧盯住他。

魏惠王似乎没听明白，身子前倾，小声问道：“请爱卿详解！”

“臣是说，王上可依朱上卿所言与民休息，再依武安君所言促进军备。”

“唉，孙爱卿啊，”魏惠王眉头微皱，身子后仰，长叹一声，“寡人为难之处，正在于此！若是与民休息，便无赋税。若无赋税，便无兵饷。若无兵饷，何以促进军备？这是两难之事，寡人实难并举啊！”

“王上若想并举，倒是不难。”

“哦，”魏惠王倾身凑近，“爱卿有何良谋？”

孙膑侃侃说道：“农活有忙有闲。王上可将待役之民以乡、里为制整编成伍，农闲时就近集结军训，农忙时各自回家耕种，军备、农桑两不耽误。如此家国兼顾，民必喜。民喜，战必勇。至于边陲常备之兵，也可在军备闲暇之时拓荒耕种，耕种所得，可补军需。三军若能自耕自食，就不扰民。民若无扰，不出十年，国必富！”

如此两难之事，孙膑轻轻几语，竟然全部解决。众人一时尚未反应过来，孙膑话音落下许久，殿中竟是鸦雀无声。

倒是魏惠王最先回神，击案叫道：“爱卿之策，妙哉！妙哉！”

众人纷纷点头，附和称赞。

魏惠王抬头望向庞涓和朱威：“庞爱卿、朱爱卿，你们回府之后，就依孙爱卿所言，各拟实施要略，奏报寡人！”

庞涓、朱威起身叩道：“（儿）臣领旨！”

魏惠王摆手道：“退朝！”见众臣退至门口，似又想起什么，“惠爱卿、太子留步！”

惠施、太子申返回，惠王招呼他们坐下，呵呵笑道：“惠爱卿，申儿，你们说说，孙子之才如何？”

惠施应道：“回禀王上，孙膑当是治兵大才。”

“呵呵呵，”魏惠王乐得合不拢嘴，点头赞道，“确实是个大才。前日观之，寡人不以为然。今日观之，孙爱卿之才当在庞爱卿之上！寡人留你们下来，是想问问你们，依孙爱卿之才，寡人该当如何用之？”

惠施看向太子申。

太子申接道：“儿臣以为，既是大才，就不能小用，父王可拜孙子为监军。”

魏惠王转向惠施：“申儿说拜他为监军，爱卿意下如何？”

“殿下安排甚当！”

“好！”魏惠王决断道，“就封孙子为监军，爱卿拟旨去吧！”

惠施答应一声，跟毗人走至一旁的偏殿拟旨。

看他走远，魏惠王转向太子：“鬼谷之中，真就是藏龙卧虎啊！申儿，此去鬼谷，别的可曾看到什么？”

太子申油然感慨，朗声应道：“鬼谷先生另有三个弟子，一个名唤张仪，一个名唤苏秦，还有一个仙姑，名唤玉蝉儿。另有童子一名，模样精灵！”

魏惠王急问：“张仪、苏秦二人，也都是习兵学的？”

“儿臣不知。”太子申摇头，“就儿臣所知，他们个个不俗，抛开张仪、苏秦不说，单是那位仙姑的所言所行，就使申儿终生难忘！”

“哦？”魏惠王大是惊奇，“一个女娃儿家，能有什么不俗之处？”

太子申侃侃说道：“此女当是奇人！就儿臣所知，鬼谷诸子，包括孙子，皆听她的。父王所赐千金，所赏珠宝，此女叫儿臣原物带回。儿臣言及父王心意，执意不肯，此女竟说：‘回去转呈你家父王，为君之道，当与民相安。财物取之于民，亦当用之于民。这些金子，这些珠宝，皆为民脂民膏，来之不易，自该用于该用之处，不要随意抛掷！’”

魏惠王沉默半晌，点头叹道：“唉，寡人一时糊涂，竟以粗鄙之物亵渎鬼谷圣地。看来，鬼谷先生，当为天下圣师！”

接下来几日，魏惠王连颁几道诏令，要求三军将士垦荒种田，举国不再征役，苍头农闲演兵习武，农忙回乡种地，百姓赋役减免六成，凡愿回乡的边陲流民，十年之内赋役全免。

诏令下达，举国欢腾，民心大振，百姓奔走相告，各地流民闻讯，纷纷返回。到冬至时，前后不过三个月，东返魏民已过十万，思乡欲动者不计其数。

早有急报传至咸阳。

惠文公震惊，急道：“快，召竹先生、大良造、上大夫、国尉速来议事！”

内臣应诺后离去，刚到门口，惠文公又道：“慢，顺带捎上那个姓陈的上卿！”

竹远、公孙衍、公子疾、司马错、陈轸五人急急赶至御书房时，惠文公仍在阅读河西急奏。看到五人叩见，惠文公没有抬头，伸手略摆一摆，顺口说道：“众卿免礼！”两眼仍旧盯牢奏报。

五人互望一眼，各就其位坐下。

惠文公眼盯奏报，似是自语，又似是说给众臣听：“这些魏民竟置长势良好的冬麦于不顾，扶老携幼，重返故土。河西郡一月失民五万，”抬起头来，扫视众臣一眼，声音略略提高，“诸位爱卿，你们可都看见了？”

诸臣纷纷点头。

“若是听任此事，”惠文公用指背敲着几案，“大家两年来的努力，就会毁于一旦！诸位爱卿，你们可有良策？”

司马错奏道：“启禀君上，依臣之见，封锁河水，关闭边关，看他们如何东返？”

惠文公没有理他，只将目光缓缓移向公孙衍。

公孙衍拱手奏道：“臣以为不可！”

惠文公问道：“为何不可？”

“留人若不留心，非但无益，反而有祸。再说，多年以来，列国边民如同士子一样，均是自主流动，我若闭关强留，纵使留住魏国流民，也无异于自断后路，自此以后，列国流民谁敢再度入秦？”

惠文公点头：“爱卿所言甚是，说下去！”

“依臣之见，眼下流民东返，不为急患。”

惠文公急问：“何为急患？”

“急患在于魏国政治。据臣所知，近日魏王推行新政，三军屯田，减税六成，奖励流民返乡，免除流民十年赋役。常备武卒屯田自给，士气陡增，战力有增无减。各地苍头耕战两顾，民心聚合。”

“唉，”惠文公叹道，“爱卿所言，正是寡人忧患之处。寡人真不明白，同一个魏罃，先君在时事事糊涂，简直就像一个昏君，轮到寡人，他竟就一下子明白过来，这要赶上一代明君了！”

司马错插言道：“魏有此治，必是因了庞涓这厮！”

“嗯，”惠文公点头道，“必是他了。寡人苦心孤诣，只在谋魏，谁知这半路上杀出一个庞涓，实让寡人措手不及！”

公子疾接道：“天下盛传庞涓梦中得授兵学秘籍《吴子兵法》，深得吴起用兵精要，臣本疑此事，观今日情势，传闻或为真实！”

惠文公的眉头拧得更紧：“秦人甚惧吴起，无论此事是否属实，都将影响三军士气。看来，庞涓不除，秦无宁日！”

陈轸嘴角微动，鼻孔里哼出一声，面现不屑之色。

惠文公灵光一闪，转向陈轸，目光征询：“陈爱卿？”

陈轸拱手：“回君上的话，臣以为，魏国大治与庞涓无关。”

“哦？”惠文公两眼圆睁，“请爱卿详言！”

“据臣探知，庞涓梦受吴起兵学一事纯属谣传。”

惠文公急问：“爱卿何以知之？”

“庞涓曾于数年前入云梦山，跟随鬼谷子修习三年兵学。”

“鬼谷子？”惠文公一惊，目光迅速转向竹远，“竹先生可知此人？”

竹远正自闭目静坐，吃此一问，不自觉地“哦”出一声，缓缓抬头，微微一点。

惠文公急道：“先生请详言之！”

竹远睁眼：“鬼谷先生是修长师伯。在山中时，修长屡听家师提及师伯，说他已成道身，上可通天，下可彻地。不过，据家师所讲，师伯向不收徒，今日为何收留庞涓授艺，修长也是不知。”

陈轸接道：“跟随鬼谷子修习的不仅有庞涓，还有孙膑、张仪诸人。据臣所察，庞涓与其师兄孙膑同习兵学，庞涓所学，不过是鬼谷子的一点皮毛，孙膑之才，更在庞涓之上。”

惠文公喜道：“果真如此，陈爱卿可速去鬼谷，为寡人聘之！”

陈轸摇头道：“回禀君上，眼下去聘，已是迟了！”

“哦？”惠文公惊道，“难道此人……”

陈轸接过话头：“据臣所知，此人已至魏国，被魏王聘为监军。如果不出臣之所料，免赋、屯田之谋，当是出自孙膑。”

惠文公眉头紧锁，缓缓站起，在厅中来回踱步，许久，方才回至座位，眉头略有舒展，扫视众人一眼：“陈爱卿所言，倒是新鲜。关于如何应对，请诸位详加斟酌，他日复议。”

众人应诺，各自告退。

陈轸正欲出门，惠文公叫住他：“陈爱卿留步！”

陈轸回来，又要叩拜，惠文公笑挽其手道：“爱卿不必多礼。听闻爱卿精通天下音律，寡人早欲请教，恨无闲暇。前几日义渠君进贡几位歌姬，说是歌声绕梁，如夜莺一般。爱卿若有雅兴，可陪寡人一同赏玩。”

陈轸心知肚明，退后一步，拱手揖道：“臣谢君上厚爱！”

惠文公呵呵又笑几声，携陈轸之手径去乐坊，在一个舞厅分主仆坐下。惠文公击掌，钟鼓管弦齐鸣，后场转出六位舞姬，在二人前面的红地毯上翩翩起舞。领舞的少女皮肤细白，头发金黄，美目生盼，朱唇轻启，声音果如夜莺鸣啭。

惠文公笑道：“陈爱卿，这曲歌舞入眼耳否？”

陈轸回应一笑，赞道：“回君上的话，义渠歌舞，音声悦耳，姿态赏心，可谓美妙绝伦啊！”

惠文公手指六位舞姬："六姬之中，爱卿可有评点？"

陈轸又是一笑："叫臣来说，六姬个个绝美，尤其是那领舞女子，婀娜多姿，顾盼生情，一举一止，楚楚动人，堪称绝代佳丽！"

惠文公笑道："爱卿果然识美！此女旬日之前来到此地，寡人也是首次见她。据说此女来自西方异域，义渠君得之，视为奇珍，特意进献寡人！"

陈轸拱手道："天下尤物，自当侍奉英主，臣恭贺君上了！"

惠文公摆手让众女退下，转对陈轸笑道："听爱卿说话，果是惬意！"起身走至厅外，看看天色，"时辰不早了，关于这个天下尤物，寡人他日再向爱卿讨教！"

陈轸拱手："臣告退！"

第048章 | 报秦公陈轸使楚 育大才先生布道

陈轸走出宫门，踏上轺车回家。轺车辚辚而行，陈轸闭目苦思。惠文公特意留他，心中明明有事，且他陈轸也已猜出所为何事，然而此公竟然忍住，只字不露，还要闲情，拉他去看这场歌舞。

难道这场歌舞有何深意？

陈轸思虑多时，仍是一头雾水。此番入秦，惠文公二话不说，一见面就封他上卿，赐他宅院，赏他金帛、仆从，种种“恩遇”皆出意外。他自觉受之有愧，本想进献制魏良策，可此公自从封他上卿之后，既未召他觐见，也未向他“垂询”任何国事。身为人臣，不知其主而妄言者，下场往往可悲。再说，惠文公不是魏惠王，早晚想到他一石数鸟，于短短数月之间一连诛杀商鞅、甘龙诸人，使前朝权臣土崩瓦解，陈轸的后脊骨都是凉的。

陈轸又走一程，见尚未黑定，遂勒转马头，驱车拐向嬴虔府邸。嬴虔虽已卸下太傅之职，惠文公念及他为宗亲，特许保留其在咸阳的府邸。近些日子来，陈轸无所事事，在秦又无朋友，无聊时就去拜访这位秦国旧臣，或钓鱼或弈棋，倒也投缘。

听到车马响，嬴虔知是陈轸来了，乐呵呵地迎他入厅，一边吩咐掌灯，一边设宴摆棋，准备大战一场。

陈轸心事浩茫，哪有闲情陪他下棋，便伸手轻轻推开棋枰。

嬴虔惊讶了，盯他几眼，半开玩笑道：“上卿大人，看你眉头皱成这个样子，别是想念女人了？”

陈轸苦笑道：“真还就是一位女子！”

“看看看，”嬴虔拍手笑道，“果被老朽说中了！是哪家女子，上卿只管说来，老朽这就为你张罗！”

“唉，”陈轸摇头叹道，“有谁看上我这落势之人，必是眼睛瞎了！”

“咦？”嬴虔急了，“你如何说出此话？君上待你不薄，上卿鹏程无量，正是用武有地呢！”

陈轸自斟一爵老酒，端起饮了，将这日面君的前后经过约略讲述一遍，末了问道：“君上独留下官，邀下官赏玩义渠歌舞，究竟有何用意，下官实难揣测，还望老太傅赐教！”

嬴虔捋须有顷，点头道：“若是这个女子，老朽倒是略知一二。前日老朽进宫看望老夫人，正巧路过乐坊，听闻坊中有歌飘出，声如夜莺。老朽闻之甚喜，进去一看，果是人间尤物。老朽当即寻到乐坊令，打算赎她出来。乐坊令说，此女是义渠贡品，这几日就要进献君上，眼下正在演练。老朽听闻此言，只好作罢！”

陈轸与他又叙一时，见仍谈不出个所以然来，遂告辞出来，于人定时分，悠悠晃晃地回到家里。

陈轸如往常一样步入内室，宽衣解带，正欲就寝，借着微弱烛光，猛见榻沿坐着一人。陈轸退后一步，拔剑喝道：“何人在此？”

榻上之人缓缓起身，叩拜于地，用生硬的口音说道：“先生勿惊，奴婢是来侍奉先生的。”

陈轸近前几步，定睛细看，来者不是别人，却是后晌在宫中领舞的西域舞姬。

陈轸震惊，大声叫道：“来人！”

家宰闻声，疾步走进：“主公有何吩咐？”

陈轸厉声责道：“这个女子为何在此？”

“回禀主公，”家宰应道，“一个时辰之前，宫中内宰亲自送她过来，还送来许多嫁妆！”

“嫁妆？”陈轸惊问，“什么嫁妆？”

家宰拿出一本册子，细细禀道：“黄金一百两、锦缎三十匹、白璧两双、西域奇香十盒、珍珠……”

不及他说完，陈轸抬手就是一记耳光：“你个浑蛋！如此大事，方才为何不报？”

家宰手捂左脸：“小……小人不敢！内宰吩咐，君上有旨，任何人不得提前报知主公，君上……君上要给主公一个惊喜！”

陈轸沉下神来，思虑有顷，转对家宰：“备车！”

家宰怔在那儿：“这已人定了！”

陈轸喝道：“什么人定不人定的，快备车去！”

家宰应声诺，疾步出去。

陈轸匆匆穿衣戴冠，到铜镜前端详一番，转身对依旧跪在地上的女子道：“姑娘，你可有姓名？”

那女子再拜道：“回禀先生，奴婢名叫扎伊娜。”

“扎伊娜？”陈轸叫不习惯，将三字重复几遍，嚼味有顷，笑道，“叫起来不顺口。可去掉扎字，就叫伊娜。”

伊娜点头，再叩：“奴婢伊娜谢过先生。”

“起来吧，”陈轸指着放在一旁的裘衣，“请把裘衣穿上，外面甚冷。”

姑娘略怔一下，取过裘衣，穿在身上，怯怯地望着陈轸。

“伊娜，请跟我走！”说完陈轸头前走去。

惠文公放下奏章，正欲回宫就寝，内臣报说陈轸求见。

惠文公微微一笑：“宣他觐见！”

陈轸叩道：“臣叩见君上！”

“是陈爱卿呀！”惠文公埋头于奏章，头也不抬，也没叫他起来。

过有至少一刻，惠文公放下奏章，见陈轸仍旧撅着屁股叩在那儿，瞟他一眼：“爱卿不在府中歇息，这么晚了，还来求见寡人，可有要事？”

陈轸朝外击掌。

伊娜听到声音，莲步轻移，在他身边跪下，叩道：“奴婢叩见君上。”

惠文公看她一眼，挥手：“你且退下！”

“奴婢告退。”伊娜再拜起身，款款退出书房。

“看这样儿，”惠文公望着陈轸，“是此女不入爱卿的眼喽？”

陈轸再拜，涕泣：“臣何德何能，竟蒙君上如此恩宠？”

“恩宠？”惠文公怔了，“爱卿此言从何说起？”

“君上，臣……”陈轸泣道，“臣落难于秦，君上不计前嫌，收留臣不说，又赏金赐府，还将这……这天下尤物，恩赐于臣，叫臣如何敢受？”

“呵呵呵，”惠文公又笑数声，话外有音，“陈爱卿，什么天下尤物，不就是一个女人嘛！大丈夫立于世间，女人就如衣裳，黄金就如土石。唯有千秋功业，青史载名，才是志士所求！”

陈轸沉默有顷，再拜：“君上之言，如醍醐灌顶！臣此来，另有一言奏报！”

惠文公笑道：“不瞒爱卿，寡人知你心里有话，”手指前面席位，“坐下来，慢慢说。”

“谢君上赐座！”陈轸起身，在惠文公指定席位坐下，拱手说道，“君上，臣有一策，或可制魏！”

“哦！”惠文公身子前倾，“是何良策？”

“他山之石，可以攻玉！”陈轸一字一顿。

“他山之石，可以攻玉？”惠文公喃喃重复数次，似乎仍旧不得要领，便抬头望向陈轸，摇头苦笑，“这……寡人愚痴，还请爱卿详解。”

陈轸启发道：“楚山有玉，君上何不借之？”

“楚山？”惠文公似是明白一点，又似没有明白，探身问道，“爱卿是说，寡人可借楚人之力谋魏？”

陈轸拱手：“君上圣明！”

惠文公眼睛大睁：“楚人之力，寡人如何借之？”

“自田齐以来，泗上诸国一直是齐、楚相争之地。泗上十二国，论富足莫过于宋、卫。前几年魏王伐卫，与齐、赵、韩构怨；楚早欲吞宋，只是顾忌齐、魏。今齐新败于魏，国力受挫，于楚当是天赐良机。君上若使楚人伐宋……”顿住话头，目视惠文公。

“爱卿妙计！”惠文公豁然开朗，击案叫道，“楚若伐宋，宋必向魏求救。魏有庞涓、孙膑两大奇才，必恃强援宋，楚、魏之间必有一战。两强相争，无论谁胜谁负，寡人皆可渔利！”

“君上圣明！”陈轸微笑道，“君上，此举还将结出一果。”

惠文公再度倾身：“愿闻其详！”

陈轸侃侃说道：“魏若救宋，带兵者必是孙、庞二人。庞涓之才，已盖列国，孙膑更在庞涓之上，魏军取胜当无大碍。臣是说，魏在取胜之后……”再次顿住。

惠文公是何等聪明之人，当下眉头一挑：“爱卿是说，两强同事一君，必有一争？”

陈轸点头再道：“君上圣明！”

惠文公离座，亲执陈轸之手，重重握住，连声说道：“好好好，寡人果然没有看错，爱卿真是栋梁之材啊！”有顷，似是想起一事，松开陈轸之手，若有所思地返回座席，面现忧色，“只是……”

陈轸问道：“君上有何忧虑？”

“唉，”惠文公叹道，“此计虽妙，可寡人如何方能使楚伐宋呢？”

“君上放心，”陈轸微微抱拳，“臣与楚将昭阳私交甚厚。上柱国昭阳和屈匄眼下是楚王的左右司马，掌管楚地军务。十几年来，昭阳一直忙于争夺泗上，六年前率军伐宋，因田忌出兵，无果而返。昭阳唯利是图，臣若诱之以利，晓之以害，昭阳必听。”

“如此说来，倒是可行。”惠文公凝眉有顷，决断道，“你可透给昭阳，就说越国大军正向琅琊集结，图谋伐齐。齐人眼下自顾无暇，顾不了宋国。”

“哦？”陈轸眼睛大睁，“此事属实否？”

“寡人可有戏言？”惠文公给出一个肯定的手势，“越王无疆自不量力，欲践勾践昔年之志，兴师二十万众，海陆并举，将于明年春暖花开之际，北伐齐国，谋霸中原。”

陈轸大喜：“真是天助君上！有越人助力，臣此行必成！”

惠文公起身，朝陈轸深深一揖：“驷有劳爱卿了！所需多少财宝，爱卿只管列出清单，只要秦地拥有，寡人尽皆准奏。听闻昭阳好色，寡人另拨美女二十名予你，爱卿可去乐坊，随意挑选。”

陈轸起身叩道：“君上厚爱，臣赴汤蹈火，在所不辞！”

“陈爱卿，”惠文公亲手扶起他，“楚天广阔，实乃大有作为之地。爱卿此去，要像钉子一样扎在那里，务使楚人为我所用！”

“轸万死不负君恩！”

“好！”惠文公再度拱手，“待爱卿成功之日，寡人定有厚报！”携陈轸之手，走出户外，指着仍在外面守候的伊娜，“时辰不早了，这么冷的天，让美人候于风中，爱卿这是暴殄天物了！”

陈轸脸色微红：“臣谢君上厚赐！君上留步，臣告退！”

数日之后，陈轸以秦国特使身份，驱车三十乘，随带甲士三百，离开咸阳，径奔楚地。惠文公用公辇亲送陈轸十里，临别之时，从袖中摸出一块丝帛交给陈轸：“爱卿可将这个带上！”

陈轸接过一看，上面写着一排人名，不明所以，抬头看向惠文公：“君上？”

“这些人皆在楚地做事，或对爱卿有用。”

陈轸也早听说黑雕台的事，知是他们，也就不再多话，收起丝帛，跪地泣道："谢君上厚爱，臣去也！"

惠文公拉他起来，亲手扶他上车，君臣二人依依惜别。

陈轸南出武关，沿商於谷地南下丹阳、襄阳，径奔郢都。山路难行，又有雨雪阻隔，陈轸一行走走停停，历尽辛苦。幸有伊娜相伴，更有二十名美女随侍，陈轸一路上倒也逍遥。

两个月后，陈轸抵达郢都，在驿馆稍歇数日，具表觐见楚王，呈上礼单，陈述秦公睦邻诚意。

楚威王仍在记恨公孙鞅袭占商於谷地之事，接过礼单，打眼扫过，随手掷于地上，冷冷说道："这些物事儿，秦使还是带回去吧！秦公若是诚心睦邻，就将商於谷地归还寡人！"

"回禀大王，"陈轸叩道，"据轸所知，商於谷地是前朝重臣公孙鞅出兵夺占，实非秦公本意。鉴于公孙鞅功勋卓著，先君孝公拿他无奈，只得任其非为。后孝公薨，秦公车裂公孙鞅，也算为楚人雪耻了。即使如此，临行之际，秦公仍然吩咐陈轸，要轸再为此事向大王道歉。至于何时能将商於谷地归还大王，秦公以为，此事涉及先君，不可速图，只要楚、秦诚意睦邻，没有不能解决之事。秦公诚心，天地可鉴，些微薄礼，还望大王笑纳！"

"上卿之言也有道理，秦公心意，寡人暂先收下！"威王朝内臣努嘴，内臣捡起礼单，候立于侧。

陈轸再叩："陈轸谢大王宽恕！"

楚威王转对内臣："赏秦使陈轸玉璧两双，南海宝珠十颗，丝帛二十匹！"

"陈轸谢大王厚赏！"

郢都主大街左司马府中，昭阳正在后花园中练剑，家宰邢才走来，看到昭阳正好舞至妙处，哈腰候于一边。

昭阳舞毕，收步作势，抬眼道："有事吗？"

邢才拱手道："禀报主公，秦国特使陈轸求见！"

"呵呵呵，"昭阳将剑插入鞘中，"此公至郢数日，早该来了！你去告诉他，让他再候一刻，就说本公马上就到！"

昭阳回房换过衣服，赶至客厅，与陈轸见过礼，分宾主坐了。

"呵呵呵，"昭阳拱手笑道，"前阵子听说上卿为庞涓那厮所害，蒙冤离开魏国，在下甚是感喟。后又听说上卿为秦公所用，依旧被拜作上卿，在下才松了口气，正想如何去为上卿贺喜，上卿就使楚来了！今日在下无事，刚好与上卿畅饮，一来为上卿压惊，二来为上卿洗尘，三来我们也是几年未见了，好好畅叙一番！”

“轸谢柱国大人挂念！”陈轸还过礼，端起几上的茶水，轻啜一口，摇头叹道，“唉，不瞒柱国大人，在下蒙受魏王恩宠多年，本欲衷心事魏，不想却为奸贼庞涓所害，只身仓皇逃离。幸蒙秦公不弃，方使在下有个栖身之所啊！”

“上卿是大才，终生守着魏罃，也是屈了。听闻上卿出走，在下就想，早晚得遇上卿，定向大王举荐，依上卿之才，必得大用！”

“谢柱国大人抬爱！”陈轸击掌。

几个仆从抬进两只大箱。

陈轸从袖中摸出礼单，呈予昭阳：“柱国大人厚爱，陈轸无以为报，区区薄礼，还望大人笑纳！”

昭阳接过单子，眼睛略略一瞄，递给邢才。

邢才开箱验收，当场唱道：“黄金一百两，玉璧两双，夜光杯四只，锦缎二十匹，秦女五名……”

邢才唱完，陈轸再次击掌，依次走进五名少女，无不粉面含羞，艳若桃花，看得昭阳两眼发直。

“柱国大人，”陈轸指着五个少女，缓缓说道，“这五位女子个个知书达理，能歌善舞，别有异国情趣，或可为大人解闷。”

昭阳从美女身上收回目光，拱手揖道：“上卿所赠如此隆重，叫昭阳何以为报？”

陈轸示意，众女退出，邢才亦使人抬走礼箱。

“呵呵呵，”陈轸弦外有音，“于柱国大人的厚爱来说，这些物事，不足挂齿呢！”

昭阳身子趋前：“难道上卿还有大礼不成？”

陈轸淡淡一笑：“大人府中黄金充栋，美女盈室，能缺这些吗？”

“哈哈哈哈，”昭阳大笑几声，“缺倒不缺，不过，既为上卿所赠，纵使一根青丝，在下也必藏之爱之，珍之贵之！”

“再谢柱国大人抬爱！”陈轸拱手，倾身，压低声音，“确有一件大宝，柱国大人或感兴趣。”

昭阳倾身问道：“是何大宝？”

“令尹之位！”

“令尹之位？”昭阳眼睛大睁，显然未听明白，“请上卿明言！”

“令尹景舍垂垂老矣，不堪驱使。在下请问大人，就眼下而言，能代景舍之位者，会是何人？”

“这……”昭阳迟疑一下，“在下不知呀！”

陈轸语气肯定：“如果不出在下所料，代景舍者，必是两位柱国大人！”

“哦！”昭阳心头一紧，身子趋前，“上卿何说此话？”

“这是秃头上的虱子，明摆着的事。”

“请上卿详言！”

“楚国以武立国。三十年来，楚国大争，无非二地，一是东南，二是泗上。楚王使屈氏镇东南，以御越人，使大人御东北，以争泗上。楚国地方五千里，有雄兵三十万，两位柱国大人各领十万。大人试想，楚王对二位早已举国相托，令尹之位难道还能旁落他手？”

“唉，上卿有所不知，大王以国相托的是景氏！”

“非也，非也，”陈轸连连摇头，“如果商於不失，景舍之子景合或许有望，然而……”

昭阳沉思良久，微微点头：“依上卿之见，在下与那屈氏，何人可占上风？”

“就眼下而言，”陈轸应道，“二位大人是半斤八两。同为司马大人，虽有左右之分，却是各主一方，各有倚重。至于谁能更上一层楼，就要看二位大人在未来三年，何人能建立功业了！”

昭阳抱拳道：“何处可建功业，还望上卿点拨。”

“眼下就有一个功业——取宋。”

“取宋？”昭阳震惊，“如何取之？”

陈轸凑近昭阳，耳语。

数日之后，昭阳觐见楚威王，奏道：“启奏大王，宋偃聚众暴乱，逐兄篡位，已是大逆。几个月前，此公在齐、魏相王之后，自封为王不说，更在称王大典上射天鞭地，淫乱后宫，诸臣凡谏者皆被射杀，人神共怒，天下称其为‘桀宋’！”

“嗯，”楚威王点头，“此事寡人早有听闻。爱卿今日提起，意欲何为？”

“宋乃膏腴之地，我若不取，齐必取，齐若不取，魏必取。臣以为，大王当以宋公偃不敬天地之罪，兴义师伐之！”

“这……”楚威王沉思良久，盯住昭阳，“我若伐宋，齐、魏必救，那时，我当奈何？”

“就臣所知，”昭阳奏道，“齐人新败于魏，国力大伤，无力交战。齐将田忌在魏蒙羞，回齐后辞官归隐。齐无田忌，即使出兵，亦不可惧。”

楚威王闭目沉思。

“还有，”昭阳趋前一步，“臣已得报，越王无疆近集大军二十一万，海、陆并举，正在开往琅琊，看这样子，势在谋齐。齐人自顾无暇，如何顾宋？”

“嗯，”楚威王点头应道，“越人是有异动，”从案下拿出一封边关急报，“屈爱卿已有奏报，寡人还在纳闷呢！”

“大王，越人袭齐，东、南无虞，齐人抗越，无暇顾宋，我可全力争宋，实乃天赐良机啊！”

“良机倒是良机，”威王眉头又皱起来，“不过，齐虽无忧，魏却麻烦。魏罃早视宋为其囊物，只是碍于寡人和田因齐，他才有所忌惮。我若伐宋，宋偃失去齐援，必向魏求救。魏罃师出有名，还能放过这个机会？魏得庞涓，反败为胜，士气正盛，爱卿如何应对？”

“魏出师无名！”

“哦？”

“因为徐州相王时，魏王已将宋国拱手让给齐国，只是没有诏示天下而已！”

楚威王倒吸一口气，半晌：“爱卿怎么晓得？”

“那个盟约是陈轸签的！”

“哦，原来这样，”楚威王点头，“只是，齐、魏交恶，齐人败了，那个盟约魏若不守呢？魏王新得庞涓，败齐溃赵，底气足呢！”

“不守也不怕他！”昭阳捏紧拳头，“大国交兵，打的是钱粮。据臣所知，魏国虽有庞涓，但库无存粮，边民流失逾五十万众，民心不稳，就如一个伤重之人，没有三年五载，是康复不了的。再观我大楚，近年并无大战，商於虽失于秦，却也是穷山恶水，无伤根本。我今国库充盈，兵精粮足，莫说魏国出兵无名，纵使出兵，我何惧之？”

楚威王捋须良久：“说说看，爱卿打算如何伐宋？”

“我王可出大军十万，臣引锐卒六万伐宋彭城，由景合引军四万屯于陉山，牵制魏人。陉山离魏都大梁不足两百里，急行军一日可到。魏人若是妄动，景将军就可直驱大梁，杀其老巢！魏人必回救，那时，我可两面夹击，或一举败魏人，或与魏人对垒于野，击不败他也耗死他！”

楚威王闭目又是一番沉思，睁眼道：“来人！”

内臣至：“臣在！”

“召太子、令尹、左徒及诸执珪、柱国大人入宫议事！”

孙膑下山之后的头几日里，鬼谷四子的草舍里更见冷清。苏秦、张仪都如换了个人，一连数日，要么蒙头大睡，要么并膝呆坐，要么进山闲逛，谁也不思精进，嘴巴上如同贴了封条，连走路都是低垂脑袋，脚步拖沓，状如落魄失魂。

如此这般过了七日，张仪终是憋不住，于第八日午后推开苏秦房门。苏秦正在闭目静坐，听声响知是张仪，眼皮不抬，端坐如故。

张仪盯苏秦一阵，重重咳嗽一声，开始他的习惯动作——兜圈子。通常情况下，兜三圈也就够了，这日却是不同，张仪不停地兜，边兜边将两眼锁住苏秦，步伐走得极慢，好像对方是个怪物。

苏秦如如不动。

不知兜有多少个圈子，张仪终又强忍下来，拔腿走出，顺手拉上房门。张仪在外面的草坪上埋头又转了一会儿，显然实在憋闷，噌噌几下再次走到苏秦门前，“嗵”一声将门踹开，径直走到苏秦跟前，动作夸张地并膝坐下，从喉咙深处重重咳嗽一下，大声说道：“我说苏兄，我们还是说句话吧！”

苏秦微微睁眼，看向张仪，嘴巴未张，眼神却在告诉他：“说什么呢？”

张仪嘿然一笑：“你说孙兄他……走就走吧，还勾魂，看把苏兄整得远看像根枯木，近看像具僵尸！”

苏秦复将眼睛闭上，身子却动了动，屁股朝后挪有一寸。

张仪扑哧笑道：“说是僵尸，有点屈了，改称活肉吧，这个确切点儿，苏兄毕竟能动，只是没有精气神而已！”

苏秦再度睁眼：“是说你自己吧？”

“好好好，”张仪笑道，“就算是说我自己吧！无论如何，只要苏兄能开金口就成。”

“贤弟有话，这就说吧。”

“我想说的是，”张仪提高声音，“这个天下真他娘的有意思！”

苏秦斜他一眼：“贤弟何出此言？”

“庞涓那厮还没弄明白子丑寅卯，急匆匆地就出山了。真也奇怪，在下做梦也未料到，仅一年，就他肚里那点儿货色，竟然也能封侯拜将，荫妻乘龙，大红大紫呢！”

苏秦白他一眼：“我还以为贤弟能说出什么骇世之语呢，不想却是这个。”

“再观孙兄，”张仪顾自说道，“尚未出山，喏，瞧这威势！太子亲临，重金礼聘，前簇后拥，车马塞道！”

苏秦埋下头去，沉默不语。

“你且说说看，”张仪激动起来，“你我与他二人一同进谷，一同拜师，不是吹的，无论哪一点儿，总也不比他们差吧！”

苏秦轻叹一声，闷了。

“我说苏兄，”张仪将声音提高几分，几乎是在嚷嚷，“随便想想，要是你我出山，这个世界会是什么样子呢？”

苏秦抬起头来：“你说会是什么样子？”

“哈哈哈哈，”张仪放声长笑，“天翻地覆，天翻地覆哟！”

苏秦再度埋下头去，沉默半晌，方才说道：“依贤弟看来，难道我辈皆已成器？”

张仪哈哈又笑数声，方才接道：“苏兄何能用此‘难道’二字？以庞涓之才竟然横扫列国，孙兄之才远胜庞涓，天下何人可敌？在这谷中，闭眼想想，你我二人纵使不济，也不至于逊色于孙兄吧。”

“贤弟之才，自在孙兄之上。”

“苏兄莫要谦逊，你我既已结义，就要说心里话。苏兄，你这摸摸心窝，当初来这谷中，可为终老于山林？”

苏秦一惊，抬头望着张仪：“贤弟是说……”

“依在下之见，我们也当寻个机缘，下山大干一番！”

苏秦正欲接话，有声音从门外传来，不及扭头，童子已是闪进房门，望二人嘻嘻一笑：“是哪位师弟嚷嚷着下山哪？”

二人皆吃一惊，紧忙起身，拱手揖道：“师弟见过大师兄！”

几年下来，不知不觉中，童子已经变声，长得跟张仪差不多高了，言谈举止也较先前成熟，但身上的一股童稚之气终未消除。

看到二人震惊的样子，童子呵呵笑出几声，摆手道：“坐坐坐，我又不是先生，你们不必多礼。”见二人坐下来，眼睛瞟向他们，“说呀，师兄在候回话呢。”

见童子盯过来，张仪只好揖道：“回大师兄，是在下说的。”略顿一顿，“我与苏兄连闷数日，有件事情想不明白，大师兄来得正好。”

“张师弟，”童子收回目光，微微一笑，嘴角外侧各显出一个浅浅酒窝，“这几日来，你二人存心下山，却又不好向先生张口，可是为这事儿吗？”

童子一语说出二人心事，张仪语塞。

“两位师弟过虑了。”童子的酒窝加深加大，声音却不无揶揄，“鬼谷之中，既没有安门，也没有上锁；先生既未硬请两位上山，自然也就不会扯住两位袍角，不让你们下山。两位师弟想走，随时都可上路，还有什么想不明白的？”

童子不软不硬的几句话，把张仪噎了个上不来气：“这……”

“大师兄，”苏秦抱拳解围，“在下和张师弟并无此意。前几日孙兄下山，我二人都很难过。方才念及此事，张师弟有所叹喟，仅此而已。”

“是吗？”童子转望张仪，“孙膑出山，张师弟是何叹喟，可否说予师兄听听？”

张仪略想一下：“飞龙在天。”

童子笑道：“听这话音，张师弟这是困龙在山了。”

张仪又被噎个半死，凭他伶牙俐齿，竟是说不出一句话来。

苏秦再度解围：“大师兄，师弟有惑。”

童子转头，乐呵呵地看向苏秦。

苏秦问道：“依大师兄之见，庞兄、孙兄可算成器？”

童子笑道：“当然算了！”

“这……”苏秦略怔一下，“在下和张师弟呢？”

童子连连摇头。

“大师兄，”张仪急了，大声质问，“你凭什么说他们成器，而我们未成？”

“就凭这个，”童子手指二人，“他们二人已经下山，你们二人仍旧待在此地。”

“师兄此话不公！”张仪抗辩，“他们下山，是因为他们想下山。我们不下山，是因为我们不想下山！”

“好了，好了！”童子摆摆手，呵呵又笑几声，“本师兄来到此处，不是与你辩论的。要想知道成器与否，你们最好去问先生。”说着起身指向门外，“两位师弟，请吧。”

苏秦、张仪皆是怔了。

张仪嗫嚅：“去……去哪儿？”

“嘻嘻，”童子诡诈一笑，“去问先生呀。”

二人自然不敢为这事儿去见先生，互望一眼，随即坐下，谁也不肯挪窝。

童子沉着脸催道：“先生正在草堂等候你们，还不快走！”

见童子不是开玩笑，二人紧忙爬起，整过衣冠，跟童子走到草堂，果见鬼谷子端坐堂中，玉蝉儿坐在斜对面。童子走过去，在先生身后稍偏的位上站定。

二人叩拜，鬼谷子示意免礼。二人迟疑一下，挨玉蝉儿并膝坐了。

鬼谷子笑吟吟地望着苏秦、张仪，直入主题：“前几日，你二人想必是见到荣华富贵了！”

先生出口即问这个，苏秦、张仪哪里还敢说话，个个将头埋下，惶然失措之状就像是闯下大祸的孩子。

鬼谷子淡淡一笑：“老朽问你们，是否也想下山？”

苏秦、张仪将头垂得更低。

“怎么不说话呢？”鬼谷子不依不饶。

二人越发不敢吭声。

“回禀先生，”童子插进来，“他们不好开口，童子代答。方才童子去时，两位师弟正在商议何时出山之事。”

“大师兄！”张仪脸色紫涨，急欲制止。

“呵呵呵，张师弟，”童子冲他笑道，“心里有话，该在这里说才是。方才你不是说，你二人的才华丝毫不逊于孙膑和庞涓吗？你不是认定你二人已经成器了吗？”

张仪大窘，垂头嗫嚅：“先生，弟……弟子……”

鬼谷子微微一笑，转向苏秦：“苏秦，你是否也有同感？”

“是的，”苏秦老实点头，“看到庞兄、孙兄际遇如此，弟子确有感怀。”

“张仪，”鬼谷子转向张仪，“是则是，非则非，鬼谷之中，用不着藏藏匿匿。”

张仪垂头应道：“是。”

“再说，”鬼谷子接道，“你也没有说错。就老朽所察，你二人所悟，应该不在庞、孙之下，如果他们算是成器，你二人理当成器。”

听到“理当”二字，苏秦怔了：“先生是说，我们二人尚未成器？”

鬼谷子拖长声音：“不是尚未，是远未。”

张仪不服了，抬头辩道：“既然我们不比他们差，先生为何说他们已经成器，而我们远未成器？”

“好吧，”鬼谷子直望过来，“你想知道原因，老朽这就说予你听。老朽问你，如果你二人出山，何以存身立命？”

张仪应道：“我们既习口舌之学，自当以口舌之辩存身立命。”

“口舌有巧有拙，辩才有高有低，老朽再问，你二人辩才如何？”

张仪不假思索：“巧设机辩，无理亦胜三分。”

鬼谷子摇头：“此辩可以说人，不可以说家。”

“那……”张仪接道，“出口成章，言必成理，自圆其说，滴水不漏呢？”

鬼谷子再次摇头：“此辩可以说家，不可以说国。”

张仪急了，抓耳挠腮，有顷，侃侃陈词：“察言观色，趋吉避凶，择善者而说之，择不善者而避之。”

鬼谷子又是摇头：“此辩可以说国，不可以说天下。”

张仪震惊，目视苏秦，见他也是目瞪口呆。

鬼谷子笑问二人：“你二人还有何辩？”

张仪、苏秦双双摇头。

“呵呵呵，”鬼谷子轻笑几声，“还要再问答案吗？”

苏秦、张仪又是摇头。

“你们嘴上不问，心里却是不服，”鬼谷子慢悠悠道，“老朽这就告诉你们。器有大小，术有专攻。庞涓、孙膑所习，皆为兵学。兵学之要在于应对天下战争。天下战争，皆可具体为事，是以兵学亦称事学，有战即事来，战毕即事去。口舌之辩却是不同。口为心之窗，舌为心之声，口舌之要在于应对天下人心。善于口舌者，首服人心。而人心又瞬息万变，根本没有规矩方圆可循。”

苏秦听得入迷，急不可待道：“请问先生，如何方能服心？”

“若要服心，首要入心。言语入心，小可心想事成，大可化干戈为玉帛；言语不入心，小可反目成仇，大可伏尸累万，血流成河。”

张仪接问：“如何做到入心呢？”

“把握命运。”

二人陷入苦思。

“入心？命运？”苏秦抬头，一脸茫然，“弟子愚笨，还请先生详解。”

“所谓命运，”鬼谷子开解道，“可分三类，一是个人命运，二是邦国命运，三是天下命运。把握一人命运者，可入一人之心，服一人；把握邦国命运者，可入一国之心，服一国；把握天下命运者，可入天下之心，服天下。”

苏秦埋头又想一时，仍是不解："请问先生，命和运又作何解？三种命运难道不一样吗？"

"呵呵呵，"鬼谷子笑道，"要是一样，天下就没有难事喽。这么说吧，就一人而言，所处环境是命，所逢机遇是运；就邦国而言，周边环境是命，所逢天时是运；就天下而言，所处天时是命，天下大势是运。《周易》之所以占往察来，是因其演绎的是命运的生息转化之道，是以知《易》可知天下。"

"请问先生，"张仪接道，"如何才能把握天下命运？"

"审时度势！"鬼谷子一字一顿，"换言之，审天下之时，度天下之势。"

"何为天下时势？"

"所谓天下之时，就是天下大势的运动趋向。所谓天下之势，就是推动天下大势的各种力道。如果把天下比作大海，风向是时，因风而动的潮流是势。把握时势，就是弄潮。天下时势，扑朔迷离，神鬼莫测，瞬息万变。圣人知时识势，因时用势，因而治世。奸贼逆时生势，因而乱世。"

鬼谷子高瞻远瞩，道出这番宏论，苏秦听得呆了，好半天，方才问道："请问先生，如何做到知时识势，因时用势？"

"明日晨起，"鬼谷子缓缓起身，"你们可随老朽前往猴望尖，站在那儿，你们就都晓得了！"又转对玉蝉儿，"蝉儿，陪老朽谷中走走。"

玉蝉儿起身，搀上鬼谷子的胳膊，缓缓走出草堂。

溪边小路上，玉蝉儿搀着鬼谷子，越走步子越慢。

鬼谷子住步，笑吟吟地望着玉蝉儿："蝉儿，你心里好像有话要说。"

玉蝉儿亦回一笑："回禀先生，蝉儿有一事不明。"

"哦，"鬼谷子依旧微笑，"何事不明？"

"去年庞涓下山，先生没说什么，听任他去了。今年孙膑下山，先生仍旧没说什么，又听任他去了。张仪、苏秦想要下山，先生为何却要说出这番话来拦阻？"

"方才老朽已经说了，庞、孙二人只是谋事，苏、张二人却要谋心，蝉儿难道没听明白？"

"这是先生故意说给苏秦、张仪听的。兵学涉及方方面面，上至国君，下至兵卒，哪一人都有心，哪一心都得服。仅是谋事之说，断非先生本意。"

鬼谷子凝视玉蝉儿，点头赞道："蝉儿，你能想至此处，实令为师欣慰。"走到溪边一块巨石上，目视溪水，沉吟良久，长叹一声，"唉，随巢子说得不错，天下不能再乱下去，而要结束这场乱象，必须经由大智慧之人。”

玉蝉儿眼睛大睁：“先生是说苏秦、张仪？”

鬼谷子点头。

“就他俩……”玉蝉儿不无疑惑地望着鬼谷子，“能行吗？”

“是的，”鬼谷子又出一叹，“眼下还不行，这也是老朽拦阻他们的原由。可时运所推，此二人责无旁贷。”

玉蝉儿心头一震，沉思许久，抬头又问：“依先生之见，天下乱象，当如何收拾？”

鬼谷子长吸一口气，缓缓吐出，目视远方：“天下混乱，皆因势生。势众必相冲，势乱必相混。乱势冲混，天下如何能治？若欲收拾天下乱象，使世道安泰，当从根本着手，驱使乱势归一，一统山河。”

“如何方使乱势归一呢？”

“蝉儿所问，正是苏、张二人欲成之事。”

玉蝉儿惊道：“先生，此等大事，需中流砥柱之力，苏秦、张仪他们……有吗？”

“这就要看二人的造化。”鬼谷子缓缓说道，“不过，依老朽观之，二人虽无中流砥柱之力，却有两件宝物难能可贵，一是浩然正气，二是智慧过人。方今之世，有此二宝，当可引领众势。”

玉蝉儿不可置信地盯住鬼谷子：“浩然正气，张仪也有？”

“是的，”鬼谷子点头，“就在他的精髓里。不过，他的这股正气，若无苏秦，或难冲出。一如庞、孙，苏、张二人亦当是相知相争，相辅相成。”

鬼谷子一席话说完，玉蝉儿犹如拨云见日，心底澄明，不无感叹道：“先生原是这般选徒的！苏、张二人果成此功，当是天下之福。”

二人又走一时，玉蝉儿似又想到什么，抬头望向鬼谷子：“先生，即使苏秦、张仪有此造化，能够引领众势，这个纷乱天下……真能一统吗？”

“应该能够。”鬼谷子语气肯定，“方今天下乱势横冲，乱象纷呈，皆是虚象。若以慧眼视之，天下大势只有一个趋向，就是一统。”

“先生是说，”玉蝉儿恍然大悟道，“一统天下是大势所趋，苏秦、张仪如果出山，不过是顺势导势而已。”

“正是。”鬼谷子缓缓说道，“乱势横冲，恰如江河横流，若不导之，必将泛滥成灾。苏、张二人需要做的就是顺势利导，控制乱势，使万流归川，至海为一。”

“蝉儿仍有一惑，”玉蝉儿思忖有顷，再次望向鬼谷子，“假如实现一统，请问先生，天下真的就能国泰民安吗？”

“唉，”鬼谷子仰望苍天，长叹一声，“老朽心愿如此。有朝一日天下归于一统，是否真能国泰民安，实非老朽所能料定，要看天意！”

整整一个下午，苏秦躺在榻上，两眼死盯天花板，像是一具僵尸，只有两只臭脚丫子无意识地碰来碰去。

迎黑时分，张仪推门进来，在屋中转有不知几圈，终于停住步子，长叹一声：“唉，苏兄你说，学问这东西，有个底吗？鬼谷里用功四年，本以为熬到头了，让先生这么一说，嗬，原来只是个开端！”

苏秦的两眼依旧盯在天花板上。

“唉！”张仪发出一声更长的叹息，“夏虫不知秋草，张仪服了！”

又闷一时，张仪连跺几脚，仰天叫道：“服了，服了！我张仪服了！”

翌日晨起，猴望尖顶，天高云淡，寒意袭人。仙风道骨、白眉慈目的鬼谷子神采奕奕地率先登上崖顶，苏秦、张仪、玉蝉儿、童子四徒紧跟其后。

鬼谷子引领四人绕尖顶转一圈，径至崖前巨松下面，并膝坐在悬崖边。众人纷纷在他两侧并膝坐了，放眼望去，但见远山近谷，霞光辉映，林海枫浪，晨雾锁谷，层峦叠嶂，群峰咸伏。

诸人望了一阵，鬼谷子看向张仪，沉声问道：“张仪，你在看什么？”

张仪应道：“回禀先生，弟子在看远山。”

“远山如何？”

“层峦叠嶂，飞云盘顶，若隐若现。”

鬼谷子转望一直低头的苏秦：“苏秦，你在看什么呢？”

苏秦应道：“弟子在看崖下的深谷。”

“深谷如何？”

“为晨雾所障，隐隐约约，看不真切。”

鬼谷子转向玉蝉儿：“蝉儿，你看到什么了？”

玉蝉儿的二目半开半合：“蝉儿看到第六个山巅上有棵巨松，深谷下面有六条小溪。”

“呵呵呵，你倒是数得清呢！”鬼谷子赞扬一句，转向童子，“小子，你都看到什么了？”

童子二目全闭："回禀先生，童子看到好多好多好玩的东西。"

"呵呵呵，"鬼谷子乐了，"你小子倒是眼尖，说说看，都是什么好玩的？"

童子依旧闭目，如数家珍："蝉儿姐看到的那棵松树上有白鹤六只，一老五小，老鹤口中衔鱼，五小鹤鼓翅伸嘴，争抢食之；谷底对面山沟流下的一条小溪边有小鸟两只，正欢叫跳跃；近旁草丛隐一青蛇，引颈企盼，欲跃而啖之……"陡然顿住，神情凝滞。

张仪、苏秦皆吃一惊，睁大眼睛，不可置信地看向童子。

张仪注意到童子根本没有睁眼，说话像在背书，便如发现作弊似的嚷叫起来："大师兄，没有看到就是没有看到，编什么故事？"

童子似是没有听见，依旧全神贯注，有顷，叫道："先生，蛇扑中了，小鸟正在扑腾呢！"

"哈哈哈哈，"张仪笑道，"我说大师兄呀，你这越编越邪乎了。蛇在哪儿，也让师弟看看！"

童子依旧闭目，伸手指向崖下一处地方："就在那儿！"

张仪伸头望去，白云锁谷，莫说是小鸟，即使玉蝉儿所说的小溪，也不见踪影，便呵呵乐了："崖下除去云雾还是云雾，哪来什么蛇扑小鸟？"

鬼谷子不动声色："张仪，你是用什么看的？"

张仪应道："回先生的话，弟子是用眼睛看的。"

鬼谷子转对玉蝉儿："蝉儿，你是用什么看的？"

玉蝉儿应道："弟子是用直觉看的。"

鬼谷子转向童子："小子，你呢？"

童子应道："童子是用心去看的。"

张仪、苏秦看看玉蝉儿，又看看童子，陡然明白原委，再无言语。

鬼谷子微微一笑，转向张仪："张仪，明白了吧。用肉眼，你可看到眼前之物；用直觉，你可看到眼外之物；用心眼，你可无所不见。"说罢目光移开，转向苏秦，"昨日言及'知时识势，因时用势'，若是换个说法，就叫观天下。"

苏秦、张仪一下子悟出鬼谷子要他们来此绝顶的目的，各睁两眼，紧盯先生。

鬼谷子侃侃言道："观天下就如观这远山，视这深谷，不能单靠眼睛，要用直觉，要用心。观远山，不必上远山，看深谷，也不必下深谷。反过来说，若是真的上了远山，下了深谷，你就会观不见远山，看不到深谷。就好比钻进林中，但见树木，难见林莽。要想看到林莽，唯有站在此处绝顶，用眼望下去，用直觉望下去，再用心望下去。”

鬼谷子一席话就如醍醐灌顶，苏秦、张仪心中皆是一亮。

苏秦应道：“弟子明白了，审时度势，须用心眼，不能用肉眼。”

“是的，”鬼谷子冲他笑笑，“心眼也叫慧眼。口舌之学，在服天下；要服天下，须观天下；要观天下，须洞悉天、圣、人三道，须熟谙捭阖之术。你们四年所学，仅是嘴皮功夫，说人说家尚可，说国则显不足，若以之说天下，则贻笑大方。”

苏秦、张仪无不吸一口长气。

苏秦问道：“请问先生，何为天、圣、人三道？”

“天道为自然之道，也即宇宙万物的生克变化之理；圣道为人世之道，也即安邦定国、天下大同之理；人道为人生之道，也即安居乐业、为人立世之理。此三道相辅相成，失此离彼。远天道，圣道困；远圣道，人道难。”

诸人各陷深思。

张仪复问：“请问先生，何为捭阖之术？”

“捭即开，即言；阖即闭，即不言。捭阖之术，就是张口闭口之术，习口舌之学，知捭知阖，最是难得。”

张仪急道：“张口、闭口有何难哉？”

鬼谷子连连摇头：“难！难！难！”

苏秦问道：“请问先生，难于何处？”

“难于你必须知道何时应该张口，何时应该闭口；你必须知道应该张口时如何张口，应该闭口时如何闭口。宫廷之上，一句话入心，大功唾手可成；一句话说错，脑袋顷刻搬家。常言道，福从口入，祸从口出，讲的就是这个理儿。”

苏秦怔了一下，接问：“这……捭阖之术可有诀窍？”

“若要明白捭阖之术，先须明白捭阖之道。”

“何为捭阖之道？”

“捭阖之道，也即天、圣、人三道，就是宇宙万物的阴阳变化之理。万事万物离不开捭阖，也都可以用捭阖之道解析之。阳为捭，阴为阖；白昼为捭，黑夜为阖；开始为捭，终结为阖；善为捭，恶为阖；春夏为捭，秋冬为阖；月圆为捭，月缺为阖；向上为捭，向下为阖；长生、富贵、荣耀、安乐、利益、胜利、希望为捭，死亡、贫穷、毁弃、痛苦、损失、失败、失望为阖……”

“先生，”玉蝉儿抬起头来，若有所思，“可否这么说，凡与生相关，均为捭，凡与死相关，均为阖？”

“呵呵呵，”鬼谷子笑应道，“是有这么个意思，但捭阖之道远不止此，你们唯有慢慢体悟，方能明白其中妙趣。”

张仪再问：“捭阖之道，具体到口舌之中，可有因循法则？”

“当然有，”鬼谷子徐徐言道，“捭阖之道，其因循可依阴阳变化法则。万物或捭或阖，或捭中有阖，或阖中有捭。具体到口舌之学，其法则是，凡朝成功方向的谋划，均叫捭，凡朝挫败方向的谋划，均叫阖。”

张仪恍然大悟道：“先生之言，如开茅塞！”

“习口舌之学，捭阖之道就如一扇大门，你们唯从此门进入，方能领悟其中玄妙，方能掌握捭阖契机，方能知道何时张口，何时闭口，方能知道当开口时如何开口，当闭口时如何闭口。”

苏秦、张仪尽皆叹服：“弟子受教了！”

自于猴望尖得传捭阖大道，苏秦、张仪再也不提下山之事，于谷中日夜感悟。每有所得，二人就在一起研讨，精进神速。数月之后，二人观物察事一如玉蝉儿，学会了如何使用直觉。又过数月，他们竟也直追童子，学会了以心观物。

流光如梭，转眼又值深秋。朔风吹来阵阵寒意，催红漫山秋叶。秋叶一片片落下，鬼谷林中，部分树木已近光秃。

这日午后，玉蝉儿正在草堂看书，一股冷风呼啸着吹开房门，袭入草堂。玉蝉儿陡然受凉，情不自禁地打个喷嚏，起身关门，拿木棍顶上，返回洞中闺房，打开衣箱，取出一套秋衣加在身上。

玉蝉儿复至草堂，正欲坐下，听到天上传来大雁的“嘎……嘎……”叫声。

玉蝉儿的心儿就如被人揪住似的，只几步跨到门口，打开房门，冲到外面的草坪上。

玉蝉儿放眼望去，但见万里晴空点缀朵朵白云，一行大雁正从头顶掠过，排成“人”字队形飞过鬼谷。姬雪的声音亦随着一声声的雁叫响在耳边：“……雨儿，燕地遥远，阿姐这一去，此生怕是再难回来了。阿姐想念你时，就会把心里的话儿说予大雁，大雁最是守信，定会把阿姐的话儿一丝不差，全捎予你。雨儿，秋天到来时，只要你看到南飞的大雁，可要用心去听……”

玉蝉儿正在回想，雁阵已经掠过头顶，飞向南面山顶。玉蝉儿紧追几步，眼睁睁地看着雁阵没入山后，那串“嘎嘎”的叫声也渐响渐弱，再也听不到了。

山谷重归静寂。

玉蝉儿的泪水倏然而出，正自伤怀，又有两行雁阵由北飞来，嘎嘎叫着，掠过她的头顶。玉蝉儿两眼直直地凝视它们，目送它们再次消失在南山之巅。

又候一时，再无雁阵。玉蝉儿轻叹一声，走回草堂，取出琴匣，拿出姬雪赠她的七弦琴，轻轻抚摸。

玉蝉儿手抚琴弦，泪下如雨，喃喃哽咽道："阿姐，雨儿看到大雁了，它们告诉我，它们看到你了，它们看到你站在它们面前。可你望着它们，什么也没有说……什么也没有说……阿姐，你心里有话，为什么不对雨儿说呢？阿姐……雨儿想你啊！"

玉蝉儿悲泣有顷，缓缓起身，抱琴走到户外，在草坪上并膝坐下，面朝北国方向，轻轻弹奏。

一阵风儿吹过，一片秋叶飘零，落于琴上，复被风儿拂走。

琴声初时低沉，如呜如咽，而后如急风骤雨，再后如雁语声声，又如流水淙淙，声声呢喃，最后如浮云掠过，陷入一片死寂。

两百步开外的小溪旁，苏秦、张仪并肩呆坐于一块巨石上，各闭眼睛，全神贯注于玉蝉儿的琴声。

鬼谷子与童子散步归来，看到二人，亦走过来。

苏秦感觉有人，睁眼见是先生，翻身欲拜，被鬼谷子伸手止住。张仪则完全沉浸于玉蝉儿的琴声里，两行泪水无声滴下，滑落在石头上。

鬼谷子跨上石头，坐下。张仪猛然发觉，打个惊愣，紧忙抹去泪水，坐拢过来。

鬼谷子眼望张仪："张仪，在听什么呢？"

张仪应道："回先生的话，弟子在听师姐弹琴。"

"琴声如何？"

"感人肺腑，催人泪下。弟子听琴无数，唯有今日琴声令弟子心颤。"

"是的，"鬼谷子微微点头，"老朽看到了。"转问苏秦，"苏秦，你也在听蝉儿弹琴吗？"

苏秦应道："是的，先生。"

"琴声如何？"

"如泣如诉。"

"哦？"鬼谷子抬头，"可曾听出她在泣什么？诉什么？"

苏秦摇头："弟子听不真切。"

“嗯，”鬼谷子赞道，“你能听出，已经不错了！”

张仪心里一动，急切问道：“敢问先生，师姐在诉说什么？”

鬼谷子转向童子：“小子，你来说说，你的蝉儿姐在诉说什么。”

童子正在闭目倾听，听到鬼谷子发问，头也未扭：“回先生的话，蝉儿姐在跟大雁说话。”

“大雁？”张仪略怔一下，恍然有悟，不无叹服道，“嗯，大师兄说得极是，想是师姐看到大雁南飞，这才出来弹琴。”

鬼谷子没有睬他，继续问童子：“你的蝉儿姐在对大雁说些什么呢？”

童子又听一阵，摇头。

张仪急问：“先生能听出她在诉说什么吗？”

“是的，”鬼谷子缓缓说道，“她在诘问大雁为何不守信用，为何不把该捎之物捎来。”

“该捎之物？”张仪打个惊愣，“请问先生，大雁能捎何物？”

鬼谷子瞥他一眼：“你要关心这个，最好去问蝉儿。”

张仪知先生已经揣出他的心意，脸上一热，垂下头去。

“先生，”苏秦解围道，“如此细微之境，弟子能否听懂？”

鬼谷子应道：“只要用心，自然能够听懂。”

“如何用心？”

“将心比心，心心相印。”

“如何做到心心相印？”

“人心直通情、意。欲知他人之心，就要揣摩他人情意。听其琴，揣其情，摩其意，自通其心。”

苏秦喃喃重复：“揣其情，摩其意，自通其心。”

“正是，”鬼谷子重申一句，“此为揣、摩之术。捭阖之术五花八门，首推揣、摩。”

张仪已经听出先生是在借机传授，精神陡来，大睁两眼：“请问先生，何为揣情？”

鬼谷子缓缓说道：“揣情就是度量他人之心。诗曰，‘他人有心，于忖度之’，讲的就是揣情。若是揣人，则要察其言，观其色，闻其声，视其行，然后推知其心之所趋。若是揣天下，则要透视国情，观其货财之有无，人民之多少，地形之险易，军力之强弱，君臣之贤愚，天时之福祸，民心之向背，然后推知其国运是盛是衰，是兴是亡。”

鬼谷子由此及彼，推及揣摩天下。苏秦、张仪如闻天书，似痴似迷。

沉思良久，苏秦问道："请问先生，揣情之后，是否就当摩意？"

"正是。情为外，意为内。揣情是为摩意，得意方得根本。揣为摩之前提，摩为揣之目的，揣、摩相辅相成，不可分离。"

张仪急问："何为摩意？"

"情为外，意为内。所谓摩意，就是根据揣情所得，投其所好，诱其内意。譬如说，对方廉洁，若说以刚正，此人必喜，喜，必泄其内；对方贪婪，若结以财物，此人必喜，喜，必泄其内；对方好色，若诱以美色，此人必喜，喜，必泄其内。是以善摩之人，如临渊钓鱼，只要用饵得当，鱼必上钩。知其情，得其意，功成一半矣。"

苏秦、张仪再入深思。

见二人完全进入状态，鬼谷子缓缓起身，跨下石头前又补一句："习口舌之学，不知揣情摩意，就如聋子瞎子，若想成功，难矣哉。"

苏秦、张仪起身拜道："弟子谨记先生所言，细加体悟。"

望着鬼谷子与童子的背影渐去渐远，张仪回过头来，转对苏秦，由衷叹服："苏兄，你说先生这人，肚里有多少宝货，尽可悉数倒出就是，偏是星儿点儿，让你我整天价瞎琢磨。"

苏秦扑哧笑道："贤弟，就你我这点儿肚量，先生若是全倒出来，能不撑死？"

"苏兄说得是！"张仪亦笑一声，"先生这……今日一点儿，明日一星儿，就是让你我慢慢悟呢。"略顿一下，"哎，我说苏兄，今儿这点儿揣和摩，可有感悟？"

"还没细想呢，谈何感悟？"

"在下想到一事，你我何不就此习练一下，或有所悟。"

苏秦笑道："贤弟想到何事？"

"师姐。"张仪稍作迟疑，做出漫不经心的样子，"方才先生说，师姐在诘问大雁为何不把该捎之物捎来，想必是师姐在思念什么人。苏兄你来揣摩一下，师姐她能思念何人？"

苏秦连连摆手："若是揣摩别人，在下或可。揣摩师姐，在下断然不及贤弟。"

"苏兄不必谦逊。"张仪话中有话，"在此谷里，除先生之外，真正晓得师姐的，还不是你苏兄？譬如方才，师姐弹琴，在下听到的不过是琴，苏兄听到的却是心。仅此一点，在下已是服了。”

“贤弟过誉了。”苏秦笑道，“其实，师姐之心，贤弟早已揣出，不过是故作不知而已。”

“苏兄说笑了，”张仪亦笑一声，“在下若是知晓，何苦去问先生，授人笑柄？”

“贤弟听琴心颤，泪流满面，若不将心比心，心心相印，何至此境？”

见苏秦说出此话，张仪拱手笑道：“在下心事，真还瞒不过苏兄！”

这日夜间，张仪辗转反侧，久未入眠。联想到《诗经》开篇的“求之不得，辗转反侧”之句，张仪苦笑一声，披衣起床，轻轻推开房门。

时值仲秋，一轮圆月明朗如镜，高悬天上。张仪走到草坪上，仰面躺下，两眼眨也不眨地凝视这轮明月，观望一团又一团的淡淡白云缓缓地移近它的身边，再从它的身上悠然掠过，渐去渐远。

望着，望着，月亮上面似有东西在动。张仪揉揉眼睛，定神细看，是玉蝉儿。玉蝉儿身披白纱，步态轻盈地飞下月亮，缓缓向他走来。不是走来，是飘来，像是一片随风翻舞的树叶。

玉蝉儿飘呀飘，飘呀飘，眼看就要飘到眼前，忽地止住，现出一个侧身，徐徐除掉披在身上的白纱。冷冷的月光倾泻下来，倾泻在她美如天仙、柔若白云的处子胴体上。

张仪闭目不看，也恰在此时，耳边响起玉蝉儿冷冷的声音：“诸位公子，蝉儿不是英雄，蝉儿没有壮志。自从踏入这条山谷，自从跟随先生，蝉儿之心已经交付大道，不再属于蝉儿了。属于蝉儿的，只有这团肉体。如果哪位公子迷恋它，蝉儿愿意献出。诸位公子，蝉儿是真心的。有朝一日，如果你们真的能够成为英雄，如果你们真的能够拯救乱世，如果你们真的能够救黎民于水火，如果你们真的能够因此悟道，就算将蝉儿此身一口吞去，蝉儿有何惜哉！”

张仪打个寒噤，忽地坐起，揉揉眼睛，玉蝉儿芳踪杳然。眼前什么也没有，依旧是那轮圆月挂在天上；耳边什么也没有，依旧是冷冷的秋风嗖嗖吹过。

张仪意识到自己走神了，苦笑一声，叹道：“唉，想我张仪，自出生至今，除娘之外，未曾爱过哪个女人，唯有师姐让我魂牵梦萦。可……落花有意，流水无情，几年下来，师姐竟似……”想到这里，又叹一声，“唉，我的这番心意，蝉儿可否知晓？如果她真的将心交付大道，就不会为情所动。她不动情，纵使我将心全掏出来，也是枉然！”

闷头又想一时，张仪打个激灵：“嗯，有了！先生今日所授的揣摩之术，何不先用一场？待我寻个机缘，拿话诱她，观她是否斩断情丝。倘若情丝仍在，我再掏心予她不迟！”

没过几日，机缘真就来了。

这日晨起，张仪从溪中洗漱过后，路过草堂门前，见童子正在收拾竹篓、铁铲等物事，凑过去看有一时，笑口问道：“大师兄，忙活什么呢？”

童子应道：“仲秋时节适宜采药，师兄要陪蝉儿姐上山去呢。”

“哦？”张仪打个激灵，“几时出发？”

“这……”童子看看日头，“眼下露水太大，得再候半个时辰。”

“敢问大师兄，你们欲上何山？”张仪顺口问道。

“猴望尖。”童子朝远处一指，“那儿的草药，药性最好。”略顿一下，突然望向他，“咦，我说师弟，你问这个干吗？”

“是这样，”张仪笑道，“师弟在想，师兄跟师姐到那么远的地方采药，万一采得多了，总该有个脚力才是。”

“你若想去，明说就是，何苦要兜这么大的圈子？”童子取笑道。

“是是是，”张仪表态，“不瞒师兄，师弟这几日从早到晚都在打坐，两腿坐僵了，这想跟随师兄遛这一趟，一是活动一下腿脚儿，二是跟师兄长点儿见识。”

童子笑道：“就凭你这张甜嘴，师兄允准你了。这样吧，你拿一把篾刀，再带一根长棍子，过上两刻，在此候着。”

张仪答应一声，急急走回草舍。两刻之后，张仪带上篾刀、棍子走向草堂，远远望见玉蝉儿背着竹篓，与童子已经走在小径上。张仪加快脚步，急赶上来。玉蝉儿听到后面脚步响，扭头一看，眉头微皱，对童子道：“他来干什么？”

童子笑道：“是我让他来的。后晌采药回来，也好有人背上。”

玉蝉儿扑哧笑道：“他要想背，让他这就背上！”说着从背上取下竹篓，候在路边。

张仪赶至，看到路边竹篓，又见玉蝉儿立于路边，心中大喜，二话不说，将篾刀放进篓中，将木棒递予玉蝉儿，嘻嘻笑道：“师姐，你拿上这个压阵。万一遇到山猫子什么的，师弟这条小命，可就全仗师姐了！”

玉蝉儿接过木棒，笑道：“不要耍贫嘴，省下力气，后晌有你受的。”

话音落下，人已头前走去。

“好咧！”张仪轻快地答应一声，舒坦得全身骨头无一处不服帖。

三人说说笑笑，不消两个时辰，就已赶到猴望尖。

猴望尖虽险，但几年下来，三人俱是熟门熟路。即使张仪，也全然没有初来此处时的那种惊惧感，尤其是这一日，晴空万里，秋风送爽，更有心上人近在咫尺。

仲秋正是药材成熟季节，猴望尖更是百药盛地，不出数步，就有好药材入目。童子、玉蝉儿都是识货的，刚过午时，张仪背上的竹篓已满。因有脚力，童子也就无所顾忌，看到好药，只管下铲去挖，张仪背上的竹篓渐渐压实。

童子用脚踩踩，嘻嘻笑道：“今日天好，转过这个山嘴，还有几味好药，师兄我去年就看好了，没舍得挖，今年当该长成。张师弟，你可不要嫌多哟！”

“师兄只管挖去，”张仪笑道，“不瞒师兄，师弟这身力气连攒数年，竟也没个使处。莫说是几味草药，纵使师兄坐在篓里，师弟也一并背你回去。”

“好好好，这话可是你说的。”童子拿上铁铲，兴冲冲地头前跑去。

秋日采药，多为块根，又经童子踩实，虽只大半篓，却有分量。二人追着童子走不多时，玉蝉儿就已看到张仪的额头渗出汗珠。

玉蝉儿从袖中掏出丝绢，递过来道：“张公子，你都出汗了，这还嘴硬。来，擦一把。”

张仪看她一眼，接过丝绢，送入鼻下，轻轻嗅了嗅，递还给玉蝉儿，别有用意道：“师姐这么香的丝绢，若是擦了张仪这身臭汗，岂不污了？”

玉蝉儿不由分说，伸手替他擦过，嗔道：“什么香臭？丝绢就是用来擦汗的，你这样穷讲究，快要赶上苏公子了！”

张仪心中涌出一阵莫名的感动，声音发颤，喃声：“蝉儿……”

玉蝉儿心头一凛，看向他：“咦，张公子，你这是怎么了？声音听起来不对呀。”

见玉蝉儿一副无邪的样子，张仪只好忍住，别过脸去，小声说道：“没什么，嗓子有点儿干。”

玉蝉儿从身上解下水葫芦，取出塞子，递过来：“张公子，来，喝口清水润润，兴许会好些。”

张仪接过葫芦，“咕嘟咕嘟”连喝几口，拿手抹下嘴皮子，笑道：“好了，师姐。”

玉蝉儿看看前面，急道：“张公子，快点走吧，童子不知哪儿去了。”

张仪望玉蝉儿一眼，半开玩笑道：“师姐，要是童子真的不见，这儿可就没人了，只有你和我。”

玉蝉儿皱下眉头：“那可不成！”

“哦？”张仪心里一沉，急问，“有何不成？”

玉蝉儿咯咯笑起来：“你我若是二人，童子就是孤零零的一个人了！”说着脚步加快，“快走吧，咱俩得快点儿。”

听闻此话，张仪打个激灵，急赶一步，明知故问道：“师姐，咱俩怎么了，我没有听清。”

玉蝉儿嗔他一眼：“没有听清就算了！”

“乖乖，”张仪心里忖道，“咱俩……真有意思……嗯，蝉儿此话别有深意，看来有戏，待我再拿话儿探她。”又赶几步，“师姐，要是……”欲言又止。

玉蝉儿放慢脚步，扭头望向张仪：“要是什么？”

张仪嗫嚅道：“要是……要是……这个天下没有童子，没有先生，没有苏兄，也没有其他任何人，只有师姐一人，孤零零地待在这云梦山里，师姐……师姐将会如何？”

玉蝉儿扑哧一笑：“张公子何出此言？”

“师姐还没回话呢。”

“我呀，真得好好想想。天下只有蝉儿一人，这……天哪，蝉儿……蝉儿会疯掉的！”

张仪心里一喜，连连点头：“是啊是啊，任谁都会疯掉！”略顿一下，“师姐，师弟还有一问，若是另有一人与师姐做伴呢？”

玉蝉儿扑哧又是一笑：“嗯，这还差不多，不过，蝉儿要看这个人是谁喽！”

张仪两眼放光，两张嘴皮子一咧，“呵呵呵呵”傻笑不住，那模样真如得了个天大的宝贝。望着他的兴奋样儿，玉蝉儿心中纳闷，正欲问他傻笑什么，听到童子在叫，抬头望去，见童子正在远处招手，也就顾不上此事，急走过去。

张仪跟去，打眼一看，乖乖，童子的面前竟是一大片的何首乌，若是全挖出来，少说也有几十斤重！

揣知玉蝉儿并不拒绝尘缘，张仪的心情就如春暖花开时节放飞的风筝，笑意写在脸上，即使逾百斤重的篓子压在背上，走路也似脚不沾地。

这日晚间，张仪虽然疲累，心情却很愉悦，又在榻上辗转反侧，熬至夜半，索性走出房门，并膝坐于月光下面的草坪上。

张仪没有再望月亮，而是微闭双目，细细回味，思绪从洛阳周室开始，一直游至鬼谷里的几年，最后才进入关键场面，耳边再次响起玉蝉儿的声音：“我呀，真得好好想想。天下只有蝉儿一人，这……天哪，我……我会疯掉的！……嗯，这还差不多，不过，蝉儿要看这个人是谁喽！”

张仪打个怔，思忖道：“对，除我之外，这个人会是谁呢？是先生吗？若是先生，说明玉蝉儿仍无尘心，与前意不符，因为修道之人，心中唯有天地道心，断不会说出自己会因孤独而‘疯掉’。不是先生，又会是谁呢？庞涓、孙膑？不对。苏兄？绝无可能。周天子？不会是他。难道是姬雪？”

张仪眼前现出姬雪的面容，思索有顷，摇头忖道：“不会的！男人若有凡心，断不会与另一个男人生活一辈子。女人也是一样。尽管是姐妹，若是终生厮守，也是无趣。除去这些人，还会有谁呢？”

张仪陷入苦思。

又过一时，张仪心头一凛：“大师兄！”

童子浮现在张仪面前。前些年，童子是个孩子，今日却不同了，童子已跟他差不多高矮，连声音也变了。修道使童子过早成熟，智慧更使他卓尔不群。再往细处想，鬼谷数年里，真正与玉蝉儿形影不离的，是童子，不是他张仪。

是的，他们二人志同道合，真就是天造地设的一对，譬如说今日挖药材……

张仪不敢再想下去。

“是的，”张仪抱头自语，“在这世上，除我张仪之外，真正关怀师姐，也值得她去厮守的还有一人，就是大师兄。”

想到自己的情敌竟是一个半大的孩子，张仪不禁苦笑，摇头叹道：“唉，天下滑稽之事，莫过于此了！”

第 049 章 | 因情困苏张出山 解宋围孙庞战楚

翌日午后，四子草舍前面，张仪闷坐于草地上，苏秦坐在离他不远的石几边看书，远远望见鬼谷子、玉蝉儿并肩走来，紧忙招呼张仪，拱手揖礼。鬼谷子、玉蝉儿走过来，在张仪旁边的草地上坐下。

苏秦、张仪见了，依序坐下。

张仪偷眼望向玉蝉儿，恰好撞见她的目光，脸上一红，一颗心噗噗狂跳不止，转过头去。

鬼谷子望向张仪："张仪，适才见你心神恍惚，可有所思？"

张仪脸上燥热，急道："弟子在回味先生所传的揣、摩之术。"

鬼谷子笑道："哦，可有感悟？"

"揣即审时度势，摩即窥人心事。"

"呵呵呵，"鬼谷子点头笑道，"这么解释，倒也简明扼要。悟至此处，已属难得。常言说，知己易，知彼难。揣、摩之术，旨在知彼。你二人若能灵活运用，对手的形势、心事就会了然于胸。孙武子曾言：'知己知彼，百战不殆。'"

苏秦问道："请问先生，如果知己知彼，就一定百战不殆吗？"

鬼谷子摇头。

"既然如此，"张仪问道，"孙武子之言岂不有误？"

"孙武子此言，旨在强调知情。如果知情，如果做到知己知彼，你就可能取胜。否则，你只能是一败涂地。"

苏秦又问："如果知己知彼，捭阖之中可有取胜之术？"

"有两术或可助你取胜，一是权，一是谋。"

张仪急问：“何为权、谋？”

“权即权衡，谋即筹算。权衡是依揣、摩所得，权衡利弊、得失，决出是否出言，是否出手。至于如何出言，如何出手，则需筹算，就是谋。”

“先生是说，权即何时言，谋即如何言。”

“正是。”

张仪心里一动：“请问先生，如果揣摩已成，得失已权，如何出言，可有依循？”

鬼谷子呵呵一笑：“当然，捭阖道术，皆有循依。如果揣摩已成，利弊已权，则可决定如何出言。一般说来，当因人而言。与智者言，依博；与拙者言，依辨；与辨者言，依要；与贵者言，依势；与富者言，依高；与贫者言，依利；与贱者言，依谦；与勇者言，依敢……”

张仪恍然大悟道：“先生是说，见什么人，说什么话。”

“正是。”

“那……如果不是出言，而是谋事呢？”

“也有所循依。一般而言，谋阴不谋阳，谋私不谋公，谋奇不谋正。”

苏秦垂头，喃喃重复：“谋阴不谋阳，谋私不谋公，谋奇不谋正……”

鬼谷子见他眉头皱起，进一步解释：“换言之，善谋者，在阴，在私，在奇。谋事，必阴；谋君，必奇；谋臣，必私。”

先生和玉蝉儿走后，张仪反复咬嚼鬼谷子最后一句话，“谋事，必阴；谋君，必奇；谋臣，必私”，越琢磨越有意趣，恍然大悟道：“师姐如君，谋师姐，必奇。师姐心中是否有我，尚属未知，待我想个奇策，得个实证。若是师姐心中有我，再和盘托出心事不迟。”

张仪闷头苦思一时，一拍大腿：“有了，先生说的是，‘与智者言，依博；与拙者言，依辨；与辨者言，依要；与贵者言，依势……’，师姐面上冷酷，内中却有慈爱，当为慈者，与师姐言，依悲为上。待我作残自己，演出一场苦戏，或能试出她的真心。”

东山谷里有一棵合抱粗的柿树，眼下正值柿子成熟时节，树上挂满红红的果实。黄昏时分，张仪告诉苏秦，说是东山摘果去了。

眼见天色昏黑，仍然未见张仪回来，苏秦大急，因为秋天正是山猫、狍子、野猪等大型走兽猖獗之时，谷中诸人往往在天刚落黑就回谷中，轻易不走夜路。

苏秦寻至草堂，又在谷中喊叫几声，断定张仪出意外了，急急叫上童子、玉蝉儿一路寻去，果见张仪躺在那棵柿子树下，两手紧紧抓着一根断枝，已是“昏厥”。

苏秦大惊，伸手探过鼻息，见呼吸仍在，略略放下心来，低头轻喊几声，张仪仍无反应。苏秦上前，正欲背起张仪，玉蝉儿急道：“苏公子，慢！”

玉蝉儿弯下身去，拿起张仪的一只胳膊活动一下，把脉有顷，复将他的肢体逐一查验，看到并无外伤，脉搏也无大碍，这才与童子协力将他搀起，轻轻放到苏秦背上。

快到谷中时，张仪总算哼哼唧唧，呻吟出声。苏秦加快脚步，回到草舍，将他放到榻上。玉蝉儿再度检查时，张仪大呼小叫，这儿疼，那儿麻，全身上下竟是没有一处舒坦的。玉蝉儿初修医道，自也识不出真假，左按右扭，折腾约有半个时辰，认定张仪摔得不轻。因见并无明显外伤，推断他可能伤及内脏了。

玉蝉儿自修医以来，虽是读书不少，也治过几桩小病，似此“严重”摔伤还是第一次，因而甚是上心，当日夜间坚持不回洞中，定要陪在张仪身边观察病情。

翌日晨起，玉蝉儿发现张仪的左脚踝有点儿肿胀，伸手一摸，张仪再次惊乍。玉蝉儿找到病灶，忙活半日，调好草药为他敷上，又配几味草药，亲自煎熬，又亲口尝过，才端给他喝。

看到玉蝉儿如此上心，张仪哪里把持得住，内中一酸，泪水夺眶而出，“嗒嗒嗒”地滴进药碗里。玉蝉儿掏出丝绢，为他擦过，小声说道：“张公子，莫要伤悲，蝉儿看过了，只是左脚踝扭伤，并无大碍！这碗药是蝉儿配的，和血顺气，可调内中阴阳，专利跌打损伤，若是喝下，兴许就好了。”

张仪泣不成声，哽咽点头，端起药碗，咕嘟几声，和泪喝了。

玉蝉儿见无大碍，别过张仪，回洞休息。张仪躺在榻上，又流一会儿泪，叹道：“唉，这番苦头，看来没有白吃。只是……蝉儿这样子待我，我这里疑神疑鬼不说，这又装腔作势，弄得就跟真的一样，愧对她也。”

张仪闷头自责一番，心里略略好受一些，七想八想一阵，歪在枕上甜甜睡去。

在玉蝉儿的精心调养下，张仪的“伤势”痊愈得很快。几日之后，肿胀消除，张仪也能“勉强”下榻，“跛脚”走动几步。玉蝉儿看到，开心得如同孩子，出去寻来一根木棒，定要苏秦削成一根拄杖。张仪看在眼里，多出一份感动，坚定了先前的推断。

因张仪之伤尚未全好，宿胥口大集之日，苏秦就与童子一道下山，购置日用物事。次日黄昏，二人返回谷中，张仪自是急不可待地打探山下状况。苏秦将听到的各种传闻略述一遍，多与孙膑、庞涓二人有关，说他们在魏如何了得，说孙膑如何被魏王聘为监军，如何促使魏国耕战兼顾，魏人又如何减赋免税，魏国如何因之大治等，听得张仪心猿意马，两眼圆睁，雄心勃起。

苏秦肩背许多物品，又走了大半日山路，甚是疲累，讲个大略，便拱手告辞。苏秦刚出房门，张仪之心就似被人猛揪一下，陡然一颤。

张仪从榻上起身，在房中来回踱步。几日来，他的身心全都系在玉蝉儿身上，竟将此生的宏图大略，对秦人的深仇大恨忘了个干净。苏秦一席话，将他这份心思重又唤回。是啊，如果选择玉蝉儿，此生只能待在山上，跟随先生终老于林，因为玉蝉儿不是那种贪恋尘世的人，断不可能跟他下山，伴他与世俗之人拼杀。这……

一边是玉蝉儿，一边是壮志宏愿，张仪哪一个也割舍不下，一宿未曾合眼。天将亮时，张仪决定舍弃玉蝉儿，下山搏杀，但在太阳出山、玉蝉儿又来探视他时，这一决心顷刻如烟消散。

这些天来，鬼谷子一直在闭关深修。

傍晚时分，鬼谷子出关，玉蝉儿向他讲述了张仪摔伤一事，也约略述及自己的诊治经过。鬼谷子赞她几句，与她前往探视。

见先生到来，张仪知道隐瞒不住，眼珠儿连转几转，只将扭伤的脚踝示给先生。

鬼谷子扫他一眼："走几步看。"

张仪装模作样地拿过拄杖，一拐一拐地连走几步。

鬼谷子呵呵笑道："不是早好了吗？"

看到仍有点跛，玉蝉儿应道："先生，张公子的脚伤没有全好呢！"

鬼谷子微微一笑，对张仪道："张仪，扔掉拄杖，跳上两跳，再走走看。"

张仪只好扔掉拄杖，连跳两跳，又走几步，果是不跛了。

张仪笑道："先生神了，只这两跳，竟就不跛了。"

鬼谷子笑道："脚本未跛，是你的心跛了。"

张仪知先生窥破自己心事，面色一红，正不知说句什么解脱尴尬，玉蝉儿恍然大悟道："先生，蝉儿明白了。心为神之主，神为身之主，张公子心先跛，神再跛，然后方是肢体之跛！"

"呵呵呵，"鬼谷子笑起来，"蝉儿，习医道悟至此处，已是难得了。"

“对对对，”张仪急道，“师姐所悟极是。弟子这几日来，整个就是魂不守舍。”

鬼谷子呵呵笑出几声：“张仪，你的心神现在可否回来？”

张仪摇摇头，忽又灵机一动，拱手道：“弟子正有一惑求教先生。”

“说吧。”

“是这样，”张仪的眼睛连眨几眨，“古有一人，志在四方。他日行至一地，见一奇女子，甚爱之，真心与她相守终身。此女却是恋家，虽然爱他，却不愿随他四处奔走。一面是畅游四方，尽其心志，一面是厮守恋人，两情相悦，此人两相权衡，哪一面也难取舍。请问先生，可有妙解？”

“嗯，”鬼谷子沉思有顷，捋须道，“此人的困惑涉及决断，亦为捭阖之术。”

听先生再次讲到捭阖之术，张仪两眼大睁：“决断亦是捭阖之术？”

“是的，”鬼谷子点头，“捭阖诸术中，揣、摩、权、谋仅是手段，决断才是目的。天下最难之事，莫过于决断。换言之，需做决断之事，必是疑难。”

“唉，”张仪叹道，“确实如此，弟子为之辗转反侧，夜不成寐，深受其苦！”

鬼谷子笑道：“看来你是遇到难决之事了。不过，再难之事，终需决断。当断不断，必受其乱！”

张仪急问：“弟子该当如何决断呢？”

“这就须知何谓决断了。”鬼谷子缓缓说道，“所谓决断，就是选择。天下诸事，皆因选择，亦皆由选择。人生之妙，正在于此。万事万物，涉及决断的只有两种，一是易决之事，一是不易决之事。”

苏秦问道：“何为易决之事？”

“易决之事就是当下可断之事，天下诸事，大多属此。”

“易决之事可有因循？”

“易决之事可分五种：一是值得做之事；二是崇高、美好之事；三是不费力即可成功之事；四是虽费力却不得不为之事；五是趋吉避凶之事。”

“不易决之事呢？”张仪关心的是这个，急不可待地问。

“不易决之事也有因循。俗语曰：‘两害相权取其轻，两利相权取其重。’孟子有云，‘鱼，我所欲也；熊掌，亦我所欲也。二者不可得兼，舍鱼而取熊掌者也’，说的皆是这个。”

张仪再问：“先生，若是再三权衡，仍旧无法决断，又该如何？”

鬼谷子笑道：“古人的做法是，求签问卦，听从天命。”

“先生之见呢？”

“天命不可违也。”鬼谷子边说边缓缓起身，“捭阖诸术，术术通道，无道即无术。诸术之间，互相关联，由一而生十，由十而达一，万不可孤立使用，否则，就会墨守成规，丧失变化之本。”

两人叩拜于地：“弟子谨记先生教诲。”

“古人的做法是，求签问卦，听从天命……”张仪反复嚼味鬼谷子的话，越嚼味越觉有理。

“是陪伴师姐，还是山外驱驰，既然难以决断，何不效法古人，听从天命？”张仪想定，随即关上房门，寻到一根竹简，在正面画了一只蝉儿，反面画了一张大口，口中吐出一条长舌。

张仪画好，跪于地上，朝天地四方各拜三拜，而后起身，将竹签握在手中，默祷一番，闭上眼睛，猛力抛向空中。

张仪听到嘭地一响，知它撞上房顶了。

张仪又候一时，却不见竹签落地，抬头一看，见那竹签不偏不倚，刚好插进屋顶的缝隙里。张仪轻叹一声，拿棍子拨弄下来，又是一番跪拜祷告，再次抛向空中。有了上次的教训，张仪的力道小了许多，那竹签在空中翻几个滚，掉落下来。

张仪不敢看它，闭眼又是一番祷告，方才睁眼。

竹签赫然落在面前，朝上的是正面，赫然入目的是那只蝉儿。

张仪长吸一口气，将竹签双手捧起，小心翼翼地放在心窝上暖有片刻，再次跪拜天地四方，再次默祷，再次抛向空中。

竹签再落，朝上的依然是蝉儿。

“天命不可违也……”想到鬼谷子的话，张仪长叹一声，捡起竹签，默默地又跪一时，眼中泪出。

张仪跪在房中，越想越笃定，心境也豁然开阔起来。既然上天为他育出一个玉蝉儿，他就不能逆天而行。想到玉蝉儿的种种好处，想到自己何德何能，竟能与这样的奇女子长相厮守，张仪禁不住喟然长叹，跪地誓曰：“苍天在上，张仪誓愿遵从你的意志，在此谷中与师姐玉蝉儿朝朝暮暮，长相厮守，让那山外热闹、国仇家恨均做过眼烟云！”

誓毕，张仪一身轻松，站起身来，打开房门，径到苏秦房前，敲了敲，不及应声就推门进去。苏秦正躺榻上，见是张仪，起身招呼道：“贤弟，请坐。”

张仪却不睬他，顾自站有一时，方在地上正襟坐定，郑重说道：“苏兄，仪方才断出一件大事，第一个告诉苏兄。”

观他一本正经的样子，苏秦知他不是在开玩笑，遂正襟坐起，敛神问道：“贤弟请讲。”

张仪遂将自己与玉蝉儿之事，尤其是这些日来所受的熬煎及方才的决断和盘托出，末了说道：“苏兄，非在下不愿出山与兄共谋大业，实乃天命不可违也。是上天为仪育出蝉儿，是上天让仪离开河西，是上天让仪前往周室，是上天让仪遇到公主，是上天安排公主变成蝉儿，是上天让仪来到鬼谷……是的，一切皆是上天安排，天命不可违也。”

苏秦的表情由惊诧到沉思，而后抱拳贺道：“贤弟既已做出决断，在下别无话语，在此贺喜了！”

张仪亦抱拳道：“仪谢苏兄美意！”

苏秦迟疑一下，抬头问道：“贤弟此意，师姐可知？”

张仪摇头道：“在下也是刚刚断出，尚未告诉师姐。再说，师姐这人，在下的这番心思，真还无法出口。在下此来，一是告知苏兄，二也是请苏兄拿个主意。”

“贤弟本是风流才子，”苏秦扑哧笑道，“这种事情，却让在下出主意，岂不是有意让在下出丑吗？”

张仪亦笑一声：“就凭苏兄对雪公主的手段，在下真还佩服得紧呢。苏兄莫要谦逊，这个主意，非苏兄拿出不可！”

想到姬雪，苏秦黯然神伤，低头思想一阵，缓缓说道：“贤弟真爱师姐，是该表白出来。先生年迈，终将仙去。师姐本是金贵之躯，有贤弟作陪，此生也不至于埋没在这山野之中。再说，依贤弟资质，与师姐本也是相配的，在下……”略顿一顿，抱拳又揖，“在下再次贺喜！”

张仪急道：“在下谢了！究竟有何主意，还请苏兄快说！”

苏秦略想一时，在张仪的耳边如此这般。

张仪频频点头，连道：“妙哉！妙哉！”

翌日午后，玉蝉儿正在溪边漂洗衣物，张仪走过来，蹲在一边，二目含情，痴痴地凝视她，盯得玉蝉儿极不自在。

玉蝉儿微微一笑，招呼他道：“张公子，看这样子，伤势全好了！”

“好了，好了！”张仪回过神来，连连抱拳，“此番亏得师姐。若不是师姐，在下这条小命，真就没了！”

玉蝉儿笑道："开始见你摔得挺重，后来发现，其实你哪儿也没伤到，不过是扭了脚脖。"

"师姐是说，"张仪震惊，"在下是……装出来的？"

玉蝉儿又笑一声："装与未装，还不是你自己知道？"

张仪略略一想，抬头问道："师姐是何时看出来的？"

"第二天早上，"玉蝉儿笑道，"就是熬药让你喝的那日。"

张仪傻在那儿，怔有许久，方才问道："那……师姐既知在下是装出来的，为何没有说破，反而煞有介事地为在下诊病？"

玉蝉儿扑哧笑道："张公子装病，必是想为蝉儿提供机会，好让蝉儿习悟医道，蝉儿谢还谢不过来呢，为何要去说破？"

见蝉儿想到这层意思，张仪悬着的心略略放下，顺口说道："不瞒师姐，就凭那棵柿树，在下岂能摔下？在下这么做，一半是寻个乐子，一半也想……试试师姐的医术。不想师姐果是医术高超，连在下是装的，也能看得出来。"说完傻笑一下，依旧痴痴地凝视她。

见他目光怪异，玉蝉儿又笑一下："张公子，蝉儿好看吗？"

"好看，好看，简直就跟仙女似的！"

"谢张公子夸奖！"玉蝉儿笑一下，赶客道，"张公子，要是没有别的事儿，蝉儿还要洗衣服呢。"

"师姐，在下……"张仪欲言又止。

"张公子，"玉蝉儿抬头望向他，"有话直说，莫要烂在肚里。"

"师姐，"张仪横下心来，"是……是这样，在下方才想起一个故事，觉得好笑，不知师姐愿意听否？"

"好呀，"玉蝉儿嫣然一笑，"蝉儿许久没有听过故事了。"

"师姐听说过师旷吗？"

"略有所闻。"

"师旷隐居于白云山中，音乐已臻化境。他收弟子四人，三人是师兄，一人是师妹。师妹一点就通，甚是灵透，师旷唤她灵儿，最是宠她。三位师兄无不喜爱灵儿，但真正爱她的却是中间一个，名唤弓长。弓长为人爽直，从心底里挚爱灵儿，曾对天起誓，此生非她不娶。"张仪故意打住，目光望向玉蝉儿。

玉蝉儿两只大眼眨也不眨地凝视他，从表情上看，听得入心。

张仪接着讲："时光如梭，日复一日，年复一年，弓长的爱情有增无减，却始终未敢向灵儿表明心迹。”

“哦？”玉蝉儿惊讶，“为什么呢？”

“因为，”张仪缓缓说道，“灵儿之心不在男女之爱，只在音乐和孝道。灵儿多次在几位师兄面前表白，她要献身于音乐，追随师旷终老于野。”瞥一眼玉蝉儿，见她仍用大眼凝视他，咳嗽一声，“一晃又是数年，三位师兄行将辞师。弓长之心极是痛苦，夜夜徘徊于山道上，望着灵儿的窗子发呆。离别一天天临近，弓长的煎熬也一天天加深，他的心几乎崩溃。有一日，他终下决心，向灵儿表白。”

“哦？”玉蝉儿瞪大眼睛，“弓长是如何表白的？”

“就像这样，”张仪略顿一下，一口咬破自己手指，望着滴出的血道，“他咬破手指，给灵儿写下一封血书，书曰：‘天苍苍兮，野茫茫兮，若无日月，天地失其光矣！风清清兮，夜冥冥兮，若无灵儿，弓长失其明矣！’”

玉蝉儿忖思有顷，赞道：“嗯，弓长写得好。可……爱在两情相悦，弓长这么挚爱灵儿，灵儿是否也爱弓长呢？”

张仪脱口而出：“当然爱呀。”

“哦？”玉蝉儿颇为诧异，“灵儿之心，张公子如何知道？”

“在此世上，唯弓长与她息息相通，值得她爱。”

玉蝉儿微微一笑：“如何相通？”

“这……”张仪略略一想，“灵儿灵透，弓长也灵透；灵儿有慧心，弓长也有慧心；灵儿将自己献予音乐，弓长也决心将自己献予音乐；灵儿愿随先生终老于林，弓长也愿随先生终老于林……”

玉蝉儿打断他：“灵儿是如何回答他的？”

“在下不知。”张仪摇头，充满期待地盯住玉蝉儿，“师姐，假设你是灵儿，如何作答呢？”

玉蝉儿扑哧一笑：“张公子，我是蝉儿，是玉蝉儿，不是你说的那个灵儿。”

张仪心里一颤，仍旧坚持：“是这样，咱们……师弟之意是，假设师姐就是那个灵儿。”

“张公子真逗。”玉蝉儿又是一笑，“好吧，假设蝉儿是灵儿，灵儿就会这样回书弓长：‘天苍苍兮，野茫茫兮，星辰普照，天地和其光矣！风清清兮，夜冥冥兮，慧心大爱，弓长何失明矣！’”

张仪怔道：“师姐，你……这么说，并不喜欢弓长？”

“喜欢。”玉蝉儿顺口说道，“可喜欢并不是爱。张公子，你想，莫说灵儿心存音乐，即使不存，如此灵透的她，怎能爱上一个双目失明的人呢？”略顿一顿，“还有，弓长爱灵儿，却是不知灵儿。灵儿喜欢什么，灵儿欲求什么，灵儿关注什么，灵儿悲伤什么，弓长一无所知，因为弓长从未读懂灵儿之心。灵儿怎能爱上一个不知其心的人呢？”

张仪傻了，好半天，目瞪口呆。

“张公子，”玉蝉儿又道，“换过来说，如果你是弓长，灵儿喜欢你、爱你，可喜欢的只是你的外在，爱的只是你的表象，从不知道你的真心，不知你为何而喜，为何而悲，你会爱上她吗？”

张仪总算缓过神来，不无尴尬：“师姐，这……”

“好了，”玉蝉儿嫣然一笑，“张公子，蝉儿的衣服洗好了，这要回去晾晒呢，哪有闲心为一个毫不相干的古人劳心费神？”说完捞起水中衣物，放进木桶里，提起木桶，朝他又是一笑，款款离去。

张仪的表白真还触动了玉蝉儿的心事。

在草坪上晾衣物时，她的动作越来越慢，索性将手搭在绳上，停下来。怔有一时，玉蝉儿才又缓缓动作起来，将衣物搭好，提上空桶，若有所失地回到草堂。

草堂里只她一人。

玉蝉儿怔怔地坐着，茫然地望着窗外。已是深秋，落叶较前几日更多了，无论有风无风，长在树上的叶子都在往下落。

是的，叶子到了该落的时候。

玉蝉儿望着窗外大大小小、纷纷扬扬、飘飘荡荡的片片叶子，心事更重了。不知过有多久，玉蝉儿轻叹一声，喃喃吟道：

> 北风其凉，雨雪其雱。
> 惠而好我，携手同行。
> 其虚其邪？既亟只且！
> 北风其喈，雨雪其霏。
> 惠而好我，携手同归。
> 其虚其邪？既亟只且！
> 莫赤匪狐，莫黑匪乌。
> ……

玉蝉儿正自吟咏，觉得身后有动静，扭身一看，见鬼谷子不知何时已从洞中走出，笑吟吟地站在身后，赶忙止住，脸色绯红，不无尴尬地低头说道："先生！"

鬼谷子在她面前坐下，慈爱地望着她，接吟："……惠而好我，携手同车。其虚其邪？既亟只且！"

忖知鬼谷子已经看破自己心事，玉蝉儿将头垂得更低。

"蝉儿，你这心事，可否说予老朽？"

玉蝉儿将头又埋一时，陡然抬起，面色也恢复正常，轻声应道："先生，其实也没什么，方才是蝉儿胡思乱想，现在好了。"

"哦，"鬼谷子依旧笑吟吟的，"能否说说，你都胡思乱想了些什么？"

"是些世俗妄念，蝉儿把控得住。"

鬼谷子笑道："这个世上，只有两种人心无妄念，一是死人，二是神人。你二者都不是，有此妄念，为何要把控它呢？"

"这……"玉蝉儿嗫嚅，"蝉儿既来谷中随先生修道，就不该……"

"不该如何？"

"不该再生情心。"

鬼谷子笑了："既然生了，那就说说它吧。"

"是这样，"玉蝉儿略顿一下，缓缓说道，"蝉儿本已断绝俗念，一心向道。可……这些日来，这颗情心竟在不知不觉中一点点萌动。蝉儿抗拒它，压抑它，平息它，可……它游来移去，总也不走，稍有触及，就又鲜活起来。先生，难道蝉儿……"说到这儿，不无忧心地望向鬼谷子，"真的完了？"

"哈哈哈哈……"鬼谷子大笑起来。

玉蝉儿窘道："先生为何发笑？"

"在笑我的蝉儿。"

玉蝉儿急了，嗔怪道："蝉儿心中苦恼，先生却……"

"蝉儿，"鬼谷子敛住笑，缓缓说道，"你是误解道了。来，老朽这就说予你听。"

玉蝉儿挪过几步，偎依过来，仰脸望着鬼谷子："先生？"

鬼谷子抚摸她的秀发："孩子，情心与道心，其实并不冲撞。道既存在于万物之中，自也存在于世俗之情中。"

玉蝉儿眼睛大睁，灵光闪动。

鬼谷子知她已有所悟，继续说道："天地有阴阳，禽兽有雌雄，世人有女男。阳阴相合，雄雌相匹，男女相配，此乃道之常理。情心即道心，道心亦即情心。"

玉蝉儿恍然大悟："先生是说，生情与修道，二者并无相碍。"

"非但无相碍，反倒是相辅相成。追溯上去，阴阳之道，始悟于黄帝。黄帝是见道之人，一日偶遇素女，二人身心合一，不舍不离，终悟阴阳交合之理。"

听到"交合"二字，玉蝉儿脸色绯红，埋下头去。

鬼谷子接道："不悟情心，难通道理。不识男女之事，何知阴阳之化？蝉儿若有情心，只管放任它去。缘到情到，缘止情止；情到心到，情止心止。"

玉蝉儿疑虑顿消，惊喜交集，倒身叩道："蝉儿谢先生点化。"

鬼谷子起身，缓缓走出草堂，自到谷中漫步去了。

见先生走远，玉蝉儿在堂中又怔一时，取过琴来，面窗摆开，信手弹去。

琴声轻快流畅，忽如溪中鸳鸯戏水，忽如梁上飞燕呢喃。正在不远处采集蘑菇的苏秦、童子听到，止住脚步。

苏秦从琴声中听出了爱的乐章，细加揣摩，认定是张仪的好事成了，甚是为他高兴。又听一时，苏秦感到惶惑，因琴中所诉，并不是那种获得爱情后的喜不自禁，而是仍在寻求或探询。然而，她在寻求什么，探询什么，他却听不出来。

苏秦看向童子，目光征询："师兄，听出师姐在弹什么吗？"

童子转过头来，奇怪地盯他一眼："你这人真是木头，蝉儿姐在对你说话，你却不知？"

"对我说话？"苏秦大吃一惊，怔有半晌，方才问道，"敢问师兄，蝉儿姐在说什么？"

童子顺口吟道："关关雎鸠，在河之洲。窈窕淑女，君子好……"

"师兄你……"苏秦脸上一热，拦住他话头，略顿一顿，"师兄必是听错了。师姐一心向道，如何会生此等俗心。再说，纵使师姐心中有人，也不能是我苏秦。"

童子白他一眼："师兄只是听琴，师弟想到哪儿去了？"

遭童子抢白，苏秦竟是无言以对，半晌，不无尴尬地垂下头去。

童子缓缓起身，朝苏秦笑笑："师弟，走吧，不要只想心事，误了前面的菇子。"

向晚时分，苏秦神情恍惚地回到草舍，不见张仪。苏秦在房中又候一时，见他仍未回来，心里一揪，出门寻去。

苏秦寻至溪边，远远看到张仪坐在一块大石头上，纹丝不动，就如一尊塑像。

苏秦知他为何坐在那儿，也就不再过去，默不作声地候于数十步外。

冷风嗖嗖吹来，张仪浑然不觉。

不知过有多久，张仪突然起身，长笑一声，吟道：

风萧萧兮过矣，
人悠悠兮逝矣；
试问情为何物，
长笑一声去矣。

苏秦听出张仪已经想通，当无大碍，转身先自走了。

回到房中，苏秦辗转反侧，难以入眠。一面是张仪，一面是玉蝉儿，二人都是他的至爱，又都因他陷入烦恼，真的是他万未料到之事。

苏秦翻身坐起，并膝坐于榻上，陷入苦思。

翌日晨起，苏秦早早起床，径至草堂。

童子手提水桶，正欲出门，见是他来，迎面而出。

苏秦揖道："苏秦见过师兄。"

童子放下桶，回过一揖，笑道："师弟是来寻蝉儿姐的吧？"

苏秦点头："师兄说对了。师姐在否？"

童子朝门内叫道："蝉儿姐，苏师弟寻你！"说完提起水桶，哼着小调下溪去了。

苏秦走至门口，略顿一顿，举手敲门。

里面传出玉蝉儿娇颤的声音："请进。"

苏秦进门，见玉蝉儿端坐于席，两只凤眼脉脉含情，一脸娇羞地凝视他道："苏公子，请坐。"

苏秦依旧站着："师姐，在下有一事，此来麻烦师姐。"

玉蝉儿略怔一下，扑哧笑道："坐下说吧，看把你急的。"

苏秦只好坐下："苏秦谢师姐赐坐。"

玉蝉儿又是一笑："看这样子，苏公子似有大事，蝉儿洗耳以闻了。"

"回师姐的话，"苏秦牙关一咬，"庞兄、孙兄下山，威震天下，功名显赫，苏秦早已心动，此番也……也欲下山。倘若上苍垂幸，苏秦或能出人头地，不负谷中数年苦修。"

玉蝉儿脸色大变，怔有半晌，竟是未能反应过来。

苏秦顾自说道："在下此来，是想麻烦师姐转禀先生，不肖弟子苏秦求见！"

"这……"玉蝉儿终于回过神来，"苏公子是来辞别的？"

"正是。苏秦欲辞别先生，辞别师姐。"

玉蝉儿嗫嚅道："苏……苏公子，你……真的要下山去？"

苏秦郑重点头。

玉蝉儿沉思有顷，抬头望着苏秦："好的，只是先生尚未出定，苏公子还要再候一时。"

"在下恭候。"

二人又坐一时，玉蝉儿看他一眼，缓缓说道："苏公子，你就要下山去了，难道不想对蝉儿说句什么吗？"

苏秦改坐为跪，朗声说道："师姐在上，请受苏秦三拜！"说着，连拜三拜。

玉蝉儿心头一凛："苏公子行此大礼，叫蝉儿如何敢当？"

"若无师姐，就无苏秦今日，跪在这儿的只能是洛阳轩里那个结巴的苏秦，亦将是为功名利禄苟活的那个世俗的苏秦。师姐纯净、善良的真心，将如皓月的光华，永远普照苏秦残缺的灵魂。"

玉蝉儿泪水盈眶："苏公子溢美之词，蝉儿经受不起。苏公子，今日一别，此生还能相见吗？"

苏秦埋头叩地："无论走到天涯海角，苏秦都会惦念师姐，惦念师兄，感念先生的再造之恩！"

玉蝉儿迟疑有顷，断然取下挂在脖颈上的玉蝉，放在唇边，轻吻一下，颤声说道："苏公子……"

"师姐有何吩咐？"

"自蝉儿来到世间，此物不曾与蝉儿有过一日分离。二十年了，蝉儿已经是它，它也化了蝉儿。苏公子今将远行，蝉儿别无他物，唯以此物相赠，还望苏公子早晚不弃！"

苏秦全身都在颤动，呆有半晌，方才叩道："师姐厚意，苏秦心领了。

师姐高洁之心，苏秦永远仰慕。师姐心爱之物，苏秦却不敢收。”

玉蝉儿的泪水夺眶而出，颤声：“苏公子？”

苏秦亦是哽咽：“师姐，容苏秦解释一言。非苏秦不爱此物，实乃山外颠簸，世俗浑噩，苏秦身入凡尘，便如投身泥污，若将师姐贞洁之物带在身上，岂不污了？师姐之心，苏秦领下；师姐厚情，苏秦铭刻于心。师姐珍爱之物，还请师姐随身携带，待苏秦——”

“苏公子，不必说了！”玉蝉儿打断他，“蝉儿这就禀报先生！”说着缓缓起身，将玉蝉重新戴上，款款入洞。

门外，前来向先生辞行的张仪将二人的对话听个清清楚楚，如梦初醒，无力地倚在门框上，泪如泉涌。

洞中，鬼谷子端坐于席，苏秦、张仪双双叩拜，各自泪出。

鬼谷子睁开眼睛，扫二人一眼，缓缓说道：“你二人都要出山？”

苏秦、张仪皆不作声，只是叩首于地，哽咽出声。

鬼谷子又扫二人一眼：“上才求道，中才求仙，下才求仕。依你二人资质，若是潜心苦修，或可成就仙道，是否下山，可想清楚了？”

张仪叩首：“弟子愚钝，难成仙道，乞请先生成全！”

鬼谷子转向苏秦：“苏秦，你呢？”

苏秦亦叩：“弟子愿与师弟一同下山，同甘共苦！”

“唉，”鬼谷子轻叹一声，“既然你们已经做出决断，老朽就不强求了。我观庞涓、孙膑，势难相容，诚望你二人能与他们有别，互帮互让，各成功业，勿伤同学之情。”

苏秦、张仪双双点头：“弟子记下了。”

“既已记下了，请随我来！”说着，鬼谷子起身，缓缓出洞。

苏秦、张仪跟着先生走出洞穴，来到草堂。

草堂正厅，不知何时摆起一物，是一只棋案。苏、张颇觉诧异的是，棋案是金丝楠木做的，在秋日的光线下金光闪闪。棋案呈圆形，三足，像是一只鼎，刀工极其精致，圆形案面上刻着方形棋局，有纵横棋道各十九条。

棋案左右两侧各摆一个席位，鬼谷子在案前坐下，指着两个席位道：“坐吧。”

苏秦、张仪左右坐下，盯住棋盘。显然，这只棋盘与他们平日所弈的完全不同。他们平时弈的是方盘，纵横只有十一条。

盘上空无一子。

鬼谷子拿出两盒棋子，一盒黑子，一盒白子。

鬼谷子将黑子推给苏秦，白子推给张仪，正襟，敛神："执棋。"

苏秦、张仪相视一眼，各执一枚棋子。

"苏秦，张仪，"鬼谷子指向面前的棋局，"天下犹如棋局，治天下犹如弈棋。棋局在此，棋子已在你二人手中，可以开局了！"

苏秦、张仪互望一眼，谁也没有动手。

"弈吧。你们谁先落子？"鬼谷子盯住二人。

苏秦、张仪再度相视，谁也不肯先落。

显而易见，在这样一个时辰，先生摆出这样一个棋案，不会是让他们对弈的。

苏秦拱手道："弟子愚昧，此局该如何弈，请先生指点。"

"棋如天下，治天下亦即弈天下。"鬼谷子看向棋局，"你二人皆是弈中高手，如何落子，如何定势，如何谋篇布局，如何攻防，如何收官，种种方术，为师就不讲了。为师想讲的是，何为棋，何为弈棋之道。"

果然，先生是有话要说。

二人四目圆睁。

"何为棋？棋为易，为时空之变数。相传，伏羲氏观物取象，制八卦，文王演之。卦中生卦，得六十四卦。鉴于卦象繁杂，卦理深奥，文王依据卦义，比照河图、洛书，参阅时空变化，制棋喻之，教人娱棋明易。"鬼谷子指向棋案，"这只棋案是多年前老朽综文王所述，法古人所传，据时空变数，特别设计的。"

此棋案竟是先生亲手所创，苏秦、张仪俱是惊讶。

"请看此局，"鬼谷子指向棋局，侃侃言道，"外圆内方，法乾坤也；三足承鼎，法神器也。万物之数，从一而起。棋局之路三百六十有一，一为棋局之主，据天元之位，运动四方。三百六十，象周天之数；分而为四，以法四隅；隅各九十路，象季之日数；外周七十二路，法周天之候。棋子三百六十，黑白相半，法阴阳。局方而静，棋圆而动，动静相适。由是观之，棋之道，法天象地，沟通天地人，堪为三者运数变化之本。"

日常棋局竟有这般玄妙，倒是苏秦、张仪未曾想过的。分离在即，先生临别赠言，更非寻常教诲可比，二人愈加虔敬，全神贯注听解。

"弈棋之道，与为师讲予你们的捭阖之道两相契合，你们可比照参悟。

棋局纵横有道，喻治世不可逆道而行。棋局变幻莫测，自古迄今未有同局，喻时势瞬息万变，治世唯有随机应变，顺势利导，不可墨守成规。弈棋离不开棋子，你们各人掌握的一百八十枚棋子，置于盒中永远都是死棋，只有置于局中，才会生动，才会我中有你，你中有我。若是一子落错，轻则失地损兵，重则全局皆输，是以任何落子，必谋定而后动。”言及此处，鬼谷子缓缓闭上眼去。

苏秦、张仪叩拜于地，齐声应道：“先生教诲，弟子记下了！”

“记下就好！”鬼谷子再次睁眼，长叹一声，“唉，你二人这要走了，为师也就实言以告。五年前老朽收留你们四人为徒，虽为因缘聚合，却也有所期盼。”

苏秦、张仪异口同声：“弟子谨听先生训示！”

“你二人听好，”鬼谷子逐个扫视二人，“世道纷乱，七雄并世，群龙舞爪，生灵涂炭，天下苍生渴望太平。太平是天地之道，亦是大势所趋，大道所向，老朽期盼你们四人能以天道为念，协力并肩，推动天下大势走向太平，莫要记挂恩怨得失，名利情仇。”

苏秦、张仪皆是一震，肩上如压千钧。

沉默许久，二人再拜，同声应道：“弟子记下了！”

“记下就好！”鬼谷子微微点头，“你们可有什么要说？”

苏秦道：“弟子有惑，求请先生指点！”

“说吧。”

“如何可使天下走向太平？”

“使天下相安。”

“如何可使天下相安？”

“天下相安之道，可经由二途。一是天下一统，二是诸侯相安。”

张仪插言道：“依先生之见，天下一统、诸侯相安二途，孰胜一筹？”

显然，张仪所问极是棘手。

鬼谷子思忖良久，应道：“天下一统、诸侯相安二途，各有胜处，为师难定优劣。不过，天下早已礼坏乐崩，人心不古，私欲横流，诸侯各怀私利，钩心斗角，让其彼此相安，回归秩序，实乃与虎谋皮，道遥且艰。天下已如垂死之人，唯有快刀利刃，行非常之术，方可走向太平。是以老朽认为，一统之途，或为可行。至于如何走向一统，乃是上苍赋予你二人的使命。”

苏秦、张仪异口同声，高声誓道：“弟子誓愿鞠躬尽瘁，不负先生所托！”

“不是老朽所托，是上苍所托，是天下黎民所托。老朽要求你们，无论何时，无论何处，无论遭遇多少坎坷，都要以天下大局为重，不可意气用事！”

二人拜道：“弟子谨记先生教诲。”

鬼谷子从几案下取出两捆竹简，摆在二人面前：“出此鬼谷，老朽就爱莫能助了。这是两册竹简，你们一人一捆，若有困惑，可慢慢感悟。”

二人接过竹简，展开，竟是他们曾在洞中连读数日的《阴符本经》。不同的是，这两册简上密密麻麻地写满了鬼谷子的注解。二人细审这些注解，赫然其中的正是鬼谷子近日所授的捭阖道术。显然，这是鬼谷子近日来特为二人撰写的。一些地方，墨迹尚未干透，墨香隐约。

苏秦、张仪无不涕泣，伏地叩拜：“弟子叩谢先生厚赠！”

“局为死，弈为活。书为死，用为活。如何学以致用，就凭你们感悟了。”

“谢先生指点！”

鬼谷子闭合双眼，挥手：“去吧，老朽俗事已了，要入定了。”

苏秦、张仪又拜数拜，退出草堂。

苏秦、张仪各背包裹，朝他们居住了整整五年的草舍再望一眼，又朝草堂方向拜过三拜，起身沿河谷旁边的小道走向谷口。

苏秦走几步，回望一眼。

张仪以为他为玉蝉儿，心中难受，奚落他道：“苏兄，你好像割舍不下呀！”

“是呀，”苏秦苦笑一声，“这就下山了，还没向师兄道声别呢，方才寻他，哪儿也不曾见。”

想到玉蝉儿爱上苏秦，童子或会吃醋，张仪话中有话：“别是师兄不想见……”略顿一下，“不想见我们，故意躲出去了。”

苏秦自是听出话音，知道张仪的“不想见”后想讲的是“你”，此时却也不好再说什么，苦笑一声，摇头叹道：“贤弟既如此说，我们就走吧！”

二人迈步走去，刚刚转过一个小弯，赫然看到童子站在前面，玉蝉儿端坐于地，面前摆着她的琴。

见二人走来，玉蝉儿面现微笑，没有起身，声音却是清朗：“二位公子出山，小女子别无所赠，抚曲一首，祝二位公子一路顺风，心想事成。”

话音落处，玉蝉儿轻舒长袖，两手抚琴，所弹之曲依然是《高山流水》，但那韵味较五年前进谷之时，已不知高出多少。更何况玉蝉儿心思万缕，又于此时此刻弹奏，更生一种莫名的感动。

童子听得伤感，转过脸去，以襟拭泪。苏秦、张仪环视群山，缓缓跪下，和着琴音，朝鬼谷四山各拜几拜，又朝童子、玉蝉儿拜叩。

童子缓缓走来，一手提一捆竹简，交给苏秦与张仪，笑道："二位师弟下山，本师兄与师姐依先生所嘱，连夜抄出此书，赠你二人，一人一捆，途中无聊时或可添些趣味！"

听闻先生再度赠书，二人复跪下来，各自接过，朝山中又拜几拜，起身，又朝童子、玉蝉儿各揖一礼，收竹简于囊。

童子转身又要回到玉蝉儿那儿，张仪叫道："师兄留步！"

童子止步。

张仪深揖一礼。

童子还礼："张师弟有何吩咐？"

"谷中数年，师弟甚是感念师兄。这要走了，师弟别无他物，榻下有件宝贝，就赠师兄了！"

"童子谢过师弟！"

张仪一个转身，头也不回地率先走去。苏秦朝玉蝉儿、童子各揖一礼，也扭头跟去。玉蝉儿和泪弹琴，乐音袅袅绕绕，直将他们送出谷外。

回到谷中，童子想起张仪所嘱，遂到张仪舍中，果从榻下摸到一物，是捆竹简，也没拆看，直接提往草堂，大声叫道："蝉儿姐，宝贝来了！"

玉蝉儿问道："什么宝贝？"

"张师弟的宝贝，赠给我了，这还没看呢。"童子说着放下竹简，打开一看，却是庞涓所抄的《吴子兵法》。

"咦！"童子抓耳挠腮，兀自怔道，"此书不是烧掉了吗，为何张师弟这儿还有？"

玉蝉儿却是明白了，淡淡说道："既是张师弟送你的，你就藏起来吧。"

童子踢它一脚："先生既要烧它，童子藏之何用？"转念一想，复又捆扎起来，提在手中，"这些竹片不错，待雪天来时，可以拿它烤火。"

苏秦、张仪一路无话，直到走出云梦山，仍旧一前一后地闷头急行。渡河，过宿胥口，二人又走一时，眼前现出两条路，正南一条官道直通大梁，另一条小道偏向西南，沿河水直达洛阳。

"苏兄，"张仪止步，抱拳道，"我们该在此地分道扬镳了。眼前两条路，你走哪一条？”

“贤弟，”苏秦怔了，“这……这才刚出宿胥口，你我还可再走一程。”

“苏兄，”张仪再次抱拳，“天下没有不散的酒宴，你我终有一别，何在一程两程？”

看出张仪不愿同行，苏秦只得回揖一礼：“贤弟定要作别，在下只能依从。”

“谢苏兄。”张仪拱手，“在下有一事好奇。”

“贤弟请讲！”

“师兄、师姐所抄之书，会是同一册呢，还是各有所赠？”张仪放下包袱，取出一捆竹简。

苏秦笑笑，亦从囊中取出一捆，展开。

两卷内容完全一致，连字迹也一般无二，均是童子抄写前半卷，玉蝉儿抄写后半卷。

赫然于首的皆是“商君书”三字。

张仪收起竹简，不无叹服道：“先生处事，张仪服了！”

苏秦复将竹简收囊，笑笑，拱手问道：“顺便问一句，贤弟可是前往楚地？”

“咦？”张仪大是惊讶，“在下欲往何处，苏兄何以知道？”

“‘风萧萧兮过矣……’当是楚地民谣，贤弟顺口吟之，可见谋楚甚久，苏秦据此知之。”

张仪嘿然笑道：“苏兄揣摩之功果是厉害。不瞒苏兄，在下谋楚的确有些日子了。楚国腹地广阔，物产丰饶，人民殷实，进可攻，退可守，当是作为之地。我观列国，能一统天下者，非秦即楚，张仪就赌楚国了。苏兄欲至何地？”

苏秦指着通向洛阳的小道：“贤弟看得远，在下叹服。在下欲回洛阳，就走这条小路了。”

张仪笑道：“苏兄不走大道，在下只好走了。”朝小道又望一时，拱手，“苏兄将出山之后的第一块棋子落于天元，真是妙手，在下叹服，就此贺了！”

“哦！”苏秦一怔，“贤弟何来此说？”

“苏兄欲行假道灭虢之计，岂不是妙？”

“此话怎解？”

张仪侃侃说道：“周室虽衰，名义上仍是正宗王室，堪为天元。苏兄回到洛阳，必去游说周天子，举周室大旗匡正天下。周天子必不用兄，但会对兄褒扬有加。于是，苏兄匡扶周室，力挽狂澜之报国壮举，也将传扬天下。苏兄载誉至秦，身价可就不一样喽！”

张仪一气揭出苏秦的谋算，着实令他吃一大惊，不由得打个惊战，但旋即浮出一笑：“贤弟筹算，在下叹服。不过，在下此去，真还未曾这般想过。”

张仪紧追不放：“若是不为这个，苏兄因何还乡，可否讲予在下？”

“不瞒贤弟，”苏秦侃侃应道，“在下此去，的确要去周室，不过，非为行计，只为朝拜。除此之外，在下也想回家看看。不知不觉之中，在下离家已近六年。当年与老父争执，在下负气出走，终是不孝。今日学业略成，也当回乡探望父母，聊尽孝道。”

苏秦解释之语，不想再次伤到了张仪。想到自己已是无父无母，无家可归，无国可回，周天子更是玉蝉儿的父王，张仪苦涩一笑：“如此说来，倒是在下想多了。”转头遥望河西方向，喟然长叹，“唉，有个家真好，探望周王更是该的。周王失去爱女，心疼至今，苏兄此去，正好抚慰于他。”

听到张仪语带讥讽，苏秦深感懊悔。然而，话既出口，说什么也都迟了。苏秦苦笑一声，顺口接道：“贤弟说得是，在下亦有此意。”

“唉，”张仪又出一声长叹，“苏兄谋事深藏不露，实令在下叹服！在下精心设局五年，自以为万无一失，不想却在瞬息之间为苏兄所破。细细想来，你我之间这第一个回合，苏兄胜得实在精彩！”

看到张仪仍在为玉蝉儿之事耿耿于怀，苏秦又出一声苦笑，抱拳辞别：“贤弟，鬼谷之事，俱往矣。贤弟既想分道，在下就此别过，后会有期！”

张仪亦抱拳道：“后会有期！”

是年腊月，楚威王听信上柱国昭阳之言，以宋公偃不敬天地为由，召集景氏、屈氏、昭氏、斗氏、黄氏、项氏、苪氏、成氏等王亲大族中诸元老、执珪及柱国大人廷议伐宋。令尹景舍提议反对，威王却一意孤行，当廷颁诏，封昭阳为主将，点南阳郡守景合为副将，将兵十万伐宋。

景合是景舍长子，自幼喜欢兵事，甚有勇力，多年来一直镇守楚国重地方城，是楚军中为数不多的骁将之一。此番回郢探望父尹，不想却被点为副将，爵晋柱国。景合人生得意，出征之日，满身披挂地前往令尹府拜别景舍。

景舍脸上却无一丝喜气。景合进来时，景舍坐于几前，面无血色，两只老眼凄然凝视跪在面前的景合，竟如死人一般。

景合怔道："父尹，你……这是怎么了？"

景舍仍旧死盯着他看。

过有许久，景舍终于活转过来，颤抖两手从几案上端起一只酒爵："合儿，来，这一爵算是为父与你诀别的！"

"诀别？"景合似是未听明白，"父尹，你是说……"

"合儿，"景舍缓缓说道，"为父预感，此番征宋凶多吉少。今日出征，你我父子，怕是……相见无日了！"说毕老泪纵横。

儿子出征，老父却说出这般不祥之语，景合怔了，惊愣半晌，颤声问道："父尹何说此话？"

景舍谆谆叮嘱："兴不义之师，无端伐宋，未战已自理屈。若是不出为父所料，宋必向魏求援，魏亦必使庞涓救宋。就黄池、朝歌二战观之，庞涓用兵，你与昭阳皆非对手！"

"这……"景合辩道，"父尹别是高看庞涓了。黄池之战，庞涓胜在侥幸，朝歌之战，庞涓胜在突袭。依孩儿观之，庞涓亦非三头六臂之人，只要小心应对，想他……"

景舍心里一沉，长叹一声："唉，合儿，为父只能将话说至此处，信与不信，由你自己决断。"略顿一下，摇头又叹一声，"老了，为父老了！"

远处响起昭阳点兵的鼓声。

景合稍作犹豫，叩道："孩儿谢父尹提醒！父尹在上，请受不孝子一拜！"

景合连拜三拜，缓缓端起酒爵，一饮而下，起身退出。

景合走出厅门，正要远去，景舍的声音又传出来："合儿！"

景合顿住步子，转身进来，望着景舍。

"为父再说一句，"景舍缓缓叮咛，"昭氏点你为副将，未必是好意，你须小心为上！"

"合儿知了！"景合点头，对景舍又拜三拜，大步走出。

昭阳、景合从郢都点兵五万悄悄北上，沿淮水东下，再经寿春、下蔡北上，与应命而来的寿春、下蔡、项城等地驻军合兵十万，直插睢水。

景合与长子景翠，正引左军将士穿越边境，逼向宋之符离塞，忽然接到昭阳传令，要部队就地屯扎，景合入中军议事。

景合赶至中军，见昭阳正在吩咐随军使臣，安排他们将楚王的讨宋檄文分送中原列国。

景合暗暗佩服昭阳。讨宋檄文拖至此时发出，称得上是记阴招儿。这边列国刚一接到檄文，那边已是兵临城下，说不准已经拿下彭城了。

待众使臣走后，昭阳望着景合，开门见山道：“景将军，本将召你来，是要将军去做一件大事。”

景合心头一怔，口中却道：“末将听令！”

“今夜人定时分，你引军三万，沿城父（地名）西插，秘密屯于陉山要塞。此地离陉山五百余里，昼伏夜行，三日后当至。”

听到去守陉山，景合心中暗喜。只要不与昭阳在一起，父亲的担忧就可避免。再说，宛城、方城、陉山一带，原本就是他的地盘，他去陉山，就如蛟龙归渊。

景合声音响亮：“末将得令！”

昭阳陡然问道：“将军可知此行使命？”

景合略一沉思，看向昭阳：“防备魏人袭我陉山、方城。”

昭阳连连摇头，敛神正色：“不是防备，是进击。本将早已盘算好了，此番伐宋，庞涓必将出兵援助。待庞涓兵出大梁，将军可长驱直入，直捣大梁。庞涓闻讯，必紧急回撤。将军一经探实，就撤离大梁，沿睢水东进，在襄陵、承匡一线布阵候他。本将亦从彭城撤回，你我合击庞涓于睢阳、襄陵一线，活擒庞涓！”

如此部署，的确是合击庞涓的绝妙策划。但对景合来说，无疑是场灭顶之灾，因为他的数万人马几乎全在魏境作战，假定真的能够堵住庞涓，那么，前有庞涓，后有前来救援的大梁魏军，前后夹击，风险几乎在他一人身上。想起景舍临别之言，景合心头一颤，但于此时，他也不好说出什么，只得沉着脸应道：“末将遵命！只是……如此远途奔袭，末将仅有三万部卒……”

“景将军放心，本将已安排妥当。陉山守军八千全部予你。这且不说，本将已密令城父、苦县、长平、陈、上蔡、方城、叶城等地各调两千精锐前往陉山。待你到时，会有另外三万人马候你调用。”

听到昭阳交给自已兵马六万，景合心中略有所安，点头应道：“末将谨听将军之命！”

“记住，”昭阳沉声叮嘱，“庞涓用兵奇诡，将军此行务必小心，切勿暴露行踪。无论何人，泄密者斩！”

“末将得令！”

一骑驰入逢泽之畔的魏军辕门。卫士验过令牌，挥手放行。

骑手在大帐前下马，急急入帐，见庞涓独坐案前，忙趋前几步，跪地叩道："报大将军，陉山细作密报！"说毕双手呈上密报，转身退出。

庞涓展开密报，细读有顷，吃一大惊，疾步走到沙盘前，两道目光如炬般分别射向彭城和陉山。庞涓取出两支箭头，将一支写着"昭阳"的插于睢水，箭头指向宋国彭城，将另一支写着"景合"的插于陉山，箭头直指大梁。

庞涓盯住沙盘又是一番沉思，目光移向海边，聚焦于越国陪都琅琊和齐国南长城一线。上面早有两支箭牌，一支写着"无疆"，插于琅琊，箭头指向齐都临淄，另一支写着"田忌"，插于齐国南长城，箭头指向琅琊。

庞涓的目光轮换投向上述几处地方，眉头一会儿收紧，一会儿舒展，然后再次收紧，正对沙盘并膝坐下，双目闭合，渐入定境。

中军参军走入，张口欲报，见庞涓正在凝神苦思，硬将吐到喉咙口的"报"字吞回，悄悄溜出大帐，守在帐门之外。

约有半个时辰，庞涓睁开眼睛，缓缓起身，再次盯向沙盘，脸上浮出微笑，小心翼翼地将沙盘罩上，踱回几案前面。

守于帐外的参军看到，不失时机地走进："报，宫中来人，传大将军觐见！"

庞涓精神抖擞，略一点头："备车！"

魏惠王端坐几前，惠施、太子申、朱威、孙膑、白虎侍坐。

惠王将楚王的伐宋檄文与宋公偃的求救檄文一并递予太子申，太子申缓缓展开，翻看一下，传给惠施。惠施似已知道，看也没看，转手递给朱威。朱威细细读过，传示孙膑、白虎。见众人均已传看完毕，毗人过来，从白虎手中接过两道檄文，复呈惠王。

魏惠王将之并排摆在几上，对毗人道："庞爱卿呢？"

毗人应道："回禀王上，臣已使人召请，想必已在路……"听到外面台阶上的脚步声，知是宫人引庞涓来了，改口，"武安君到了！"

魏惠王急道："快请！"

毗人大声唱道："王上有旨，请武安君觐见！"

庞涓疾步走入，叩道："臣来迟，请王上恕罪！"

"爱卿请起！"魏惠王朝他摆手。

庞涓谢过，起身坐在自己的席位上。

魏惠王指着面前的檄书："庞爱卿，你也看看。"

毗人走过去，拿过檄文呈给庞涓。庞涓展开，略略一看，随手还给毗人。

"诸位爱卿，"魏惠王扫视诸臣一眼，"你们也都看过了，楚王以宋偃不敬天地为名，使昭阳为将，兴大兵伐宋。宋公与寡人素来相合，今向寡人求救，寡人若是坐视不管，不合于义。若是出兵救他，就要与楚人开战。战与不战，事关重大，寡人不敢擅断，特请诸位议决。"目光投向庞涓。

所有目光不约而同地皆射过去。

"启禀我王，"庞涓轻轻咳嗽一声，语气平淡，"臣刚得密报，昭阳共出大军十万，亲领七万直扑符离塞，欲吞彭城，另使景合引众三万潜至陉山，观我动静。"略略一顿，声音提高，"陉山离大梁不足两百里，急行军一日可到。陉山原有守军八千，景合又纠集宛城、方城、上蔡等城守军，再得兵马约三万众，陉山一线，楚人当有兵马六万，战车逾两百乘。"

庞涓未言战与不战，只将局势这么平平一说，众人莫不倒吸一口冷气，魏惠王更是目瞪口呆。莫说是救宋，单是景合的六万兵马压过来……

厅中鸦雀无声，气氛凝滞。

"这……"沉吟片刻，魏惠王问道，"庞爱卿可有对策？"

庞涓并不作答，顾自说道："泗上富庶之田、商贾之利，尽在宋地。楚人此番伐逆是假，取宋是真。景合陈兵陉山，不在伐我，而在掩护昭阳夺占彭城。彭城盛产五谷，富甲天下，为泗上膏腴，素有粮仓之称。这且不说，彭城扼守泗上咽喉，东可威逼齐、鲁，西可控制卫国，进逼三晋，历来为兵家必争之地。昭阳如果夺占该城……"说到这儿，目视魏王，打住话头。

宋国一直是魏惠王心头的宝贝，不久前好不容易才从齐国手中讨回监护权，自是不容他人染指。庞涓话音刚落，惠王的脸色已成铁青，一拳擂于几上，从牙缝中挤道："楚蛮子休想！"

众人皆怔。谁都知道，魏惠王一旦震怒，势必做出非理性的决断。

白虎看向朱威。朱威正欲进言，魏惠王已经缓过神来，脸色恢复正常，目不转睛地盯住庞涓："庞爱卿，你说的这些，寡人也都看到了。如何应对，寡人甚想听听爱卿之见。"

"依臣之见，与其将宋地让予楚人，不如我王得之。"

众人见他竟是这般胃肠，再吃一惊。身为宋人的惠施尽管沉稳如是，仍不免打个惊战，睁开两眼，斜睨庞涓一下，又缓缓合上。

魏惠王却是听得入心，身子前倾："楚有大军十万，爱卿可有胜算？"

“回禀王上，”庞涓侃侃言道，“六年前昭阳起大军五万伐宋睢阳，田忌将兵四万救之，两军会于砀山，昭阳大败，折兵两万，退出宋境。田忌引大军七万伐我，臣却以疲兵三万破之。王上，军不在众，在将。胜不在势，在谋。昭阳有勇无谋，臣一人尚不惧他，何况还有孙监军在此。”

魏惠王连连点头：“听爱卿此言，寡人甚慰！”

“王上放心，”庞涓又道，“只要臣与孙监军联手，莫说昭阳有大军十万，纵使他再加十万，也不足惧。”

听到庞涓言语托大，众人面面相觑。

朱威看向惠施、太子申，见二人均不出声，便拱手奏道：“王上，臣有奏。”

“爱卿请讲！”

“虽说武安君、孙监军善于用兵，我可一战，但巧妇难为无米之炊。据臣所知，自古迄今，国无所储而开战者，鲜矣。王上新近颁诏与民休息，去岁唯有支项，少有进项。三军虽有屯耕，却也只是发端，要见成效，亦在两年之后。就眼下而言，三军日常供养尚有紧缺，何能支付大战之用？”

朱威所言，亦为实情。

魏惠王转向太子申：“申儿意下如何？”

太子申奏道：“儿臣赞同上卿所言，不宜与楚开战。”

魏惠王缓缓看向惠施：“惠爱卿意下如何？”

作为宋人，家乡遭难，宋向魏求救，庞涓却想趁火打劫，惠王也想鲸吞这块肥肉，惠施难以表态，只得如往常一样，两眼微闭，正襟危坐，一语不发。

见惠王执意垂询，惠施不好再撑，微微睁眼，拱手奏道：“王上，军旅之事，当问孙监军。”

惠施之言使庞涓心里咯噔一沉。显然，在惠施心中，孙膑的地位已经高于他庞涓了。这且不说，若是真的依着孙膑，按照他的秉性，势必反对出兵。

经惠施提示，魏惠王这才想起孙膑，转头看过来：“孙爱卿，适才你都听到了，庞爱卿言战，朱爱卿言不战，在寡人听来，皆有道理。”拱手，“战与不战，寡人难以决断，就听爱卿你的了。”

见魏惠王将话说到这个份上，且又行拱手大礼，庞涓心中又是一沉，盯住孙膑。

孙膑抱拳还礼，缓缓说道：“臣谢王上抬爱！臣以为，伐国在义。楚军伐宋，名为讨逆，实为取利，是不义之师。王上应天顺势，征伐不义，是伸张正义，此其外也。宋为我东南屏障，楚若取之，必将胁迫我东南边陲，王上助宋，是防患于未然，从长远来说，于国家有利，此其内也。”

孙膑之言大出众人意料。

朱威、白虎、太子申面面相觑，庞涓却是惊喜交加，顺口接道：“王上，孙监军所言，正是臣忧心之处。楚地如此广博，楚王仍旧贪心不足，可见其志绝不在宋。楚人若是得宋，再以宋之人力物力谋我，后患无穷！”

魏惠王再无犹豫，朗声说道：“嗯，两位爱卿所言，正合寡人心意！”略顿一下，扫视众人，“诸位爱卿，寡人意决，举国节衣缩食，兴师伐楚！”

众臣皆道：“王上圣断！”

庞涓略略一想，起身径至惠王跟前，跪下叩道：“臣有一请，望王上恩准！”

“爱卿请讲！”

庞涓奏道：“此番伐楚，事关重大。为了确保胜算，臣恳请王上拜孙监军为主将，臣愿为副将。”

“这……”魏惠王看向惠施，似是迟疑。

“王上不可！”孙膑亦急起身，在庞涓身边跪叩，“临阵换将是用兵大忌。臣恳请王上拜武安君为主将，臣愿为副将！”

“两位爱卿不必谦让，”魏惠王摆手，“寡人意决，两位爱卿听旨！”

庞涓、孙膑叩道：“臣接旨！”

“封庞涓为伐楚主将，孙膑为监军，公子卬为副将，发三军六万，解救宋围！”

庞涓、孙膑拜道：“臣领旨！”

退朝之后，众人走出宫门。

就在迈下台阶时，走在最后的庞涓叫住孙膑：“孙兄！”

孙膑收住步子，回望庞涓：“贤弟？”

庞涓略等一时，看到众人走远，方才深揖一礼：“在下谢孙兄了！”

孙膑惊讶道：“贤弟，谢字从何说起？”

“方才廷议时，孙兄一言九鼎，助涓成就大事，涓答谢一声，也是该的。”

孙膑敛神正色：“贤弟说到哪里去了？楚伐宋逐利，是行不义，贤弟出兵救宋，是行天道。膑主张救宋，非助贤弟，是行天道，何敢受谢？”

“好好好，”庞涓干笑道，“孙兄既是此说，涓就不谢了。顺便问一句，方才涓在王上面前荐兄为主将，兄何故推托？”

“三军皆服贤弟，唯有贤弟做主将，方可救宋。”

“唉，”庞涓却出一声长叹，“孙兄有所不知，你这轻轻一推，却将贤弟一番苦心，一并推走了！”

“哦？”孙膑怔道，“敢问贤弟是何苦心？”

“涓虽不才，在魏也算打过两场硬仗，立有尺寸之功。孙兄初来乍到，虽说腹藏经纶大略，却无军功。无功而居高位，受重赏，从长远来看，恐于兄不利。此番救宋，正是立功良机，涓荐孙兄，本是此意。以你我之力，此番出战，必擒昭阳。孙兄有此大功，在魏自可立足了。”

听到庞涓如此为他着想，孙膑心中一热，深深一揖：“贤弟美意，膑心领了。你我既为兄弟，自当患难与共，福祸俱当。贤弟做主将，亦等于膑做主将。贤弟建大功，自就是膑建大功，贤弟何分彼此？”

庞涓忙还一揖：“孙兄所言，实为涓心底之语。话虽如此，在孙兄面前，涓做主将，终是忐忑。孙兄，你看这样如何？此番出救宋国，对外涓为主将，兄为副将；对内兄为主将，涓为副将。”

“贤弟此言差矣，”孙膑正色道，“挂帅出征，是国之大事，岂有让来让去，明暗虚实之理？王上既已晋封贤弟为将，贤弟当行主将职分，莫再推辞。”

庞涓又是一怔，拱手道：“孙兄既是此说，涓就不多说了。不过，这样也好，此番与楚战，敌强我弱，昭阳也是悍将，若是成功，孙兄之功也不为小；万一失利，孙兄不在主将之位，自也有个回旋余地，凡有过错，涓自承当就是！”

见庞涓说来说去，始终离不开个人利害，此时又将话语说到这个份上，孙膑心里一沉，再不吱声。

“好了，好了，”庞涓似已觉出孙膑所想，抬头笑道，“孙兄不在乎功过是非，涓说这些，自是小了。此番伐楚，想必孙兄已有良谋。”

孙膑趁机转过话题：“膑观贤弟，似已成竹在胸了。”

“不瞒孙兄，”庞涓应道，“楚人不比齐人，昭阳不比田忌，与楚人战，涓虽有把握，却也不敢大意。幸有孙兄在，涓心有所倚，始觉无惧！今出兵在即，涓欲邀兄前往大营，共商出兵方略。”

孙膑点头笑道：“主将有令，膑安敢不从？”

庞涓亦笑一下，走下台阶，招来车马，同车驰入大梁城南的中军大帐。

进帐之后，庞涓径领孙膑至沙盘前面，伸手揭开罩子，手拿竹杖指点形势：“孙兄请看，符离塞上有宋国守军八千，或可阻挡楚人两日进程。符离塞距彭城仅有百里，急行军一日可到。彭城位于泗水、丹水交接处，为宋腑脏所在，楚若占之，既可制宋，又可胁迫齐、鲁。鲁国弱小，不敢妄动。齐国自顾不暇，彭城只能固守待援。宋偃共有兵马五万，战车八百乘，其中都城睢阳有兵马一万五千、彭城一万、符离塞八千、砀山八千、相城五千、定陶八千，其他散布于各地城邑。即使宋偃将周围城邑的兵马悉数调去，彭城兵马也不过两万。以两万对七万，无异于以卵击石！”

孙膑点头。

庞涓挥杖再道：“孙兄再看，这是陉山。陉山是要塞，昭阳在此经营多年，城高池深，易守难攻，是我南部肿瘤。景合三万大军昼伏夜行，潜往此处，必有图谋。如果不出在下所料，此人必将趁我援宋之际，袭扰大梁。”略顿一下，眼望孙膑，“情势大体就是这些，孙兄可有退敌妙策？”

“请问贤弟作何部署？”

庞涓呵呵笑道：“孙兄不肯先说，愚弟只好露丑了。”将竹杖指向彭城南面的睢水，“涓拟引兵四万，直插睢水，沿睢水南岸突进，奇袭符离塞，截断昭阳归路。宋军见援军到来，必死守彭城。昭阳前不克彭城，后无退路，向东是齐境，齐必防备，向西是睢阳，宋偃必死战。昭阳无路可走，只能回师与我决战。我有睢水，又有符离要塞，可抵数万大军。昭阳欲退不能，欲进不得，粮草接济不上，只能束手就擒！”又将竹杖指向陉山，“兄可引兵二万，屯于安陵。景合闻我大军援宋，必涉洧水袭扰大梁。待景合军出，兄可沿洧水一线断其退路。大梁城高濠深，以景合之力，断然难攻。楚人反观后路被抄，必无战心，兄只需以逸待劳，不费吹灰之力，就可击溃景合。至于昭阳，自有涓去收拾！”

孙膑盯视沙盘，沉思良久，眉头微皱。

庞涓看在眼里，心中忐忑，小声问道：“孙兄，涓所部署可有不妥之处？”

孙膑看向庞涓：“如果与楚决战，就敌我情势而言，贤弟如此部署，不失妙局。”

庞涓听出孙膑话音，急道：“究竟何处不妥，孙兄直说就是！”

“敢问贤弟，此番出征，贤弟是想解救宋围，还是想与楚人决战？”

“这……”庞涓略怔一下，“当然是解救宋围！”

“若是解救宋围，贤弟这么部署，或能取胜，却不为上策。”

“哦？”庞涓惊道，“请孙兄详解！”

孙膑指着睢水：“贤弟请看，昭阳用兵谨慎，必于符离塞、睢水一线设防，贤弟长途奔袭，万一泄密，就难控制睢水，此其一也。即使贤弟如愿控制睢水，将昭阳大军困于睢水以北，也难以在短期内将其吞食，此其二也。楚人多死国之士，一旦受困，反会坚其死志，伤亡必大，此其三也。楚军受困，楚王必竭力营救，楚国援军旬日可至，贤弟若是不能速决，必将腹背受敌，此其四也。即使一切均好，贤弟数万大军远离本土作战，若是不能速决，我库无积粟，即使最终战胜，也伤国家根本！”

孙膑一番分析入情入理，庞涓怔了，半晌，点头道：“孙兄所言甚是。依孙兄之见，何为上策？”

孙膑眼望沙盘：“请问贤弟，对楚人来说，距我边界三百里之内，何处最是紧要？”

庞涓略略一想，将竹杖指向项城、宛城：“这两处地方，项城、宛城。项城为楚辎重所在，北方诸郡所产粟米，皆存于此，城中有大仓十二，储库粮三百万石，宛城所冶之铁，也多存于此，为昭阳必守，因而城高池深，更有常备守军一万八千，三倍于其他城邑。至于宛城，是楚国冶铁重地，眼下铁贵于铜，宛城之重，不下于韩国宜阳，楚国因而筑方城护之。”

孙膑将目光从项城移至宛城，再移回项城，审视有顷，手指项城：“就是此处！”

庞涓似是不解：“请孙兄详言。”

孙膑侃侃说道：“贤弟可引大军四万，对外诓称六万，大张旗鼓地引军援宋，兵发睢阳。将近睢阳时，贤弟可偃旗息鼓，急转南下，绕过苦县，直奔项城。昭阳万想不到我会突袭项城，项城精锐或调往宋境，或调往陉山，守备必为老弱，不堪一击。贤弟可四下围攻，大造声势，项城危急，必向昭阳、景合求救。昭阳不舍彭城，必不回援，景合得知项城势危，一定回援，此时……”

庞涓陡然明白过来，朗声接道：“孙兄可趁机夺占陉山要塞，去除这个肿瘤。景合闻陉山有失，必折兵回救，涓再攻项城，景合见陉山已失，只好回头再奔项城，涓于途中伏兵击之，孙兄再于后面夹攻，景合之众必溃。昭阳闻景合有失，项城垂危，亦必折兵回救，宋围不战自解矣！”

“贤弟所言甚是。”孙膑点头，“宋军闻我出兵，必会死战。楚军闻我袭其粮草重地，军心必乱。待景合兵败，昭阳仓促回救之时，我或可一举而夺下项城，据城以守，或可回军守住陉山要塞，至少也可退回本土，与楚抗衡。此时攻守易势，楚人疲于奔命，我则以逸待劳，胜负不战可判矣！”

庞涓击案叫道："孙兄好计谋，伐楚大谋，定了！"

经过三日苦战，昭阳终于攻克符离塞，驱兵杀向彭城。彭城守丞是宋公偃的次子公子皮，此前数日，宋公已经诏令周围十数城邑弃守，兵卒调防彭城。这些城邑的富商大家也都纷纷携带细软、家丁入彭城避难，公子皮再得将士一万余人不说，更添苍头数万，声势大振。

攻克符离塞后，昭阳不费吹灰之力，连得宋城十余座，分兵警戒砀山、睢阳宋军，亲率主力于第二日傍黑兵临彭城。

昭阳将彭城团团围住，下令楚军四面攻打。昭阳连攻数日，一度打破南门，又被宋人拼死顶上。昭阳正在苦思破城之计，探马报说魏人援宋，庞涓亲率大军六万开赴睢阳。

昭阳冷冷一笑，一面下令继续攻城，一面分兵一万增援符离塞。

与此同时，在陉山要塞的将军府中，景合正与景翠及几员骁将商议军务，一名军尉急进："报，魏将庞涓率军六万，已于昨日辰时开往睢阳！"

"昨日辰时？"景合急问，"何人为副将？先锋是谁？"

"回禀将军，副将、先锋俱是公子卬。另有监军一人，名唤孙膑。"

"孙膑？"景合一怔，抬头望向众位将军，"你们可知此人？"

众将皆是摇头："末将不知。"

景合思忖有顷，转对军尉："再探！"

"是！"

军尉走后，景翠问道："魏人已经动窝，我们也该出征了吧？"

景合捋须有顷，正欲说话，外面传来脚步声，参将走进："报，荆先生求见！"

景合转对诸将："荆先生来了，你们各回营帐，待命出征！"

听到"荆先生"三字，诸将皆是满面喜色，应诺出帐。

景合转对参将："有请荆先生！"

参将领命，不一会儿，领进一人，年约四十，着装儒雅，一进门就跪地叩道："草民荆生叩见将军！"

景合欠欠身子："荆先生免礼！"又手指客位，"先生请坐！"

荆生谢过，起身坐下。

景合笑问："公孙先生可好？"

荆生拱手揖道："回将军的话，公孙先生甚好。先生托在下捎来玉璧一双，以谢将军！”说着从袖中摸出一只精美礼盒，呈予景合。

景合徐徐打开，果是一双玉璧，精美绝伦，微微笑道：“既为公孙先生大礼，在下却之不恭，这就收了。”将礼盒合上，递予景翠，又转对荆生，“不瞒先生，这些日子东奔西走，将士们都馋坏了，方才本将还在念叨你呢！货都带来了？”

“回将军的话，”荆生点头，“草民接到将军的命令，连夜宰杀，先送三十车来，余下三十车，两日后送到。”

景合乐得合不拢嘴：“好好好，难为先生了！”又转对参将，“荆先生从叶城一路赶来，想是累坏了，快安排先生安歇！”

“末将遵命！”

荆生拱手辞道：“景将军，草民告辞！”

景合送至帐外，复进帐中，对景翠道：“将三十车鲜肉分发三军，让将士们饱餐两日，待庞涓兵至睢阳，再行出征！”

“末将得令！”

第 050 章 | 失陉山景合遇难 困叶城张仪娶妻

走出将军府门，参将正引荆生前往驿馆，远远看到守关军尉领着十几名关卒押送一行人照面走来。被押送者一路走，一路叫嚷。

嚷得最凶的不是别个，却是张仪。

自于宿胥口外与苏秦别后，张仪直入大梁，因盘费短缺，在大梁一家寻常客栈小住十数日，将庞涓的发家过程及孙膑至魏等情细摸一遍。其间恰逢越、齐对峙，楚人伐宋，宋向魏求救，魏拜庞、孙引军救宋，天下热闹非凡，张仪极是兴奋，觉得出山的时机让他寻对了。张仪仔细琢磨楚、宋、齐、魏、越五国形势，又将韩、秦、赵、燕等简析一遍，决计尽快赶到郢都，劝楚王舍宋取越，暂不与魏争锋。由于时间紧迫，张仪即刻动身，寻最近之道，经由陉山要塞，过方城入叶，由宛、穰入郢。

也是赶得巧了，张仪赶到陉山时天色已晚，关门紧闭。张仪与过关路人在关外一直候至天亮，好不容易熬到开关，却被楚人无故扣押，身上钱财悉数没收。

张仪并不惜财，但母亲临终前留给他的那枚小金饼却难割舍，之所以又叫又嚷，就是想让他们将其归还。

军尉听得心烦，将枪尖顶住他的后背："你这奸细，再嚷一声，老子捅了你！"

张仪见他凶狠，不敢再吱声。荆生见过关行人均被押送过来，就如犯人一般，转对参将道："请问将军，他们犯下何事了？"

参将扫过众人一眼，轻声道："没犯什么事，不过是些路人。近日将军颁令，凡是过关人等，许进不许出，暂时扣押关内，待过几日，自会放行。"

荆生点头，与参将候于一侧，让军尉押众人先过。

张仪看到参将，见他衣着，知是管事的，眼珠儿一转，突然一个转身，斜刺里跑到参将跟前，大声嚷道：“将军，请管束你的部下！”又手指军尉，“那厮抢走在下金子，请将军为在下做主！”

军尉急走过来，正要去拖张仪，被参将止住。

参将望向军尉，冷冷问道：“你拿走这位客官的金子了？”

军尉低头，轻声辩道：“回将军的话，下官不敢！此人身上携带魏币，下官疑他是魏人奸细，暂时将其没收，待拷问明白，再作处置！”

张仪听得明白，再次嚷道：“将军，此人搜查包裹，单选贵重之物查验，分明是谋财，请将军明鉴！”

荆生看一眼军尉，知他是个老关吏，心中明白，便对张仪道：“请问客官，军爷没收你多少金子？”

张仪应道：“金币一枚！”

荆生从袖中摸出两块楚国锾金，递过来道：“客官请看，在下予你两枚楚锾，权抵你的一枚魏币如何？”

张仪抱拳道：“先生美意，在下谢了。在下只想讨要在下的那枚魏币，莫说你是两块，纵使十块，在下断也不换！”又转对参将，“听闻楚人善于治军，这块金子，还望将军为在下做主！”

参将转望军尉：“客人的金子呢？”

军尉从袖中摸出一块金子，双手呈予参将：“就是这块，请将军查验！”

参将接过，反复察看，并不见稀奇，便递还给张仪，笑道：“客人请看，可是这块金子？”

张仪验过，点头：“正是！”

“既然是你的，可以归你了！”

张仪纳入袖中，朝参将拱手：“谢将军！”复转身，大步走进那队人中。

军尉恨恨地瞪了张仪一眼，拱手别过参将，押上队伍继续前行。

荆生望着张仪的背影，心中忖道：“此人也是怪了，不卑不亢，有理有据，一口一声在下，定非寻常人物。且此人不顾死活，一心讨要那块金子，想是另有缘故！那军尉恨他入骨……”陡然打个惊愣，略想一下，转对参将，拱手：“将军，在下暂不去馆驿了。眼下尚早，在下欲去膳房一趟，看看下人是否卸完货了。”

参将亦拱手道：“荆掌柜既如此说，在下就不陪了。”又从腰中摸出一块令牌，“这几日查得紧，你拿上这个，就无人阻你了。待事儿办完，你可自去驿馆，在下已经安排妥当。”

荆生接过令牌，谢过参将，到卸货的地方查看一圈，寻人问出扣押过往行人的院落，急赶过去，果见门口戒备森严，满院子都是过关路人。众人或躺或站或坐，皆不知发生何事，个个面呈忧容，但没有谁敢吱一声。

荆生向守卫出示令牌，迈步走进院子，在里面寻找一圈，不见张仪的影子。荆生拉过一名兵士，悄悄塞给他几枚布币。兵士藏过铜子，顺手指指最里侧一间屋子：“想是被关在那儿了！”

荆生暗吃一惊，疾步走向那间屋子，果见房门紧闭，侧耳一听，里面传出沉闷的击打声。荆生急急敲门，好一会儿，房门闪开一道细缝，一只脑袋从里面伸出，正是那名军尉。

军尉这也认出荆生，陡吃一惊：“是你……”

荆生不及他做出反应，用力一推，闪身进了屋子，打眼一看，房中光线昏暗，张仪两手被反绑，口中堵上一块棉布，已被打得皮开肉绽，人事不省。见有外人来，几名兵士各持棍棒，不知所措。

军尉知他来路，以为是专门查他来的，早已魂不附体，反身关上房门，小声辩道：“先……先生……此人是魏……魏国奸细，在下正……正在拷问！”

荆生冷冷看他一眼，从袖中缓缓摸出一只袋子，啪地扔在地上：“军爷犯不上为这区区一块金子费力拷问了！这点小钱，算是在下慰劳诸位的，军爷与诸位……”用手指几位正在行凶的兵士，“拿去买杯酒喝。”

军尉望望钱袋，又望望荆生，怔在那儿。

荆生手指张仪：“此人与在下有些纠葛，军爷若是不想招惹麻烦，就请好生照看，今夜人定时分，将此人送至驿馆，在下只在那儿候等。”

军尉哪里还敢多话，只顾频频点头。荆生盯住他又看几眼，拉开房门，大踏步出去。

人定时分，那军尉果然带人将张仪悄悄抬进驿馆。

荆生正在为张仪敷伤，见他悠悠醒来，长出一口气道：“客官总算醒了！”

张仪懵懵懂懂地觉出眼前的原是白昼所见之人，回首细想发生之事，知是被他救了，不无感动地轻叹一声，脱口问道：“在下与先生非亲非故，先生为何要救在下？”

荆生笑道：“因为我想知道，客官为何只在意那一块金子？”

张仪摸摸袖口，见到金子仍在，亦笑一声：“看来，先生是个好奇的人！”

翌日晨起，荆生使人将张仪小心翼翼地抬上自己的马车，别过前来送行的参将等人，与卸完货的三十辆牛车一道驰出军营，辚辚驰往叶城。

行有一程，因路面不平，马车颠簸不已，张仪遍体是伤，疼得龇牙咧嘴，强自忍住。荆生看在眼里，停下车子，使人抱来六床被褥垫起，将张仪重新抬上，令驭手缓缓行驶。张仪疼痛果然减轻，笑对荆生道：“先生可是楚人？”

荆生摇摇头，又点点头。

张仪异道：“先生为何先摇头，后点头。”

荆生笑道：“要想知道这个，你得先说说那块金子！”

张仪亦笑起来，遂将秦人夺占河西及逼死生母的往事细述一遍。又见荆生这般仗义，张仪也就不加隐瞒，将赴洛阳学艺及进云梦山求拜鬼谷先生等事一并说了。张仪本就口若悬河，这又路途漫长，时间从容，自是讲得详尽，听得荆生张口结舌，愣怔半日，方才惊道：“如此说来，魏国大将军庞涓是张子的师弟了？”

“正是。”

荆生连连揖道：“失敬，失敬！”

张仪苦笑一声，轻轻叹道：“唉，命运真是捉弄人。在山中之时，庞涓那厮狗屁不是，一出山，他却封侯拜将，风光无限。在下出山，本欲助楚干出一番大业，谁料刚入楚地，竟就无缘无故地挨上这顿狠揍！”

荆生笑道：“说起这个，在下倒要恭贺张子了。不瞒张子，昨日之事，在下若是去得迟些，只怕张子眼下已被他们扔到荒坡上，让那野狗吃了。”

张仪震惊：“在下与他们无怨无仇，为何要置在下于死地？”

“因为张子不该不依不饶，坚持讨要那块金子，更不该将此事诉诸参将。”

“这……”张仪急道，“我就不信，楚国难道没有王法，容许此等恶人为非作歹？”

“唉，”荆生叹道，“楚地关卡俱是肥差，关吏多是王亲国戚、世族贵胄，寻常百姓根本沾不上边！这些蛀虫个个贪得无厌，雁过都要拔毛，何况是过关百姓？张子与他们较力，能够不死，已是洪福齐天了！”

张仪朝荆生拱手揖道：“这么说来，在下是欠先生一命了！”

“不说这个吧。”荆生笑道，“张子欲至何处，可否告诉在下？”

“欲去郢都求见楚王。”

“张子大志，在下敬仰。不过，郢都远在数千里之外，张子眼下这样……”

张仪轻叹一声："唉，那就听天由命了！"

"这样吧，"荆生略一思忖，"在下在叶城有些生意，张子若是不弃，可在城中小住几日，待伤势好些，再上路不迟。"

"如此甚好，只是……这么麻烦先生，实叫在下过意不去。"

荆生顺口接道："张子若是真的过意不去，可帮在下做点儿小事。"

张仪笑道："在下既欠先生一命，自当为先生效力。敢问先生，欲让在下去做何事？"

"张子会算账否？"

"数术之学，在下少时即知。"

"如此甚好。"荆生喜道，"在下店中，正好短缺一个账爷，有劳张子帮忙几日。"

听到只是要他帮忙做几日账爷，张仪呵呵一乐，慨然允道："小事一桩，定了！"

主将景合安排数万将士酒肉三日，估算魏军已至睢阳，遂于第三日傍黑，留下五千人马守卫陉山，亲点大军五万五千拔寨起营，偃旗息鼓，悄悄逼近洧水。正在涉渡，几匹探马风一般驰来，于黑暗中寻到景合，为首军尉急急禀道："报，魏国大军并未开往睢阳！"

景合震惊："魏人哪儿去了？"

"回禀将军，魏军沿睢水进至睢阳西南，距睢阳三十里处突然南拐，行进速度加快一倍，看那样子，想是袭奔苦县去了！"

"袭奔苦县？"景合思忖一阵，抬头问道，"魏军全都去了？"

"回禀将军，一个不剩，全都去了！事发陡然，下官命人继续追踪，亲来禀报将军！"

景合思索有顷，传令停渡。

打前锋的景翠疾驰过来，正欲问个分明，又有两匹探马驰来，报说庞涓大军绕过苦县，径奔西南！

景合猛地一拍脑袋："不好，庞涓奔项城去了！"

听到魏军远袭项城，景翠大惊，瞪大眼睛望向景合。

景合越想越气，将长枪连连敲在车帮上，怒道："打的什么屁仗？昭阳那厮连庞涓要去何处都推不出，还说什么袭奔大梁，合击庞涓？"

景翠急道："项城是我辎重所在，眼下守军不足万人，父帅……"

景合略顿一下，捋须说道：“庞涓这是攻我必救，旨在逼我伐宋大军回撤。”沉思有顷，冷冷一笑，“哼，庞涓如此胆大妄为，远袭项城，定是不知我有大军六万埋伏于此。敌变我变，项城万不可失！传我军令，回师南下，袭奔项城，杀他一个措手不及！”

“末将得令！”

黎明前的黑暗里，在大军拔寨远征之后，陉山要塞空空荡荡，守关兵士绝大部分躺在营帐里睡觉，少数守值的兵士也都抱枪昏昏欲睡。

突然，远处一车驰至关前，守值的兵士听闻声响，乍然一惊，持枪喝道：“来者何人？”

为首一人大叫：“我是景将军手下军尉，此来传送景将军急令，快开关门！”

几位兵士揉揉眼睛，点亮火把，果见对方是楚军军尉打扮，再无疑心，嘟哝两句走下城楼，打开关门，放下吊桥。

几人驰上吊桥，走进关门，拔刀逼住几名兵士。其中一人打声呼哨，伏于近处的兵士齐涌过来，发声喊，冲入关中，将守值的兵士尽皆绑了。大队魏人冲进，可叹八千楚人多数不及穿衣，全部稀里糊涂地成了魏人俘虏。

轻取陉山要塞之后，孙膑传令众将士在关外燃起数堆大火，擂鼓呐喊。

景合大军由洧水斜刺里朝东南方向插往项城，刚过召陵，忽闻西北方向隐隐传来战鼓、呐喊声，回首望去，但见陉山方向火光冲天，竟是呆了。景合最先反应过来，惊呼中了庞涓的调虎离山之计，急令回师驰援陉山。

数万大军急急回驰，于午时赶至陉山，却见关门前面并无搏杀痕迹，唯有无数火堆依旧在风中明灭。城墙之上静悄悄的，似无一人。护城河上吊桥吊起，城门紧闭。景合大是惊异，抬头望去，仍然不见异常。

景合喝令开门，城楼上缓缓现出一人，却是孙膑。

孙膑摆手，无数魏旗从墙上升起，在关塞各处随风飘扬。各处城墙的垛口处陡然冒出无数魏人，个个张弓搭箭，跃跃欲射。

景合惊退数十步，在一箭之外停车，正欲下令攻打，项城方向快马驰来，说庞涓大军正在攻城。

景合此时方才明白景舍的临别赠言，对景翠喟然叹道：“唉，与庞涓作对，悔不该啊！”

景翠急问：“父帅，眼下怎么办？”

“还能怎么办？陉山已失，项城若再不保，有何颜面去见王上？”

“孩儿这就引军杀回项城！”

景合思忖有顷，缓缓说道：“翠儿，你带五百军士速去彭城，向昭将军申明情势，要他火速回援！”

景翠求道：“父帅，让别人去吧，翠儿只想与父帅在一起！”

景合断然喝道：“去吧，此事没得商量！你可告诉昭阳，就说为父说的，项城若失，纵使他攻下彭城，亦是过大于功！”

景翠泣泪道：“孩儿遵命！”

景翠引五百军士别过景合，绝尘而去。

望着景翠渐去渐远，景合转对副将：“传令，后队变前队，兵发项城，与庞涓决战！”

景合的五万大军再次掉头，排成一字长蛇阵，前后拖拉十数里，向项城急急进发。大军再次越过召陵时，景合远远听到项城方向隐约传来战鼓声，遂催动部众加快脚步，向颍水方向急插。前军刚至颍水，忽听鼓声大作，魏军的三千虎贲从左右两侧的丛林中分段杀出，个个如猛虎下山、饿狼扑食，不消一刻，竟将整条长蛇拦腰截为数段。

景合大惊，急令退军，却见四面皆是魏人，不知退往何处。一昼夜下来，楚兵往返奔袭两百余里，早已疲惫不堪，此时猝不及防，不及列阵，局势完全失控，将不见兵，兵不见将，各自为战，四散奔逃。

景合无奈，只好催动战车，跃枪拼杀。庞涓在远处看得真切，引领众将士拢过来，将他团团围住。不消半个时辰，景合身边的亲随全部战死，景合自己亦身中数箭，跌下战车。眼见魏兵越围越多，景合眼睛一闭，挥剑自刎。

楚军逃兵正自溃退，又遭尾随而至的孙膑率部拦截，降者无数。可叹五万大军，竟在短短的三个时辰里作鸟兽散，消失殆尽。

及至天晚，庞涓、孙膑会师一处，清点下来，共斩首楚军一万余，伤其数千，俘获近两万，余皆散去。魏人死伤几处累加起来，竟然不足五千。

景合全军覆没的噩耗传出，长平、昆阳、鄢等十余城池的守军尽皆逃入方城，魏人兵不血刃，分兵占之，前锋直指方城，威逼叶、宛，庞涓亲率大军复围项城，孙膑亦兵回陉山，与庞涓互为犄角。

为逼使昭阳从彭城撤军，庞涓对项城依旧采用围而不攻的战法，每日只令军士擂鼓呐喊，作势攻城，吓唬守军。项城令难辨真假，接连向昭阳求助，同时快马急报郢都，向楚王告急。

庞涓奇兵明袭项城，暗取陉山，在短短两日之间，以六万对六万，将景合大军一口“吞食”，着实让昭阳心惊胆战。思前想后，昭阳深悔自己一时贪心，竟然听信陈轸之言，偷鸡不成反蚀米，彭城未得，连失陉山十余城邑不说，更又折兵六万。景合战死，昭阳连个替罪的也寻不出，若是再失项城，他这一生，也就完了。

想到此处，昭阳长叹一声，传令撤军。

有鉴于景合急兵冒进，全军覆没的教训，昭阳不再长途奔袭，传令报仇心切的景翠断后，所有部属经符离塞缓缓南撤，由苦县、城父一线稳扎稳打，步步为营，自东而西进逼项城。庞涓闻昭阳回撤，亦不恋战，从容西撤，与孙膑合兵一处，背依陉山，沿召陵、长平、鄢城一线设立营寨，与昭阳对垒。

张仪随荆生来到叶城，在荆先生安排的院落住下。这些日来陉山方向战事不断，荆生事务繁忙，顾不上陪他，暂时安排一男一女两名仆从日夜侍奉，又请疾医定时换药。张仪受的多是皮外伤，加之他在鬼谷练就了独特的吐纳养息之法，不消旬日，伤势大体痊愈。

这日晨起，张仪感觉甚好，要男仆陪同他前往探看荆先生的铺子。走至叶城最繁华的街道，远远望见一溜儿铺面，男仆指道：“账爷，前面就是咱家的铺面。”

张仪近前几步，抬眼望去，果是壮观，高大的门楣上悬着一块巨大的匾额，上写“公孙肉林”四字。铺面上一溜儿摆着一条长约十数丈的肉案，案面上方晃荡着无数肉钩，钩上悬挂各色鲜肉，一半是畜养的，有猪、羊、牛、马、驴、骡、狗等及各色家禽，另一半是野味，有鹿、麝、野猪、野羊、虎、豹、熊、狼、狈、獾、蛇、龟、鳖及各色禽鸟，当真是人间奇味，应有尽有。

张仪看有一时，由衷叹道：“生意做到此处，算是极致了！”

男仆不无自豪地说：“账爷说得是，在叶城，这样的铺子再寻不出第二家来！”

张仪点头：“莫说是叶城，纵然是在少梁、洛阳、大梁，在下也未见过如此齐整的肉铺。”略顿一顿，“你去问一声，荆先生在否？”

男仆走近铺面，铺面上一个卖肉的胖伙计显然与他相熟，二人嘀咕几句，胖伙计随手从一只肉钩上取下一条鹿肉，笑呵呵道：“倒是好哩，今晨刚宰一头公鹿，你让账爷尝尝野味，”略掂一掂，“嗯，刚好三斤三两，够账爷吃了。”又从案下取出一碗血，“这碗鹿血也是鲜的，一并让账爷喝下。”

转对旁边一个记账的老头儿，“鹿肉三斤三两，鹿血一碗，记掌柜账上！”

张仪好奇，上前一步，指着那条鹿肉：“请问伙计，你还没有过秤，如何就知它是三斤三两？”

那胖伙计将他打量一眼，嘿嘿一笑，从旁边拿过一秤：“客官若是不信，自己来称。”

张仪接过秤，将肉往上一放，打起一秤，果是三斤三两，略怔一下，指着鹿肉笑道：“别是伙计事先称好了，挂在这儿唬人。”

胖伙计显然恼了，眼珠儿一瞪，大声说道：“客官看好！”说着将这块鹿肉摆于案上，随手举刀剁成两段，两手分别拿起一块，各掂几掂，将左手中的扔到案上，“这是一斤八两八钱，余下这块，小的就不说了！”

张仪哪里肯信，当下过秤，果是一斤八两八钱，大是惊奇，朝胖伙计连连揖道：“神功，神功，在下服了！”

胖伙计不无得意地望着张仪：“不是吹的，若无这个本事，哪敢来公孙肉林混饭吃！”又指着钩上的条条鲜肉，“全是刚宰杀的鲜肉，客官随便挑，看上哪一条，只管说来。小人只过手，不过秤，若是短去客官半两，小人分文不取！”

张仪不是来买肉的，正不知说什么才好，男仆拦住话头，斜了胖伙计一眼：“你瞎吹什么，见了账爷，还不见礼？”

胖伙计这才省悟眼前的这位就是男仆口中的账爷，大是尴尬，连连鞠躬：“小人不知账爷大驾光临，失敬，失敬！”

张仪亦还一礼，从旁边一个缺口处踱入铺内，拿过案上的刀具，望着伙计道：“你让在下长见识了！来来来，在下今日拜师求艺，你不可耍滑，就教在下剁肉过秤如何？”

胖伙计更是尴尬，搓着双手连退数步：“这这这……如何能成？账爷是金贵之人，小……小人如何敢教账爷？”

张仪正自坚持，早有人报知荆生，荆生走出，朝张仪揖道：“在下不知张子光临，失迎，失迎！”

张仪回揖一礼，朗声说道：“公孙肉林账房张仪见过掌柜！”

荆生见张仪这般说话，知他已是痊愈，呵呵笑出几声，将他细细端详一番，点头道：“嗯，观张子气色，伤势似是好了！”

张仪笑道：“这些日来，顿顿吃肉，无所事事，纵使一具骷髅，也养出精气神了！”

众人皆笑起来。

荆生伸手礼让道："张子，请里厢说话。"

张仪随荆生走进铺后，但见房舍相连，廊柱交错，似有无数进院落。荆生领他连进几个门槛，转入其中一进，回身笑道："张子，账房到了。"

几案前席坐一老一少两个模样斯文的人，正在那儿理账，见他们进来，赶忙叩迎。

荆生指着张仪："这是新来的账爷，从明日始，你二人皆听新账爷吩咐，不可怠慢！"

二人应声诺，朝张仪叩道："谨听账爷吩咐！"

张仪朝二人微微一笑，点点头，算是应下。

荆生陪他将整个院子参观一遍，回身揖道："张子伤势初愈，就不多劳了。待明日晨起，张子歇足精神，再来熟悉账务，其他诸事，容后再说。"

张仪辞别荆生，走出铺子，却不急着回去，要仆从陪他随便走走。及至天黑，张仪已将叶城的所有街道尽皆造访一遍，甚至连四方城门也未漏掉。

翌日晨起，张仪早早起床，换过干净衣物，兴致盎然地赶至肉铺。

荆生不在。

张仪走进账房，两个账房早已候着，见过礼，服侍他坐下，搬出一堆账册，一摞儿摞在几前。看到高高的账册，张仪眉头紧皱，轻叹一声，指着账册道："说吧，一本一本来。"

老账房打开账册，一册接一册地向他禀报，宗宗细账，讲得一丝儿不漏，听得张仪头皮发胀，连打几个哈欠。

老账房看出张仪累了，放下账册，叩道："账爷，已是午时，我们后晌再禀如何？"

张仪连连点头："好好好，午时既至，我们就该弄点吃的。"

老账房凑前一步："账爷，你首日上任，当是大喜。如蒙不弃，我二人就请账爷小酌一杯，一来为账爷贺喜，二来也求账爷日后护佑。"

听到喝酒，张仪豪情勃发，应声笑道："什么护不护佑的，喝酒就是喝酒！这样吧，你们既叫在下账爷，就由在下请客。只是在下初来乍到，何处酒好菜好，在下一概不知，你们指个地方，我们这就前去，喝它个痛快！"

二人互望一眼，点头道："谢账爷了。若论酒好菜好，叶城里只有一处地方，就是东街的仙人醉。"

“仙人醉？”张仪乐道，“这名儿不错，就是此处了。”

三人出得店门，说说笑笑，不一时就已走到东街。

因是近午，仙人醉里食客不多，到处都是空位。三人走到楼上，寻个僻静席案坐下，小二跑上来，望着张仪嘻嘻笑道：“这位爷，你可是肉铺里新来的账爷？小的听说你了！”

张仪扫一眼两个账房，知他们是常客，小二准是猜出来的，也不点破，呵呵一笑：“嗬，你小子挺能耐的。”

“当然，”小二凑前一步，小声禀道，“不瞒账爷，在这城里，莫说是账爷你，即使从城门楼上飞进来一只蜻蜓，小的也一准儿知道它落向谁家。”说完，眼睛望向两位账房，“二位爷，小的说得对否？”

老账房笑骂道：“去去去，就你嘴贫！账爷初次来，有何好酒好菜，还不快点孝敬！若是怠慢一些儿，账爷一句话，日后有你吃的苦头！”

“爷说得是，”小二嘻嘻又是两声，转对张仪，“账爷，天气怪冷的，小的先上一壶热酒，账爷预热一下身子，再上好菜如何？”

“好好好，”张仪笑道，“就冲你小子这份能耐，好酒好菜只管上来！”略顿一下，“嗯，菜要八盘，四冷四热，酒嘛，可有十年陈的？”

“有有有。”小二迭声应道。

“那就先来一坛。”

“一坛？”小二眼珠儿圆睁，“账爷真是好量，好好好，小的这就去拿！”

不一刻儿，小二亲手端着四盘冷菜，摆在几上，嘻嘻笑道：“账爷请看，冷菜来了，热菜稍候片刻，”见仆从搬一坛老酒走来，招呼他放下，又是嘻嘻两声，“十年陈一坛，请账爷验看封条。”

张仪呵呵笑道：“不用验了，只要账爷一过口，差缺一日，也是识得的！”说完亲手倒满三爵，递予两位账房，自己亦端一爵，“来来来，二位同仁，在下许久不曾畅饮，今日遂心，不醉不休！”

三人举爵畅饮。饮有一时，客人渐次增多，楼下大厅热闹起来。小二端上热菜，三人正自品尝，店门处忽又涌进十几个兵士，个个神情沮丧，甲衣破损，衣冠不整，还有几个挂彩的，虽然只是轻伤，看起来却也狼狈。

这群士兵进得大厅，各选席位坐下，吩咐小二端酒上菜。张仪顺眼再望出去，街上兵士更多，像是一下子从地下冒出来似的，三五成群地走着，有钱的走进客栈，没钱的就在路边摊位买来面食吃喝，也有傻蹲在路边发怔的。

张仪看有一时，问两位账房道：“他们是哪儿来的？”

二人摇头，显然也是不知。

张仪大声叫道：“小二，过来！”

小二小跑着过来，嘻嘻笑道：“账爷，您召小的？”

“方才听你说，城门楼里飞入一只蜻蜓，你也知它落到谁家，不会是吹牛皮吧！”

小二嘻嘻一笑：“看账爷说的，小的像是吹牛皮的人吗？”

张仪将嘴努一努那些兵士：“这些人是打哪儿来的？”

小二凑上嘴巴，小声说道：“账爷有所不知，景将军吃败仗了，魏国大军占去陉山、昆阳、舞阳，说是要来打方城哩！”眼睛望向那些兵士，声音更小，“这些都是运气好的，那些运气差的，这当儿全都躺在冷冷的霜地上挨乌鸦啄呢！”

张仪惊道：“那……景将军呢？”

小二压低声音：“据小的所知，景将军以身殉国了！啧啧，那个庞涓当真了得，景将军镇守宛、叶多年，将这一百多里长的方城守得就跟铁桶相似，十几年来哪曾吃过败仗，此番遇上庞涓，啧啧，六万大军，说没就没了！”又吐吐舌头，“不瞒账爷，两年前小的还在寻思何时能到沙场上建个功名，这下不再想了！”

张仪听得呆了，愣怔片刻，似是一下子想起什么，伸手在袖中摸来摸去，寻有一阵，抬头望向老账房，苦笑一声：“有布币否？”

老账房摸出几块铜子，双手呈上。张仪接过，摆在几上，朝小二努嘴：“好小子，这个赏你了！”

小二收起来，鞠一躬道：“小的谢账爷了！账爷还想听什么，小的知无不言。”

张仪笑道：“账爷还想听的，你就不知了。”略顿一下，“不过，你真想帮帮账爷，账爷眼下倒是有个小忙。”

小二伸过头来：“请账爷吩咐！”

“拿几个空碗碟来，账爷派个用场。”

小二答应一声，不一刻，端来一托盘大小不一的空碗碟，整整齐齐地堆放在张仪身边，嘻嘻笑道：“账爷，这些够否？”

张仪摆手。

小二知趣，退去。张仪扭身背向酒席，将空碗碟拿过来，像个孩子似的在面前移来挪去，摆成一个形状，陷入沉思。

张仪的怪异举止使两位账房怔在那儿，望着他的后背不知所措。有顷，老账房起身，缓缓绕到张仪前面，望着他所摆出的空碗碟，正欲说话，张仪头也不抬：“拿箸子来！”

老账房一听，递过几根箸子。张仪接过，将箸子摆在空碗碟之间，反复摆弄，使它们互为联结，再入沉思。

老账房急了，示意小账房过来。二人看有一时，不明所以。老账房眉头紧皱，欲对小账房说句什么，张仪的眼光陡然扫向一只只空碗碟，似是自语，又似是说给二人：“琅琊、彭城、项城、陉山……楚伐彭城，魏不救宋，却袭项城……”陡然，张仪心头似是一道亮光划过，击碗叫道，“妙哉！妙哉！”

老账房急问：“账爷，何事妙哉？”

张仪看一眼两位账房，哈哈笑道：“孙兄妙哉！”

老账房一怔：“孙兄？哪个孙兄？”

张仪却不睬他，再次敛神聚目于这堆碗箸，凝思一时，顺手取过一只最大的空碗，放在较远的地方，望着整个场面，一边沉思，一边伸手：“拿酒来！”

老账房示意小账房，小账房端过张仪的酒爵，斟满酒，双手呈给张仪。张仪放在唇边，轻啜几下，双目微闭，渐入冥思。

老账房阅人无数，却未曾见过这般人物，一时也是蒙了，正不知如何是好，猛见张仪二目圆睁，“啪”的一声将拳头擂在膝上，大声叫道：“妙哉！妙哉！”

两个账房互望一眼。

老账房问道：“敢问账爷，又有何事妙哉？”

张仪望着二人，哈哈大笑数声，扭身转过来，将爵中酒一气饮下：“老酒妙哉！来来来，二位仁兄，喝酒！喝酒！”

老、少账房见张仪恢复如初，转身坐下，举爵笑道：“喝酒，喝酒，账爷，请！”

三人又喝几爵，老账房正欲倒酒，见酒坛已空，便大声叫道：“小二，上酒来！”

小二急跑过来：“账爷，要上多少？”

老账房道：“再来一坛！”

“一坛？”小二又是一惊，望向张仪，“账爷，这十年陈是本店的招牌，虽说爽口，后劲却大，账爷三人喝一坛已是海量，这又再来一坛，小的只怕……”

张仪扫一眼两个账房，哈哈笑道：“看这样子，两位仁兄必是海量，在下今日遇到对手了，”又转对小二，“小二，不是一坛，是两坛。撤下酒爵，换大碗来！”

小二咂咂舌头，转身离去。

不一会儿，小二领着仆从，搬来两坛十年陈酒，将爵撤去，换作三只大碗。

小二倒满，正欲离去，张仪叫道：“小子，趁账爷还没喝醉，问你一事！”

“小的谨听账爷吩咐。”

“此去越地，尚有多远？”

“这……”小二挠挠头道，“小的委实不知。”

张仪将头转向老账房：“仁兄可知？”

老账房拱手：“越地南至闽粤，北到琅琊，南北数千里，不知账爷欲至何处？”

“是了，是了，”张仪拍拍脑袋，“是在下错了。在下问你，从此处到琅琊，有几多路程？”

“陆路二千三百里，水路两千八百里。”

“哈哈哈哈，”张仪大笑几声，举碗道，“好好好，这点路程，并不算远！”说完一饮而下，将碗底翻转过来，示给二人，“来来来，二位同仁，喝酒，喝酒，在下先干为敬！”

三只大碗交错，不消一个时辰，两坛老酒坛坛见底。两位账房显然不敌，老账房醉卧地上，呼呼大睡，小账房又吐又泻，连上数趟茅房，被小二安顿在一边歇了。张仪嘿嘿笑过两声，扳过老账房，见他睡得呼呼直响，这才站起身来，得胜一般端起最后一碗，一饮而下，轻迈脚步，走下楼梯。

张仪步入大街，经冷风一吹，竟是踉跄几步，边畅声自语道：“好酒好酒，当真是十年老陈！”边一步几摆地凭着感觉走向肉铺。

一路行来，大街上冷冷清清，不见一人。

张仪正自纳闷，远远看到肉铺的胖伙计迎面走来。

张仪一喜，扬手叫道：“喂，伙计！”

胖伙计见是张仪，走前几步，揖道：“小的见过账爷。”

张仪笑道：“你不在铺中做生意，到此何干？”

胖伙计凑前一步：“账爷有所不知，叶城后晌有大事，掌柜的吩咐铺子暂关半日。”

张仪陡然想到酒楼里那些兵士，赶忙问道：“是魏人攻打方城了？”

“不是，不是！”胖伙计连连摇头，指着前面，“前街有人摆擂，大家都观擂去了！”

“观擂？”张仪大是惊奇，“是何擂台？”

“当然是比武的擂台了！”胖伙计笑道，“账爷，小的听说，谁若得胜，奖品贵重得紧，是稀世之宝哩！”

“稀世之宝？”张仪哈哈笑道，“小小叶城，何来稀世之宝？”眼珠儿一转，“胖伙计，你且说说，是何宝贝？”

“这……”胖伙计连连摇头，“小的也是不知，正要去瞧个明白呢！”

“好好好，”张仪的好奇心全被勾起，一把扯住伙计，“既是稀世之宝，也引账爷瞧瞧去！”

为卫护铁都宛城，楚国自五十年前就在宛城的东北、正北至西北三面构筑一道长城，总长约三百余里。从北方山顶望去，长城呈方形，因而也叫方城，长驻守军两万余。叶城的城墙与方城相连，因而这里成为方城守军的中心生活区与训练地，统归先南阳郡守景合管辖。

叶城中心有个鼓楼，鼓楼前面是可纳数万人的点兵广场，广场四周有四条大道直通东西南北四门。鼓楼上有人昼夜守值，一旦望到长城烽烟，守值人员就会擂响鼓楼上的大鼓，叶城顿时进入紧急状态，兵士们则从四面八方拥向广场，在将军点卯过后，由四方城门奔赴方城。

广场中心，背靠鼓楼的地方，搭着一个木结构擂台。擂台甚是粗糙，显然是紧急搭建起来的。擂台上铺着一层厚厚的木板，是打擂场所。

张仪、胖伙计赶到时，台前的点兵场上已是人山人海，少说也有千人，无数双眼睛紧盯擂台。

台上，两个壮士正在角力。

张仪挤到最前面，揉揉眼睛，刚盯上台去，就见一个壮汉被另一个扔下台来，台下爆出喝彩声。

得胜之人正自得意，左边有人复跳上去，不消数合，将得胜之人打倒在地，踹下台去。张仪看有不到半个时辰，台上竟似走马灯般连换六个擂主。

最后一位擂主虎背熊腰，力大如牛，壮如铁塔，自从霸住擂台，凡是攻擂者，往往是仅一个回合，就被他掼下台去，引来阵阵喝彩。

张仪醉眼蒙眬，眼皮眯成两道细缝，紧盯台上那人。

胖伙计用肘轻轻碰他一下：“账爷，小的敢打赌，擂主必是此人了！”

张仪斜他一眼，手指擂主，舌头早已发僵：“倒……倒也未必。”

就在此时，台上那汉忽地脱下衣服，在凛冽的寒风里现出上身肌肉，拍

胸脯叫道："哪位壮士上来一试？"

话音落处，那汉朝擂台上猛跺三脚，力道之大，竟将擂台震得剧烈抖动。

观众齐声喝彩道："好壮士，擂主就是你了！"

那汉将拳头擂在胸上，沿着台沿边走边跺脚，将台子震得哗哗直响，声如洪钟："哪位壮士上来一试？"

众人皆为他的威势所震，无不后退数步，面面相觑。

张仪原与胖伙计站在最前面，后人这么一退，竟将他俩孤零零地抛在台边。胖伙计见状，急退几步，张仪却是浑然不觉，仍拿两只蒙胧的醉眼望着那汉。

胖伙计急了，上前一步，扯住他的衣袖："账爷，退后一些！"

张仪却是猛然一挣，身子一个趔趄，差点跌倒，生气地盯他一眼："退什么退？"

观众皆被他的醉样引笑了，起哄道："这位壮士，不退就上台呀！"

张仪当真挽挽袖子，作势上台。

众人见他醉成那个样子，越发哄笑。

张仪两手扒住台沿，试着跳上台去，连试几次，都未成功，引得观众更是起劲，即使台上的擂主亦张开大嘴，乐不可支。

张仪朝手心唾了几口，运运气，两手按住台沿，朝上猛地一蹿，刚刚爬到台沿，胳膊肘儿却是一软，身子一晃，竟又跌下台来。

众人笑得更加厉害。

张仪从地上爬起，拍拍手，瞧瞧台子，转对胖伙计道："嗨，我说胖伙计，今儿账爷喝高了点，来来来，且扶账爷上去，看账爷如……如何赢……赢他！"

胖伙计托住张仪的屁股，朝上一托，台上擂主也伸手相助，抓住张仪的一只手，轻轻一提，将他拖到台上。

张仪的身子连晃几晃，总算稳住。

台下起哄道："这位壮士，打呀，将擂主踹下去，你就是姑爷了！"

"姑爷？"张仪似是不明白，走到台边，问胖伙计道，"账爷问你，何为姑爷？"

胖伙计伸开两手，朝他叫道："账爷，莫要问了，你要下来，这就下来，有小的接着你呢！"

"去去去，"张仪连连摇头，"账爷既……既然上来，哪……哪有下……下去之理。"说着退后两步，摆开架势，拿眼瞄向擂主。

那汉后退一步，却不应战，只将两手袖起，两眼盯住他，呵呵直乐："你

是账爷？”

“账爷怎么了？”

那汉哈哈笑道：“账爷是做账的，到这台上却是为何？”

“废……废话少……少说，账爷既然上来，就是打……打擂！”

“哈哈哈哈，”那汉又是几声长笑，“就你……也要打擂？”略一运气，全身筋骨咯咯直响，“说吧，你想怎样下台？”

张仪摆个姿势，身子又是一晃，揉揉眼睛，看一眼壮汉：“你……你是擂……擂主，就由你说！你想如何下台，在下随……随你！”

壮汉复笑起来：“还是随你吧，免得大伙儿说在下欺负你了！”

张仪微睁醉眼，斜睨壮汉，朝台下拱手道：“诸位听……听到了吗？擂主方才说，他……他要随……随在下，好好好，随在下就随在……在下！”又转向那汉，“我们比试三场，谁赢两场，算是擂主，若是连输两场，就自己下台！”

那汉看一眼张仪的醉样，权当是逗乐子，笑道：“好好好，在下依你！”

张仪又道：“第一场，比……比力气！”

那汉听说是比力气，当下笑道：“好好好，在下依你！只是……这力气怎个比法？”

“掷物吧，谁掷得远，自是谁的力气大，你看如何？”

那汉笑道：“这个自然，掷物就掷物！说吧，掷什么？”

张仪从袖中摸了半晌，摸出那把他在鬼谷中自做的羽扇，从上面抽出一根羽毛，拿在手中：“就掷这个！”

众人见是掷一根羽毛，哄笑更响。

壮汉看看羽毛，愣怔一下，想反悔，却已有言在先，只好硬起头皮：“掷就掷！”

壮汉接过羽毛，朝空中奋力掷去。羽毛也怪，力气用得越大，掷得过高，愈是掷不远。那根羽毛经他这么一掷，非但没有远去，反倒在他的掌风带动下，连飘几飘，落在自己脚下。众人见那羽毛又飘回来，更是一番哄笑。

张仪走过去，趔趄一下，捡起羽毛，朝空中轻轻一抛，拿扇子一挥，一阵劲风拂去，羽毛飘飘荡荡，竟是落在一丈开外。

张仪回身，朝壮汉连连抱拳：“谢仁……仁兄承……承让！”

那汉嚷道：“你小子使诈，再比！”

张仪吃力地点头：“这……这个自……自然，说……说好比……比试三场，

三……三局两胜！力气比过了，下一局比……比什么呢？”抓耳挠腮，似在寻思如何比试。

壮汉担心再上他的套，张口急道：“莫要想了，就跟刚才一样，实打！”

张仪略一思忖，点头道：“这个自然，打擂台，当然是要实打的。在下问你，若是实打，如何论断输赢？”

“谁到台下，谁就算输！”

“这就是说，无论打与不打，只要到台下，就算输了？”

那汉想也不想：“这个自然。”

张仪不假思索道：“何时算是开始？”

“在下是在打擂，早就开始了。”

张仪醉态可掬，挠挠头皮：“这个是了，在下喝多了。”

看到张仪醉成这个样子，观众无不哄笑。

那汉看看张仪，露出一身肌肉，摆出个姿势：“在下知你喝多了，让你三十拳，绝不还手。若是三十招之内，你将在下打到台下，就算在下输了！”

张仪连连拱手：“在下谢过了！”略顿一顿，摇头说道，“不过，‘算输’不能是输，打输才是输。”

那汉一怔：“好好好，就算是打输！”

张仪又道：“‘就算是打输’亦不能是输，打输才是真输。”

那汉被他弄蒙了，气得直翻白眼：“好好好，去掉那个‘算’字，真打真输！”

“这就是了！”张仪摆出架势，迈起醉步，绕他左转三圈，右转三圈，看得众人皆将心悬在嗓子眼里。

那汉更是急得上火：“你这账爷，快出拳呀！”

张仪却是打个趔趄，停住步子，歪头望着那汉。

那汉急道：“为何不打了？”

张仪瞧瞧台子，摇摇头，不屑地说：“把你打下这台，算不得本事。”

那汉怒道：“若依你说，如何才算本事？”

虽是冷天，张仪却似内中燥热，复从袖中摸出羽扇，连扇几扇，慢悠悠道：“我且问你，将人由高处打到低处难呢，还是将人由低处打到高处难？”

“这还用问，当然是由低处打到高处难！”

张仪指着擂台：“你要在下将你从这个台上打到台下，既然不难，自然不算本事。既然不算本事，在下为何要打？”

“那……”那汉怔道，“依你之见，如何才算本事？”

“将你从台下打到台上，方算本事。”

那汉被张仪这么七缠八绕，如坠云里雾里，整个晕头了：“好好好，我让你三十拳，你不打也就是了，该我打你了！”

张仪两手一袖：“你真有本事，就来打吧！”

那汉怔道：“你且说说，我该如何打你才见本事？”

张仪指着擂台：“当然也是将在下由台下打到台上！”

那汉走到台沿，伸头瞧瞧台子高低，又回眼看看张仪的块头，信心十足道：“打就打！我们这就下去！”

“一言为定！”张仪的酒劲显然又上来一些，身子连晃几下，忙用力稳住，手指台下道，“是……是你先下呢，还是在……在下先……先下？”

那汉烦了，大声嚷道：“连这你也饶舌！”说着纵身一跃，身子已是稳稳落于台下。那台足有一丈来高，众人见他落地连晃也不晃，干净利落，无不喝彩。

张仪依旧站在台上，眼睛望着那汉，将头连摇数摇。

那汉急了：“摇什么头，下来呀！”

“下去？”张仪似是不解，“在下为何下去？”

“咦？”那汉愣了，“你不下来，让我如何打你上台？”

“唉，”张仪又是一番摇头，轻叹一声，“你这人真是，比试三局，你已连输两局，还在嚷嚷打人！”

那汉怒道：“还没打呢，哪个输了？”

张仪眯缝两眼：“你我是在打擂台，在下在这台上，你呢，在这台下，”睁眼扫一下观众，“诸位说说，我们二人，是哪一个输了？”

观众至此方才明白，欢声鹊起。那人怒极，却待上台理论，擂台左侧早已转出两个管事人，举手对观众道：“诸位看客，今日擂台比武，结果已出！”又转对张仪，揖道，“姑爷，请！”

“姑爷？”张仪酒劲又上来一些，愣怔一下，点点头，“好好好，姑爷就姑爷！来来来，给姑爷上酒！”

张仪喝得实在太多，这又站在台上闹腾许久，酒劲全都上来了，身子一软，歪倒于地，于昏昏沉沉中被人抬进一辆马车，在众人的欢呼声中辚辚而去。

张仪醒来时，已是翌日凌晨。

听到外面鸡叫，张仪探头望向窗子，却见四周黑乎乎的，并不见他看惯了的那扇窗子。张仪正自惊异，猛然发现自己一丝未挂，当下怔道："咦，平日睡觉都穿衣服来着，昨儿竟……也罢，想是喝多了。"

张仪正自思忖，忽闻一股异香，连嗅几下，又是一怔："何来香气扑鼻？"伸手一摸被子，又是一惊，因为所有的被褥质地柔软，全然不同于往日所盖。

张仪睁大眼睛，四下望去，模模糊糊看到自己处于一个陌生的房间，躺在一张又宽又大的木榻上。张仪一怔，伸手去摸火石火绳，摸到的却是一只软乎乎的胳膊，掀开被子一看，与他同榻而眠的竟是一个赤身裸体的女子。

张仪惊叫一声，本能地摸过被子裹住身子，退到榻沿，厉声责道："你是何人？为何睡于此处？"

那女子正自熟睡，被他这一吵嚷，也醒过来，见张仪这副吃惊模样，扑哧一笑，光身子坐起来道："夫君，你总算醒了。"

"夫君？"张仪大惊，后退一步，"何来夫君？"

那女子嗔道："夫君真是爱开玩笑，昨儿吉日良宵，夫君与奴家拜堂成亲，共结鸳鸯之好。如今奴家身子已是夫君的了，夫君却来打趣！"

张仪倒吸一口凉气。细细回想昨日之事，才意识到那场擂台原是招亲的。所谓的稀世之宝，当是眼前这个女子。所谓姑爷，当是楚人称呼，自己一时酒醉，不辨是非黑白，竟然在稀里糊涂中打败擂主，鬼使神差地做了新婿。

"唉，"想到此处，张仪轻叹一声，转对那女子，"姑娘，你错看人了！"

那女子却是脉脉含情，望着他嫣然一笑："夫君放心，奴家眼睛雪亮着呢，终身大事，断然不会看错。那些打擂的，奴家一个也未看上。只有见到夫君，奴家眼前这才豁亮，心里知道，奴家这一生，生死都随夫君了！"

张仪急道："姑娘，在下与你素昧平生，莫说"知心"二字，姑娘甚至连在下姓啥名谁都不知道，何能轻托终身？"

"夫君此言差矣。"那女子笑道，"姓、名皆是他人所赐，当为身外之物，与奴家毫无关联。与奴家关联的只是夫君之人，至于夫君姓什么，叫什么，随他去就是！"

见这女子如此说话，再想玉蝉儿山中所言，二人犹如天壤之别，张仪不由得苦笑一声，奚落她道："这么说来，姑娘在意的只是在下这堆肉体，在下想什么，做什么，喜什么，悲什么，全与姑娘无关了？"

"夫君此言又差矣。"那女子又是一笑，"奴家既已身许夫君，夫君所想，自是奴家所想；夫君所做，自是奴家所做；夫君所喜，自是奴家所喜；夫君所悲，自是奴家所悲，夫君却说这些与奴家无关，不知此言从何说起？”

想不到眼前女子竟然这般伶牙俐齿，张仪心头一惊，知是遇到对手了，凝思有顷，做出一个苦脸：“请问姑娘，你若不知我心，谈何同喜同悲呢？”

那女子笑道：“说到这个，夫君尽可放心。夫君之心，奴家今日不知，明日自知！”

听闻此言，张仪心中又是咯噔一响，不再说话，只用两手在榻边摸来摸去，总算摸到衣裳，急急穿上。那女子也不说话，顾自穿好衣服，寻到火石火绳，点亮油灯。

灯光下，张仪定睛一看，豁然一亮。坐在榻沿的竟是一位绝色少女，双目灵秀，全身更透出一股英气，较之玉蝉儿，别有一番情趣。

张仪怦然心动：“请问姑娘芳名？”

“回夫君的话，”少女笑道，“于奴家来说，名、姓并不重要，夫君若是定要叫个名字，唤奴家香女就是。”

“香女？”张仪一边寻思，一边应酬，“闻这室中芬芳，倒也名副其实。敢问姑娘，你用的都是何种香料？”

香女抿嘴一笑：“室中并无香料。夫君有所不知，奴家体质特殊，自带异香，洗之不去，故而被父母唤作香女。”

张仪眼睛瞄向房门，口中却是笑道：“如此说来，倒是奇了！”说话间，人已走至门口，伸手拉开门闩，用力开门，却见房门已从外面锁牢。

张仪惊道：“这……这是怎的？”

香女笑道：“夫君莫惊，定是家父使人将门锁了。”

张仪这才意识到麻烦大了，倚在门上，苦思脱身之计。过有片刻，张仪缓步走回，离榻数步停下，轻声叫道：“姑娘！”

香女嗔道：“夫君，你该叫奴家香女才是。”

张仪想了下，叫道：“好吧，香女！”

“哎，”香女甜甜答应一声，“夫君有何吩咐？”

“在下求你一事。”

“奴家既已身许夫君，夫君之事，自是奴家之事，夫君有何吩咐，但说就是，切莫再说‘求’字。”

“是这样，在下欲赴千里之外，去做一件人生大事，这要即刻动身，恳请姑娘放在下出去。”

香女迟疑道：“夫君，这……奴家……”

张仪一眼瞥到墙上斜挂一柄宝剑，眼珠儿连转几转："姑娘若是执意不从，在下……在下……在下……"飞步上去，取下宝剑，拔出来横在脖子上，"在下就死在这里！"

香女惊叫一声，飞扑上去，张仪还没明白怎么回事，只觉手腕一软，宝剑就已落入她手。

香女将剑掷于地上，跪在张仪脚下，泪如雨下，哽咽道："夫君欲做大事，奴家安敢不从？只是……今日是奴家大喜首日，家父只有奴家一个女儿，断然不会放行。不瞒夫君，昨日良宵，家父唯恐夫君不从，非但锁去房门，更在院中布置多人守望。他们个个武功高绝，莫说是夫君，纵使一只蜻蜓，也难飞出大门。"

"这……"张仪陡吃一惊，"令尊是谁？"

香女犹疑一下，嗔中有怨地白他一眼："是夫君岳丈！"

天色大亮。

张仪听到门外锁响，知是有人开门。

从香女口中，张仪明知冲出也是无用，便索性在几前席地而坐，闭目养神。

两位婢女端水进来，侍候他和香女梳洗已毕，转身收拾屋子。

香女望一眼依旧闭眼坐在那儿的张仪，温言道："夫君，天没亮你就嚷着出门。门开了，你却坐在这儿不动。走吧，奴家陪你去外面走走。"

张仪睁开眼睛，瞟香女一眼，又是一惊。白昼下的香女跟灯光下的又是不同，肤色白里透红，两眼大而有神，顾盼生情，一身淡雅、修身的新娘服饰更衬得她体态婀娜。身上的那股淡淡幽香被扑门而入的清新晨气一冲，忽儿有，忽儿无，越发撩人。

张仪盯她看有一时，心中叹道："唉，造化弄人，红绳错结。此女若是换作蝉儿，我与她两情相悦，岂不是人生美事，何来这多曲折？"

香女被他一直盯着，自是娇羞，不由得低下头去，喃喃说道："夫君……"

张仪打个惊愣，自觉失态，起身揖道："姑娘，你先守在屋里，在下出去走走。"

香女一怔，旋即猜知他的心思，点头道："夫君去吧，奴家只在此处候你就是。"

张仪走出房门，举目四顾，但见高墙深宅，廊阁亭榭，奇花异石，画窗漆柱，一看就知是豪门大户。不远处站着两个汉子，见他出来，鞠躬道："姑爷早！"

张仪白他们一眼，也不答话，径自走去。

二人亦不生气，不远不近地跟在身后。

院落很大，前后竟有十几进房舍。张仪探看一遭，方信香女所言不虚。整个院子戒备甚严，大门处守有四个汉子，两个偏门也都有人把守。左边偏院是一处马厩，里面拴有二十几匹好马，更有轺车数辆。单看车上的装饰，若不是大户人家，断无此等排场。院中仆从似都知道他是何人，见他过来，无不拱手鞠躬，声声“姑爷”，听得张仪心中发毛。

走有小半个时辰，张仪已将整个院子粗略察看一遍，尤其摸清了几处院门的方位。令他不快的是那两个汉子，无论他去何处，他们都如影随形，尾巴似的跟在身后。

张仪无奈，循原路返回。

拐过最后一道墙角，一眼望见香女在门前舞剑，张仪陡吃一惊，隐于树后。张仪自幼习剑，在鬼谷时，更有玉蝉儿、庞涓、孙膑、苏秦等俱是爱剑之人，先生偶尔兴发，也会拔剑起舞，因而张仪也算是颇通剑法，见多识广。然而，此时此刻，张仪却是傻了，因为香女所舞，与中原剑法大是迥异，从头至尾并无一丝花招，式式杀气逼人，招招取人死穴。

看有一时，张仪惊道：“此等狠辣剑法，女子如何习得？”正自思量，香女看到身边的婢女向她打手势，知是张仪回来了，赶忙收势。

张仪从树后闪出，缓步上前。

香女将剑交给婢女，迎前几步，揖道：“奴家迎迟，望夫君恕罪。”

张仪亦还一礼：“姑娘多礼了。”

香女笑道：“夫君想必走得累了，请回房中歇息。”

张仪走进房中，复于几前坐下。

香女跟进，见张仪端坐于地，一句话不说，略一迟疑，在他对面并膝坐了。

张仪抱拳道：“仪有一言，不知姑娘爱听否？”

“叫奴家香女。”

“香女！”

“嘻嘻，”香女笑了，“说吧，只要是夫君所讲，奴家句句爱听。”

张仪微微一笑：“以香女才貌，以香女家世，天下好男儿自可随意挑选，在下……在下本是浪子，学无所长，家无强势，手无寸铁，寄人篱下，处境尴尬，香女缘何……”顿住不说了。

香女笑道：“夫君此言，奴家夜间已答过了。也请夫君今后莫要再提。奴家既已身许夫君，就是夫君之人，夫君上刀山，下火海，奴家也愿跟从！”

张仪苦笑一声："香女这是强人所难，硬逼在下了。"

香女闻言，泪水流出，哽咽道："夫君何……何来此话。奴家设擂选夫，夫君力夺擂主，奴家……奴家……想是奴家相貌丑陋，配不上夫……"打住话头，显然说不下去了。

张仪也觉此言唐突，道歉道："香女莫要伤心，是在下错了。不是香女配不上在下，也不是在下不愿结亲，实是……"长叹一声，"唉，实是在下另有苦衷！"

香女抬起头，诚挚地望着张仪："夫君有何苦衷，可否说予奴家？"

张仪连连摇头，有顷，抬头望向香女："不瞒香女，在下实有大事在身，还望香女高抬贵手，放在下出去。待在下完成这桩大事，再来明媒正聘，迎娶香女如何？"

香女坚定地摇头："夫君莫逼奴家了，按照楚地习俗，你我已是明媒正聘，公之于众了。奴家今日已是夫君的人，夫君若是弃婚，就等于休了奴家，奴家……奴家有何颜面再……再苟活于世？"

张仪闻听此话，埋头不语。

二人正自沉默，门外传来脚步声，一个家宰模样的走过来，哈腰候于门外，小声禀道："禀报姑爷、姑娘，老爷有请！"

张仪一怔，抬头望向香女。

香女回道："知道了。你去回禀老爷，就说我们马上就到！"

家宰应过，转身走了。

香女起身，对张仪揖道："夫君，阿爹召请我们呢！"

张仪思忖有顷，意识到这一关非过不可，亦起身道："也好，在下正要会会他呢！"

张仪跟从香女，左拐右转，来到中间一处高房，早有家宰候在门外，见二人来，引领他们走进厅中，上前一步禀道："回禀老爷，姑爷、姑娘望您来了！"

张仪抬头一看，见客厅正中，一个黑漆茶几后面端坐一位年过花甲、须发斑白的长者。看到长者的目光射过来，香女扯一把张仪，率先跪下，叩道："香女叩见阿爹！"

长者点头，目光射向张仪。

张仪却不弯膝，只将两手微微一抱，打个揖道："晚生见过老丈！"

见张仪如此不敬，厅中诸人皆吃一惊。家宰轻轻咳嗽一声，眼睛直射过来。

站在家宰身后的两个汉子面现愠容，两眼怒视张仪。

香女急了，又扯一把张仪衣角，小声说道："夫君，快，叩见阿爹！"

张仪却是硬着腿肚子，不肯跪拜，只将两道目光箭一般射向长者。

长者亦以目光回射张仪。

两人对峙良久，长者微微一笑，点头赞道："嗯，好小子，是个人物！"手指旁边一个席位，"坐吧！"

众人见长者并无半点震怒，皆出一口长气。

张仪揖道："谢老丈！"径自过去，在几前并膝坐下。

长者转向香女："香女，你也起来！"

香女起身，走至长者身边，偎依他坐下。长者抚摸她的长发，眼望张仪，越看越是中意："嗯，上天赐福，老朽喜得贤婿，小女亦算终身有靠了！"

张仪哭笑不得，眉头紧皱，略一抱拳："晚生有一求，还望老丈垂听。"

"贤婿请讲。"

"此院憋闷，晚生欲到外面走走，请老丈恩准！"

长者垂下头去，思索有顷，缓缓说道："贤婿是自由之身，愿去何地，自去就是！"略顿一顿，"只是……"

张仪心里一沉，望着长者。

"贤婿与小女新婚燕尔，依照此地习俗，三日之内，当夫唱妇随，不可须臾分离。贤婿若欲出门，尚需征得小女同意，与小女同行！"

"这……"张仪眼珠儿一转，略略打个揖，"晚生谢过老丈！老丈恭安，晚生告辞！"说罢起身径去。

张仪不拜岳丈，显然是不认这门亲事。

众人面面相觑，皆将目光转向长者。长者朝张仪的背影努一努嘴，家宰身边的两名男子急跟而去。

香女满腹委屈，将头埋进长者怀中，泣道："阿爹，他……"

"呵呵，"长者轻笑一声，"去吧，你的夫君人地两生，莫要让他走丢了！"

（第五卷完）

图书在版编目（CIP）数据

鬼谷子的局 . 卷五 / 寒川子著 .— 武汉：长江文艺出版社，2018.1

（“智慧的游戏”系列作品）

ISBN 978-7-5354-9921-9

I. ①鬼… II. ①寒… III. ①长篇小说 – 中国 – 当代 IV. ① I247.5

中国版本图书馆 CIP 数据核字 (2017) 第 193396 号

鬼谷子的局 . 卷五

寒川子 著

选题产品策划生产机构 | 北京长江新世纪文化传媒有限公司

总 策 划 | 金丽红 黎 波 安波舜

项目策划 | 寒川图书

责任编辑 | 张 维

助理编辑 | 赵晨阳

法律顾问 | 张艳萍

特约编辑 | 韩明辉

版权所有 | 寒川图书

装帧设计 | MM末末美书

内文制作 | 张景莹

版权代理 | 何 红

封面插图 | 李茂国

项目统筹 | 赵晨阳

媒体运营 | 刘 峥

责任印制 | 张志杰 王会利

印刷监制 | 战 梅 刘 刚

书名题写 | 张兼维

总 发 行 | 北京长江新世纪文化传媒有限公司

电 话 | 010-58678881 传 真 | 010-58677346

地 址 | 北京市朝阳区曙光西里甲 6 号时间国际大厦 A 座 1905 室 邮 编 | 100028

出 版 | 长江出版传媒 | 长江文艺出版社

地 址 | 湖北省武汉市雄楚大街 268 号湖北出版文化城 B 座 9-11 楼 邮 编 | 430070

印 刷 | 天津宇达印务有限公司

开 本 | 680 毫米 ×990 毫米 1/16 印 张 | 17.5

版 次 | 2018 年 1 月第 1 版 印 次 | 2018 年 1 月第 1 次印刷

字 数 | 297 千字 印 数 | 20000

定 价 | 42.00 元